爱无需理由
AI WUXU LIYOU

用心寻爱七步曲
YONGXIN XUNAI QIBUQU

【美】玛西·西莫夫 / 卡罗·克莱 著

韩雨苇 译

吉林出版集团

时代文艺出版社

图书在版编目（CIP）数据

爱无需理由：用心寻爱七步曲/（美）西莫夫，
（美）克莱著；韩雨苇译. — 长春：时代文艺出版社，2012.1
ISBN 978-7-5387-3376-1

Ⅰ．①爱… Ⅱ．①西… ②克… ③韩… Ⅲ．①爱情—
通俗读物 Ⅳ．①C913.1-49

中国版本图书馆CIP数据核字（2011）第258554号

出 品 人　陈　琛

责任编辑　陈秋旭

版权合同登记号图字：07-2011-3527

爱无需理由 用心寻爱七步曲

[美]玛西·西莫夫 卡罗·克莱 著

韩雨苇 译

出版发行/吉林出版集团 时代文艺出版社

地址/长春市泰来街1825号 时代文艺出版社 邮编/130011

总编办/0431-86012927 发行科/0431-86012939

网址/www.shidaichina.com

印刷/三河市汇鑫印务有限公司

开本/700毫米×980毫米 1/16 字数/273千字 印张/19.5

版次/2012年3月第1版 印次/2012年3月第1次印刷 定价/34.00元

目 录
Contents

第三部分 每天体验无私之爱

引言 如今世界需要的正是爱，甜蜜的爱

只要爱得够深，任何艰难险阻都能克服……

只要爱得够深，任何大门都能为你敞开，

只要爱得够深，任何裂缝都能弥合如初，

只要爱得够深，任何铜墙铁壁都能推倒——

不论多么深重的困难，

多么巨大的错误，

只要爱得够深，

一定能一一迎刃而解。

只要爱得够深，

你将成为宇宙中最幸福而强大的存在。

——艾米特·福克斯　二十世纪作家、教师

　　透过火车车窗，苏西·潘希亚斯看着意大利乡间村庄和葡萄园在眼前飞驰而过。那是1942年，苏西这个从纳粹德国逃离出来的年轻犹太女子，孤身一人坐在火车上，心里暗自祈祷不要引起任何注意。自从三年前来到意大利，她就从一个地方换到另一个地方，和不同的朋友住在一起，甚至是朋友的朋友，躲避着当局的搜捕。如今，她正只身前往下一个小镇寻找另一处安全的避难所。

　　突然，火车末端的车厢门忽的一声打开了，走进来两名警官。苏西的心一阵狂跳。他们身上的黑色法西斯制服昭示着两人当局警察的身份。更令苏西惊恐的是，他们开始沿着过道巡视，在每排座位前都要停下来挨个检查乘客的身份证明文书。

　　苏西知道，一旦警察发现自己没有文书，就逃脱不了被逮捕的命运。她

害怕极了，想到自己会被关在集中营里，面对不可想象的残忍酷刑，最终难逃一死。

两位警官越走越近了，离她只隔着几排的距离了。她无路可逃，再过几分钟，他们就会走到她跟前了。苏西不可遏制地颤抖起来，泪水一滴滴滑下脸庞。

坐在旁边的男士注意到了苏西痛苦的神情，礼貌地询问她为什么哭泣。

"我是个犹太人，而且我没有文书。"苏西微弱地说，泣不成声。

几秒钟之后，苏西惊讶地看到身边的男士冲她吼了起来："你这白痴！我真是没想到你会蠢成这个样子！简直是弱智！"

两名警察听到有骚动，停下检查走了过来。"出什么事了？"其中一人问道。苏西哭得更大声了。

男人脸带嫌恶地转向警察，说道："警官，快把这个蠢女人带走！我自己的文书可带着呢，但我老婆竟然把她的给忘啦！她真是一点记性都没有。我真是受够了。我真是看都不想看她第二眼！"

警官笑了起来，对眼前这两口子的吵闹好笑地摇了摇头便走开了。

一次无私的义举，车厢中的陌生人挽救了苏西的生命。而之后，苏西再也没见过这位救命恩人，她甚至不知道他的名字。

$$* \qquad * \qquad *$$

当听苏西的侄孙女希弗拉讲起这个故事的时候，我不由心生崇敬。是什么样的力量，驱使着男子挺身而出，甚至冒着生命危险去拯救一个不相识的陌生人？车厢上的这位先生帮助苏西，不是因为那天早上她为他做了一顿美味的早餐，或是因为她帮他拿回了干洗的衣物；他伸出了援手，是因为在那英雄的一刻，他被一种怜悯之心以及无私之爱的本能所打动。

如果我们都能一直保持着这一份无私之爱，将会如何呢？这样的爱，不仅会让你对于一个素不相识的陌生人心怀同情，更能让你在家人朋友面前、工作社会面前，以及在面对生命中最为困难的挑战之时，展现出最高尚、最美好的一面。想象一下，你对他人的爱，不是因为他们能满足你的种种需求，也不是因为他们和你志趣相当，而是出于你内心最单纯真挚的情感。当然，我指的不是类似好莱坞电影或是贺曼①卡片上的那种爱，而是作为一种生存状态的情感：它深广无边，并且不求回报。

这种内心的情感，不依赖于任何外物——比如旁人、环境，或是热恋情人——这样的爱，我称之为"无需理由之爱"，也正是本书的主旨所在。当你读完这本书，你会更加了解，不论世事如何变迁，你依然有办法体验这样一种爱。也正因为如此，你将成为一个强大、平和而博爱的人。

爱，由内而外

亲爱的读者，本书不同于其他相同题材谈论"爱"的作品——它的目的不是教导你如何在与人相处中获得更多的爱，或给予旁人更多的爱，虽然它也能起到这方面的作用。本书展现的将是更为重要、更为根本的东西：如何触及内心深处那份无私之爱。如此，你自然而然就能变得更有爱心，也会让更多的爱注入你的生活。

所以，你不妨把本书当成是所有和"爱"这一主题相关书籍的"前篇"，不管它讨论恋爱关系、育儿常识还是服务大众。《爱无需理由》一书蕴藏了全心全意去爱任何一个人的秘密——也包括爱你自己。当你全然地接纳了自我，爱惜自我，那些陈旧的"陋习"，比如苛责自己、批评自己、贬低自己就能自然地融解。此外，你对他人的欣赏能力以及生活的成就感也会随之水涨船高。

一旦体验到这份"无需理由的爱"，你再也不用向外界索取关爱。你将从一个乞讨爱的乞丐，变成一个播撒爱的慈善家，你脚步所及之处都留下了关爱、善良与祝福的种子。

_____

① 贺曼公司(Hallmark) 成立于1910年。至今，业务已经多元化，包括贺卡、文具、服装、寝具、化妆品、电子贺卡、电脑软件、数码娱乐、电视频道等，遍布过百国家。贺曼公司每天售出约一千万张贺卡，雇佣多达21,000名全职员工，并拥有一支最庞大的创作队伍。

这种简单而又深远的改变将为你生活的各个领域带来意义非凡的改变。它能改善你的健康状况，你的恋爱关系，以及为你的工作带来成功与满足感。你不会再时时感到需索的饥渴——需索爱情、安全感、更多物质、更多认可、更多一切——因为你充实而完整。它将改变你每时每刻的表现。事实上，也许你的生活本身并不会因此产生翻天覆地的变化，你的生活"质量"却可以焕然一新。

为什么如今我们都需要这份爱

> 最珍贵的资源不是时间，也不是石油，更不是金钱或黄金，而是爱。没有爱，我们或许拥有一切，但却失去了生活的意义。
>
> ——库特·布莱克森 演说家及生活指导师

放眼四周，你会发现很多人的生活并没有洋溢着爱的暖流。每次我举办演讲或签售会，总有许多人会来找我，和我分享他们的故事，以及他们的苦处：或是一段充满了矛盾挣扎的恋爱关系，或是工作上的不如意，又或是对子女的忧虑。他们时常感到孤独，深陷在自我以及他人的评价里苦苦挣扎。在他们的生活中，有什么至关重要的东西缺失了，而他们却无从得知该如何填补这一空洞。

想想你自己的生活，你是否曾：

· 求助于食物、酒精或药物来填补内心的空虚？

· 对工作感到沮丧或失望？

· 为消极的想法、感受、自我批判以及周围批评的声音弄得意志消沉？

· 和你爱人或子女关系紧张？

· 时常感到疲惫、无聊或抑郁不振？

·封闭自己的心灵，拒爱于千里之外？

·牢牢拽紧爱不放，或努力取悦别人来索取爱？

·觉得被孤立、觉得孤独或和他人、和生活格格不入？

尽管问题的表象形态各异，其实都有一个共同的根源：我们都在极力从外界汲取关爱，而忽视了内心最深处的那份无私之爱。

在如今这个世界中，想要体验到这份纯粹的爱意不啻为一场苦战。几乎我认识的所有人都背负着巨大的压力，都被驱使着，与内心无私的爱意背道而驰，渐行渐远。我们电子邮件的收件箱濒临爆炸，我们为了房贷、房租苦苦挣扎，我们在家庭与工作之间苦苦寻求平衡，我们吃着那些毫无营养的垃圾食品支撑精神，我们在有毒害的环境中日渐衰弱还常常毫无所觉。除此之外，我们的社会中随处可以听到不和谐的声音，各个国家、宗教、政党之间的两极分化现象也日益严重。

让我们一起思考一下这些"不幸"的趋势：

·美国离婚率一直保持在50%左右，这一数据在发达国家中高居第一。

·在美国，每五位妇女中就有一位在使用抗抑郁药物。据世界卫生组织统计，美国这一最发达国家15%的人口都患有严重抑郁症。

·由寂寞及社交孤立引起的疾病及寿命缩短现象正在上升。

·据估计，约有90%的疾病与压力有关，或由压力引起。

·全球范围内，由于政治、文化以及宗教分歧引起的纷争正如流行病一般肆意蔓延。

如今，我们正处于最需要"大爱"的紧迫关口，不管是出于个人原因，还是为了整个世界。现在，我们正面临着马丁·路德·金所说的"最严重最紧迫的现实"，而发掘我们内心深处的爱意正是唯一的出路。不过，幸运的是，爱就在我们身边，等待发现的慧眼。

作者自序 无需理由的爱：额外的奖励

我知道，这听起来美好得不可思议，不过培养你内心的爱意，不管在任何情况下都能触及到它，这真的是"万能的灵丹妙药"——千真万确。这不是理想化的空想，如今，无私之爱正在我们生活中一点一点显示出它的魔力。以下就是无私之爱带给我们的裨益之处——

你将拥有更充实的人际关系。当你将爱播撒给所有人——包括你自己——就不必再不停地向别人寻求肯定与欣赏。当处理每段关系的时候，你都带着一颗饱满的心，而非空空如也，故而也无需汲汲钻营，试图通过掌控操作他人满足内心的需求。

因为对于自身感到自由、自在，你能在每段关系中以真实的自我示人。有调查清楚地显示，当你能够更好地热爱自己，你的人际关系的满意度也会随之提高。

也因为再也不用依靠外界环境获取爱，当你处于困顿之境，你不会再采用自我封闭、躲避逃离或攻击他人的手段寻取平衡，相反，你仍然可以保持一颗开放、积极的心，不论面对何种矛盾都依然心怀慈悲同情。

你将更健康长寿。爱是最好的灵药！当你沉浸在爱中，你的心灵和大脑就会作用于内分泌以及神经系统释放"爱的化学物质"，包括内啡肽、后叶催产素以及后叶加压素，这些物质均能提高免疫力，增强人体抵抗性。

著有《爱、药、以及奇迹》一书的权威内科医生伯尼·西觉是美国最先研究无私之爱与人体健康关系的医生之一。他表示："如果我告诉病人提高血液中的免疫球蛋白或是T细胞水平，没人知道该怎么做。不过如果我能够教会他们如何全心全意地爱自己、爱他人，则会自动取得相同效果。所以，事实就是：爱有治愈的能力。"

无私之爱能让我们体内的生物化学系统达到平衡。多项研究表明爱能延长寿命、降低血压、预防老年痴呆，以及减少抑郁风险。一项俄亥俄州立大学组织的研究显示，在婚姻中关系恩爱的夫妻比起感情不和的夫妻，患病几率减少近35%。

你将更快地从压力中解脱出来。通常，负面情绪会造成深远持续的影响。在压力作用下，你的身体会释放出强大的神经化学物质，使得大脑和身体都感受到这种影响，就如同在岩石上刻下一道线，难以磨灭。不过，正如《爱的回音》一书作者——艾娃·塞尔赫伯医生所说，爱能够通过"正面的生理学效应"作用于身体。当爱日益增长，爱的生化作用开始占了上风，从而在强度与时间上减轻压力对身心的负面影响。这样，压力产生的影响就如同在沙地上划出一道痕迹，在一段时间内你能看到它，但能轻易被抹去。

随着更加丰沛的爱，压力对你的影响就如同水面上的波痕——转瞬即逝。最后，当无私之爱成为你的心灵状态，压力的影响就像在空中划线，你意识到有一道线划过，但却了无痕迹。

你将变得更高效、更有创造力。研究表明，沉浸在爱中有助于提升你的思维能力，使得思路更清晰。这是一种被称为"皮质层促进"的生理学反应。流向大脑皮层的血液与神经递质将激发控制创造力、智力以及解决问题能力的高级大脑中枢。

你将成为更好的家长。体验更多无私之爱对你和子女都大有脾益。除了在和子女的相处过程中展现出更多的耐心、体谅与欣赏之外，还有研究表明通过树立良好的榜样，你可以把这份美好的品质注入孩子的内心。

由洪堡州立大学玻尔·奥利那以及塞谬·奥利那共同进行的一项创新型

研究显示，如果家长富有爱心，那么子女也会相应地展现出更多同情以及无私的品质。奥利那夫妇采访了很多在二战期间救助过犹太人的德国人，发现这些无私高尚的举动背后最显著的共同点就是，这些人都成长在充满爱的环境中，他们的父母不仅推崇这些品质，更用实际行动实践着无私之爱。而对你的孩子来说，有什么礼物会比树立这样一个良好的榜样更有价值呢？

你将吸引更多的爱。当你播撒爱的时候，整个宇宙都会对你的所思所想做出相应的回应。换言之，你播撒什么，就会收获什么。如果你总是在抱怨、指责或恐惧害怕，就会发现你身边的人也会对你报以同样的态度。

同样地，爱与爱也会相互吸引。当你播撒爱的时候，你也在吸引更多积极的、富有爱心的人到你身边，如此，便能创造出一种更为亲密的生活环境。（如果你还单身，并希望尽快找到另一半，展现无私之爱绝对不失为上上之策。）

* * * * *

每个人都会体验到这种"大爱无疆"的感觉。想做到这一点，你也无需拥有默契的伴侣、完美的身材、理想的子女，或体面的工作，因为这份无需理由的爱就在你的天性之中。不管现在你对爱的体验如何——不管你是深陷痛苦还是快乐无忧——你都可以将这份爱推向一个更高的境界。这也正是本书能够助你一臂之力的地方，那就是教导你各种专门的技巧以及完成相应的练习，让你有能力更多地体验到无私之爱的境界。

我写此书的目的

没有人能抵挡爱的魔力。在爱面前，甚至连快乐都要让位。这个事实，是我在破译了快乐密码之后发现的，我看到了快乐背后更深远的东西。

想想看：十五年来我的作品一直广受欢迎，先是《心灵鸡汤之女人心》

系列大受欢迎；随后《快乐无需理由》一书又迅速掀起热销狂潮，先后被翻译成31种文字；除了140万册的骄人成绩，我的故事还被改编成同名小说及叫座电影《秘密》；此外，我周游世界，与听众一起讨论成功与幸福。

　　在这个过程中，我学会了让自己更快乐。我懂得运动、饮食、感恩、宽恕以及这些要素对于美好生活的重要性。我从采访过的"无条件快乐"的人身上学到了"快乐法则"并加以利用，最终能够越来越多地体验到内心深处的满足愉悦。不过，有时候，似乎有什么东西还在一直召唤着我，轻声地告诉我还可以学到更多，我还可以更进一步。

　　这种愿望最初崭露头角是因为有一些人出现在我的生活中，而他们不仅仅是单纯的"快乐"。在宣传"快乐无需理由"的途中，我总是在不经意间遇到他们：前往基辅(乌克兰共和国首都)的飞机上坐在我身边的女士，秘鲁遇到的服务生，还有圣路易斯大街上遇到的男子……这些人身上都不约而同地散发着宽容坦诚的迷人特质，令人无法忽视。而我则遵循了我一贯的爱好：问问题。"你身上有种特别的东西，是什么呢？"我会问。他们和周围的一切都有种奇妙的契合感，而他们眼中的世界，都是洋溢着饱满的爱。爱——这个字眼反复出现，一次又一次。

　　接着，我还会问一个最关键的问题："你是如何做到的？"有很小一部分人是因为突如其来的觉醒，如同神迹降临一般。不过，大部分情况下，我都能辨认出他/她是具体由哪件事开始走上"全心爱"之路的。我觉得兴奋极了——因为事实上我可以通过努力从生活中感受到更多的爱。尽管我很幸运地拥有两个很棒的典范——我的爸爸妈妈，我仍然需要发现属于自己的那条爱之路。

　　就这样，我踏上了追爱之旅——当然不是浪漫的爱情，而是更广义、更深远的爱——正是这份情感让我们紧密相连，并赋予我们生活的意义——也开始了本书的创作。我希望能够把我对于这份"大爱"的发现体验与心路历程与读者们分享，就像快乐一样。

　　不过，与此同时，对于作者来说，也鸣响了警钟：注意了！想要就任何主题写一本书，前提你必须把所有与之相关的问题与隐患都解决妥当。

同样，要写关于无私、纯粹之爱的书，也迫使我去观察这一情感在我生活中方方面面的存在与缺失。其实，刚刚签下本书不久，我的婚姻——虽然从很多层面上都算得上快乐美满——感觉出现了根本性的问题。我做了深刻的反思，也和我的丈夫塞尔希奥推心置腹地长谈过。最后，我们都意识到，如今能够为对方做的最好的事，就是各自展开不同的追求。虽然，这样友好的分开，是基于我们对于对方的感情与奉献，痛苦，仍然在所难免。

所以，我就这样，边写着关于爱的书，边经历离婚的阵痛，边给别人做在职培训。

接着，毫无预兆地，我亲爱的八十八岁高龄的母亲去世了。一天下午，她就坐在最喜欢的摇椅上小憩，结果，再也没醒来。虽然她是安详地离开了人世，仍然让我痛不欲生。不久，打击又一次降临在我头上：我童年时代的家园，这座满载近六十年家庭生活回忆的住所被挂牌出售了。就这样，我生命中爱与力量最坚实的三根擎天柱就这样轰然倒塌了：塞尔希奥、妈妈，以及我的家。

可能在许多人看来，这样的情形肯定会让"无需理由的爱"这一准则经受最严峻的考验。我必须要面对悲伤、离别，以及失去的痛苦。即使是这样，我还能体会、保持，甚至在爱中成长吗？

结果接下来的发现让我诧异万分：当我开始试着找寻无私之爱的踪迹，很快便意识到它几乎无所不在。有时，我在认识的人、遇到的事中看到它；有时，在自己的内心感受到它。真理就是：爱，如同永不消逝的电波；要想听到"爱之调频"，只要调到对的频率。

不过可惜的是，事情并没有这么简单。有很多时候，我都忘了有这个神奇的调频转钮。又或许是我想起来了，却找不到那个对的电台。又或许，电波干扰太严重，我什么都听不到。

于是我赶紧邀请了我的同事好友卡罗·克兰一同加入我的探寻之旅。《快乐无需理由》一书，就是我们一同写成的；而且我知道，要探究这广袤无边的爱之宇宙，她会是我的最佳拍档。三十年前，我和她就是大学室友，并且可以说确确实实做到了患难与共。我相信和她一起，我们定能挖掘到最深刻、最本质的真理。

我们开始积极地寻找榜样——那些一直散发"大爱"品质的善良之人。我们最后采访了150位我们称之为"爱之名人"的人。其中有著名的精神领袖，有教师，有神经心理学方面研究爱这一主题的学者以及在心理学层面研究爱的专家，然后还有我称之为"善心人士"的普通百姓，他们都以一颗无私丰沛的心面对生活。他们的故事、看法和意见，让我们感受到爱的深遂，令我们叹为观止。

此外，我们还对访问我个人主页的网民进行了一项调查：请回答你认为怎么做才能在生活中体会到更多的无私之爱。从形形色色的答案中我们更坚定了采访时所听到的观点。最后，我们深入挖掘最现代的科学研究，结合最古老的精神传统，去揭示爱的真谛。而从这些调查研究中所采撷到的智慧成了本书创作的基石。

深受启发鼓舞的我开始将收集到的关于爱的建议和工具付诸实践，结果可以说百试百灵！我清楚地认识到爱是一种练习，而不是自然而然发生在你身上，或可以从他人处索取的东西。随着我坚持踏着这些基石向爱迈进，我就能更轻易地时时接收到"爱之调频"。

我还在研究中发现，在这个我们称之为"宇宙"的能量地带里，爱，事实上比幸福具有更高的振频；也可以说，爱更为强大，拥有更高的精神频率。就我个人的体会而言，爱本身就包含了幸福。所以，如果你掌握了爱，你也会随之掌握住幸福……同时，也将改变你自己以及你周围的世界。

这就是为什么我要希望把自己所学到的一切都与你分享。在本书的字里行间，你会找到一个指引着你，不断深入内心深处，探寻真爱的向导——让你从今天起，过一种崭新的，洋溢着爱的生活。

本书可以教给你什么

把这本书当成是学习"无需理由的爱"的手册。其中包括了三个部分指导你如何踏上寻爱之路。通读全书，你会找到许多切实有效的工具，帮助你立即由内至外，体验到更博大的爱。同时，你还会从"爱之名人"那儿读到许多感人肺腑的真情故事，这些故事也能说明他们是如何转变态度，让生活因"无需理由的爱"而美好。

从《心灵鸡汤》和《快乐无需理由》两本书的经验看来，故事不仅能触动心灵，还能让你在合卷后仍久久不能忘怀。这也是我为何如此热衷于把各种渠道收集来的故事，和大家一起分享的原因所在——其中有格莱美得奖歌手、退休的牧师、洗心革面的瘾君子以及一位沉浸在悲痛中的母亲。

你会遇到吉宁——在过去的三十年里，她为了找到热爱自我的金钥匙，反反复复不知让自己受了多少折磨；还有罗斯玛丽，一名前参议院的妻子，一次灾难性的创伤让她获得了对于爱更高的体验；你还会听到强尼的故事——日常生活中点点滴滴充满爱意的行为让他成为了一个国家的楷模。

为了满足抱着怀疑主义态度以及以科学事实说话的读者，也因为信息这东西本身就令人着迷，本书中同样也包含了支持我观点的科学研究，证明在我们生活中，无私之爱的作用无处不在。直到现在，大部分对于爱的研究还是仅限于人际关系，或是爱情的生化效应。不过，我们如今正面临着一个振奋人心的，研究无私之爱的新纪元——包括同情、宽恕、共鸣、利他以及许多其他品质，而这方面研究正日渐成为科学领域的主流趋势。我将和大家分享众多研究机构的成果发现，其中包括费泽尔研究所、约翰邓普顿基金会以及美国心脏数理研究院，这些机构在研究我们个人健康、幸福以及爱对于这个世界作用方面堪称先驱。

本书第一部分给出了关于爱的新范例。在这个地方，我会为"无需理由的爱"定义，并向大家展示这和其他类型的爱有何不同之处。你会了解什么是"爱的起点"，自我检阅你对于"大爱"的极限在何处，以及完成自我评价，看看在你生命中已经体验到多少"无需理由的爱"。你还会碰到一个有趣的全新的概念：爱之体。它是由你过去生命中所有无私之爱累积起来的积极的能量。当你的爱之体得到加强和激活，它就能为你的生活吸引更多爱。

第二部分是"怎样获得无需理由的爱"。它包含了七个步骤让你通往"无需理由的爱"，帮助你进入"大爱"的境界。

虽然大多数人都同意"爱是让世界运转的钥匙"，但很少会有人认为跟着一个"计划"循序渐进会提高爱的能力。现在社会上有很多教你如何减肥或是如何赚大钱的计划，不过我们都没有意识到，其实爱也是一项可以培养的技能。我们的七个步骤可以帮助你实现这一目的，我将它称之为"健康爱的终极计划"。

这个部分中的每个章节都展示了通向"无需理由的爱"的一扇门户，并给出了两把"爱之密匙"，即两种明确的方法去打开这扇特别的门。每一章还包含了两个感人至深的真实故事——每把钥匙一个故事，以及最重要的实用工具与技巧，能够帮助你立即体验到更多"无需理由的爱"。

第三部分将告诉你能够将这份"大爱"深种于你生活每一天的基本准则，同时还附有一份推荐读物书单以及推荐资源的部分。同时，我们还将探讨当你拥有了"大爱无疆"的境界，你将会对周围的世界产生多么深远的影响。有确凿的科学事实证明，当我们提高自身爱的水平，我们散发出的和谐韵律将对我们的家庭、社区，以及最终对我们的世界产生积极的影响。最后，我还会描述这样一幅情景：当我们都能怀着一颗觉醒的博爱之心和平共处，世界将会变成怎样美好的存在。

*　　*　　*　　*　　*

"无需理由的爱"可能每天都成长一点，就像一株受到精心照料的植物，终有迎来花期的一日；又或许，它来临的时候便是怒放的姿态，如同送到你家门口的那捧娇美欲滴的玫瑰。不管它是以何种形态出现在你的生活之中，重要的是因为你的邀请渴望，它才得以长驻心间。

想要实现这一目标，首先你要承认这种纯粹的无私之爱确实存在，然后你才能发现它的宝贵价值，最后让它成为你生命中最重要的事物。

这儿还有个小小的忠告：世界上有很多东西不是光靠理智就能解释或理解的，爱就是其中之一。语言这一左脑掌管的功能只能指出一条通向"大爱"的明路，而像"爱"这样非线性的整体体验则主要被右脑所管辖，被心灵所感知。

所以，我希望你能以一种全新的心态读这本书——带着一颗坦诚的心。让你的理智暂时坐在副驾驶的位置，让你的心来主导。以真诚、期待的心情阅读此书，让它为你的人生带来可喜的转变。

而我最真切的愿望就是本书能够让你改变对于爱的体验，让你能够化身为一股无私之爱的暖流，在世界的脉搏里澎湃流动。

第 一 部 分

爱：最远的边界

第一章 大爱无疆的邀约

> 当你将爱的疆土无限延伸，世界——不论是多么的不完美——都将变得丰盛而美好，到处都是爱的机会。

> ——索伦·克尔凯郭尔 十九世纪丹麦哲学家

在古代日本，勇猛的武士会得到国王一般的尊敬。他们随时佩戴着长刀，并且精于使用这一武器。

一日，一位名声显赫的武士去找一位年长的得道高僧，这位高僧以智慧闻名于世。当武士来到寺庙，粗暴地把门甩开，质问老人："告诉我，既然你这么洞悉世事，何为天堂，何为地狱？"

僧人在走廊的榻榻米上静坐了片刻，接着抬起头对武士说道："你说你自己是英勇的武士，唉，看看你自己。你不过是个微不足道的普通人！我打赌你手里的刀连一只苍蝇的脑袋都砍不下来。"

有一瞬，武士震惊得倒吸了一口冷气——没有人敢对一个武士这样说话！接着，如同有人在狂暴的公牛面前挥舞起了红布，武士的脸因愤怒而扭曲。他大吼起来："你怎么敢！我会让你为这样的侮辱付出代价！"说罢长刀出鞘，武士把刀高举过头顶，准备结果这个无礼的老僧。

老人并没有露出一丝惊惶，而是直视着武士满含狂怒的双眼，说道："你问什么是地狱？这就是地狱。"

武士惊呆了，长刀仍悬在空中，盘踞在心里的恨意与愤怒慢慢消退。他不可置信地看着老僧人，突然意识到眼前这个瘦小的、坐在地上的老人是在以生命为代价回答自己的问题。

放下手中的武器，武士向僧人深深地鞠躬，感激的泪水涌上双眼。"谢谢你的教诲。"他谦卑地说道，内心因为老人赐予自己的礼物而爱意汹涌。

僧人微笑着对武士说道："我的朋友，这，就是天堂。"

你手里捧着的这本书，正是你通往天赋权利的护照——不管你心里"上天"对你意味着什么。最终，这份天赋权利都可以归结到爱——你能想象到的宏伟的，强大的，无所不包的爱。

我们都渴望爱

爱。

一个多么简单的字眼，它又代表了一种多么巨大、广阔、崇高的体验！

我们都渴望爱，我们渴望变成充满爱心之人——变成我们能够想象到的，最好的伴侣、父母、朋友。我们渴望能用积极向上、乐观鼓励的心态回应身边的每一个人。我们渴望体会到爱给我们的生命所带来的甜蜜与满足。

自人类开化以来，我们就孜孜不倦地行走在追爱的路途上。以爱之名，我们树起了一座座丰碑，创造了一笔笔财富，搬空了一个个宝库。不管我们要的是什么——更多衣服、更多朋友、更高的地位、更强的权势……一切的一切，归根结底，都是因为爱。

当爱在我们生活中流动，我们心眼俱开，绽放如春日暖阳里的花朵；当爱离去，我们枯萎闭合，用封闭自我抵御生活的寒苦。

想象一下，假如不管你给予多少，心中仍充满了爱，源源不绝，你收获的爱，不管多少，都犹如蛋糕上的糖霜，微不足道。

而任何一种思想都告诉我们爱人如爱己，而我们也乐意这样去做。那么，到底问题在哪儿呢？

一言以蔽之，我们都被爱所禁锢了，不管是给予还是索取，我们都脱离了"无需理由的爱"，脱离了内心深处爱的源泉。当你学会找到内心取之不尽的爱之宝藏，便无需向外界苦苦探寻，而是不论身处何地，都能爱心洋溢。而你的生活也会因此发生奇迹般的转变——变得更丰沛，更满足。

在爱中生活

这并不是美好的空想。据我所见，有很多人正是在实践着这一生活方式。每一次采访完一位"爱之名人"，我都会不可置信地摇摇头。生活在"无需理由的爱"里，这一状态远远比任何童话故事都美好——因为它们是真实存在的。这种神奇的经历在有些人身上来得突然而富有戏剧性——仿佛是神迹显灵的一刻，而对于另一些人，则显得更微妙，更有迹可循。

其中有一个"神迹显灵"而改变人生的感人例子是我们的"爱之名人"之一：米拉巴·戴薇——从南非来的国际精神导师。她在加利福尼亚教学的时候我有幸采访了她。

她第一次体会到纯粹的爱之境界还是在二十多年前。那时，年轻的米拉巴正孤身一人游历欧洲，她突然有了一种觉醒：

如同一座大坝在心里坍塌，水流四溢。喷涌而出的爱是我从没体会过的强大。如同洪流，它吞噬一切，包容一切，让我几乎承受不住这力量。我就像被电流击中一般——我全身颤抖，感觉自己是如此热爱整个世界，有一种拥抱所有人的冲动。虽然我知道不能这么做，否则大家都会以为我疯了。不过，人们还是能够感受到我的心情，因为我所到之处，都会有人走到我面前，问我："我可以为你做什么？""需要我帮你吗？""要搭车吗？""我给你点吃的吧？""我能……"他们都愿意来到我身边。

而我希望做的就是让整个人类都感受到他们是多么值得去爱。让人们知道爱是无所不在，人人拥有的。我一刻不停地传播着这个讯息，向所有人，所有事物，所有生命。我将这条宝贵的讯息带给那些苦难中的生灵。

还有一次，我正在荷兰旅游。一天下午，我站在路边，看到一片卷心菜地。所有的卷心菜都折射着耀眼的，彩虹般的光芒。我的内心一下子涨满了对于这片菜地浓浓的爱。

我感到自己与世间万物融为了一体，世间万物都是爱的结晶，都随着爱的脉搏律动。它无处不在，无所不包，它是墙、是树，仿佛从天而降。

我感到万物相通，物我合一，所有的事物都散发着爱的奇妙与狂喜。

这就是米拉巴持续体验"无需理由的爱"之开端。如今，她周游世界，演讲教学，播撒爱的种子。

一个又一个的采访让我听到了关于爱之主题形形色色的故事。我想，要是这么多人，来自不同背景，不同社会阶层，都能够体会到这一点；那么对于我，或其他任何人，都是可能的。

现在，我的问题就是：爱的觉醒是如何降临到米拉巴和其他这么多人身上的？以及我们该创造怎样的环境，将这种体验引入各自的生活呢？

"无需理由的爱"之三主题

我们由爱而生，因爱成形，为爱而活！一切皆是爱。恨是变涩了的爱，嫉妒是扭曲了的爱，恐惧是倒转的爱，贪婪是过分的爱，依赖是粘连的爱。

——库舍得·巴特利瓦拉　博客写手

要想让生活充满更多的爱，首先应该弄清楚这些已经活在"爱之境"的人们是怎样想的。在听了超过150个小时的"爱之名人"采访，以及阅读了6000页的稿子之后，我清晰地看见了三大主题醒目地在眼前闪耀。

爱之主题一：自身即是爱

所有的"爱之名人"都告诉我，爱并不仅仅是我们对于他人的感受，它是我们自身。爱是一种物质，是基石，是生命中所有事物的精髓所在。我们因爱成形，身上的每一个细胞都是爱的结晶。我们自身即是爱。

我承认，第一次听到这些话，我忍不住翻了翻白眼，心里想着：我早就听过了。可是与此同时，我又意识到：我其实真的不明白其中的含义。

我们以为爱就是流动在两点间的情感流——从自身出发，流向我们所爱之物。而事实上，爱是一片汪洋，存在于我们的内心，无时无刻不包围着我们。

我们总是拿着小小的杯子，边走边向别人祈求一点爱的施舍。可实际上，我们本身就是一片广袤的爱之海洋。这也是为什么我说，当你时刻体验着"无需理由的爱"，你将不再是"爱之乞丐"而是"爱之慈善家"。你不再四处寻找爱的"源泉"——让它消除你内心的饥渴，让你感觉良好——你将四处散布爱的暖流，你将变得爱心洋溢，因为你本身就是爱的源泉！

拥有良好的人际关系也并不是取决于遇到合适的人或地点，而是完全取决于你爱的能力。对待他人的无私之爱的前提就是"你本身即是爱的海洋"。

能够体验到"自身即是爱"是自爱的终极表现形式。它并不是指对自我的狭隘情感——只爱自己；也不是指因为自身的外表、工作，或社会地位而爱自己。它说的是对广义的自我之爱——爱你的灵魂。这样爱能唤醒你真实的自我。

爱之主题二：生活的目的在于提升爱的能力

另一项"爱之名人"反复提到的主题就是，生活的终极意义就是加强我们给予爱、收获爱的能力。换言之，爱是我们在世上唯一的任务！

这样一来，如果爱是我们的使命，那么最为重要的一点就是找到你心中的爱之海洋，将它带给全世界——带给你自己、带给你爱的人、带给擦肩而过的陌生人，带给这世间的一草一木。

当然，这不是让你站在街角，手拿一张写着"欢迎拥抱"的告示（不过听起来还挺有趣的）。而是让你生活在爱的氛围中，认识到自己经历的一切都是在帮助你提升爱的能力。面对美好迷人的事物，爱当然轻而易举；而面对困境，面对不喜欢的人和事，你还能体会到同样的情感，那才是真正的挑战。当你的另一半故意刁难，孩子乱发脾气，上司提出无理要求的时候，保持一颗开放坦诚的心需要你把爱放在生命中首要的位置。

事实上，我看到的所有"濒死经历"的描述都指向了爱。许多人都表示，在生命的最后，都会看到自己的一生在眼前回放，我们的灵魂会问两个问题：你学到了多少人生道理？你的爱有多少？

如果这是我们生命的终极测试，那么或许现在我们就该好好准备回答这两个问题。我不认为这样的考试你能够敷衍了事。

爱之主题三：心灵是通往爱的门户

所有的"爱之名人"均同意心灵是通往"无需理由的爱"的必经之路。当然，这儿的"心"并不是指实实在在的心脏，而是指灵魂上的心灵——是我们在胸口，蕴藏着真实自我的地方。历史上所有文化中，心灵总是被认为是储藏爱的宝库。

通过这扇门户，"大爱无疆"的海洋才能涌入你的生活；所以心胸越是宽阔，你就能越健康、越快乐、越有爱心。心灵是实现人生终极目标的关键所在：提升爱的能力。

而本书第二部分列举的练习、工具以及技巧，都是为了让你拥有一颗开放坦诚的心。

*　*　*　*　*

这三个主题是我在研究过程中发现的引导性的真理，也是写成本书的底座基石。在阅读过程中请牢记这三个主题，它们是"无需理由之爱"的祷文颂歌。

爱的新范畴

我知道所有这些听起来有点不切实际。这对于我们每天的生活有什么真正的意义呢？你可能会想：我的孩子病了，我的心在滴血；我的丈夫有了外遇，我愤怒得想杀人；我失业了，付不起各种账单该怎么办；我沮丧极了，只好用暴饮暴食麻痹自己；面对这一切问题，"无需理由的爱"又能帮到我什么？

它可以帮到你的。因为"无需理由之爱"让你能够在面对这些问题的时候，更自信、更灵活、更平和。你将以更明确的态度处理矛盾以及情感上的打击；更重要的是，让你在日常生活的挑战面前更加爱惜自己。

当你怀着一颗坦诚的心，就能以更好的心态去面对生活中一切的沮丧、失望，甚至以此为契机得到成长。

想想爱的对立面，以及它灾难性的后果：因恐惧而封闭自我会把爱的体验关在门外。它驱使着我们向外界索取爱，这样的施舍，并不能使我们获得长久的健康快乐。任何一时的满足都像糖果带来的甜蜜一样，转瞬即逝，只留下更大的空洞等待填补。无私之爱却能让你不再收缩自闭，让你在任何情形下，都能拥有一个开放的心态，一份长久的宁静。

当然，体验到"无需理由之爱"并不意味着你就不会感受到悲痛、愤怒或受伤的情绪；但它能够让你在体验这些负面情绪的同时，感受到纯爱的安慰。这份纯净的感情如同软垫，让种种痛苦的情绪更快地瓦解。

爱，还能帮助你更有效地解决困难。我们或许已经习惯了就事论事，可是正如爱因斯坦所言："如果想从问题产生的层面入手解决问题，是永远行不通的。"而把"大爱"引入到你处理问题的过程中，就好比在一间漆黑的屋子里突然打开了灯，能够让你又快又好地驱走困难。你的视野也会随之清晰，并从以前那种恶性循环的圈圈里解脱出来。而这种全新的处理日常问题的方法也需要一个对于爱的全新理解范畴，一种看待"爱"的新的眼光。

我们频繁地使用着"爱"这个字眼：我爱我的家人，我爱我的宠物，我爱购物，我爱美食，我爱帮助他人，我爱看电视，我爱看书……不过有些我们所爱的事物是生活之支柱，有些却是生活之毒药。

我发现所有的事物都可以划分到四个不同的类别，我将其称之为"爱的连续体"。下面的图标展示了爱的完整范畴：

爱 的 连 续 体

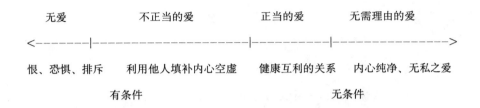

无爱　　　　　　不正当的爱　　　　　正当的爱　　　　无需理由的爱

<------------|-------------------------------|------------|---------------->

恨、恐惧、排斥　　利用他人填补内心空虚　　健康互利的关系　　内心纯净、无私之爱

有条件　　　　　　　　　　　　　　　无条件

无爱状态：在这种状态下，我们的心闭锁了，我们或深陷痛苦，或愤怒悲伤，或感到筋疲力尽。恐惧或焦虑的感觉是无爱状态的显著标志，通常会引发暴力或逃避的反应。我们可能会感到空虚、无聊、疏远、游离或孤独；我们或许想要把这份郁闷发泄在周围的人身上，特别是那些让我们痛苦的人。无爱状态是一种缺失了生活支柱，毫无生活意义的状态。

注意：当人们面对非常严重的痛苦、沮丧或创伤的时候，很容易陷入此种状态。这些情况下，可能需要专业的治疗来帮助其走出悲伤的深潭。

不正当的爱：这种"爱"算不上是真正的爱，充其量只能算是无爱状态的"镇痛剂"。不正当的爱主要表现为需要用"被爱"来填补内心的空洞。它与欣赏感激或真正的关心毫无关系，而是一种试图逃避或消除空虚的手段。那些固执地想要"搞定爱"的人身上就体现了这一点。

不正当的爱有一句座右铭："一切以我为重。"当我们因为不正当的理由而去爱的时候，我们只是在利用这份爱——衡量它对我们所带来的影响，或是它是否能麻痹痛苦。不正当的爱会导致所有上瘾的症状，长此以往，将损害生理、心智以及精神方面的健康。

不正当的爱有时候不太容易被察觉。我们可能看起来是在施与爱——表面上看，我们似乎非常懂得爱人——可是实际上，我们几乎是在命令对方回馈这种情感。我们是在试图以爱的名义掌控他人。

相互依存也属于这一类型。相互依存的人完全被其他人的生活所吞噬，并以此填补内心的空洞。他们总是试图取悦旁人，好获取旁人的爱。从表面上你很难判断这些行为是不是处于不正当的爱，这要取决于个人内在动机。不过，很多时候，你还是可以感觉到自己是否正在进行"不正当的爱"。当你：

· 以获取爱为前提去爱

· 取悦别人以获得认同

· 对于爱的对象痴迷不已

· 试图用外物填补内心空洞

· 对爱需索、饥渴，拼命想要汲取

正当的爱：这是大多数人理解的爱。当你深深地喜欢或觉得与某些人、环境，甚至物品心灵相通的时候，爱就发生了。只要按这样的方式去爱，你爱的对象都会变得特殊而有价值。当你正当地去爱，你觉得深受激励，只想帮助别人，也能够施与爱、获取爱。这样的爱是健康的，它能使你更强大。

拥有正当理由去爱是一件美妙的事情——我的人生导师，比尔·莱维西将这种情况称为"情感收入的多渠道来源"。它能让你觉得真正的富有。

可是，这样的爱也有其限制。它最大的问题在于它是与理由密切相关的——一旦这些理由发生了变化，通常你的爱也会随之改变。比方说，要是你爱你的另一半是因为和他/她在一起感觉特别好，那么当他/她让你失望或背叛你的时候，你的爱又何去何从呢？

这样的爱还有一些重大的缺点：比如你可能会感到依附别人，会嫉妒，会害怕失去所爱的东西，或是满足之余，总觉得缺少了什么。基于理由的爱总有来和去的一天。

我虽然不认识你，但在我们生命中，有太多的时间受着理由的控制，而且发现它并不能带给我们真正想要的东西。幸运的是，在它之上，还有更为高尚的爱之形态。

无需理由的爱：这是一种"大爱"，是内心纯粹的情感，不依赖于他人，也不受外界以及环境的影响。这是一种由内而外的爱的体验。当你身处"无需理由之爱"的境界，你将体会到自由、宁静、欢乐、坦诚，以及深深的满足感。当你拥有"无需理由之爱"，你不再需要理由，因为爱，所以爱。这是纯粹的爱，我爱你的爱，如此简单。

当你拥有"无需理由之爱"，你会将爱带向外界，而不是从外界汲取它们。

"无需理由之爱"和我们陈旧的、狭隘的爱之定义完全不同。就连科学研究也证明了这一事实。据最新研究表明，无私之爱和独特的大脑功能运作也有关系。蒙特利尔大学的一项研究显示，那些有意识地体验着无私之爱的人脑部扫描结果，和体验爱情或母爱的人相比，受激发的大脑部位不同。当出现无私之爱的体验，一个特别的神经网络，由岛叶、上顶叶、右尾状核等组成，将会变得活跃。

当我们进入这一境界，我们将激发一种截然不同的生理学状态。我的"无需理由之爱"项目最初采访的"爱之名人"之一是医学博士艾娃·塞尔赫伯医生。她是研究爱的生理学领域公认的权威。她任教于哈佛医学院，是麻省综合医院班森·亨利身心医学研究院的内科医生。塞尔赫伯医生告诉我："爱，能够激发身体内一连串的生理学反应：多种肽与荷尔蒙被释放，其中包括内啡肽、催产素、多巴胺、后叶加压素以及一氧化氮。这些都能帮助你克服恐惧，引发放松的反应，从而创建一种积极的生理环境。"

塞尔赫伯医生将身体的这种反应称之为"爱的反应"，并指出它能够让你更好地应对生活中的种种挑战，延缓甚至治愈疾病，常保健康。"爱的反应能够让身体状况得到迅速改善，而不是随着年龄增长而衰老退化。"这种"爱的反应"中非常关键的一种物质是催产素，又名"爱的荷尔蒙"，因其能够激发依恋、安全、信任的感觉，减轻恐惧与焦虑。温暖、抚摩、运动、高潮以及喂奶等因素都能激发此种物质，它还和所谓的"温柔友善"的行为有关，比如照顾孩子和宠物、和密友聊天等等。当催产素在体内流动，你可以感受到满满的爱意。

当塞尔赫伯医生进入到我的研究领域一探究竟，一天，我们俩进行了一次深入的探讨。我们把各自收集来的关于爱所带来的惊人影响力的资料放在一起比较——她的来源于病患资料，我的来源于"爱之名人"采访。

在爱中生活能够升华我们对于生活的体验，这一点，在"爱之名人"的故事中一次又一次得到证实。虽然这些人性格各异，但在他们身上都折射出一些相似的特征。他们：

- 抓住当下，积极面对生活
- 对身边的人，对于自然仿佛一体，紧密相连
- 相信他们正处在一个美好友善的世界里
- 情感丰沛，充满活力
- 内心强大，但不自我
- 给予和收获爱两者自如
- 倾听、表达内心的声音
- 充满同情心，对于自己和他人不妄加判断
- 内心充实满足，坦然接受当下的生活
- 内心博爱无边

我猜你也有过这样的体验，尽管可能转瞬即逝——我将它们称之为"爱的巅峰体验"——当你敞开心扉，情感奔涌，当你不需要任何人或物来证明自身价值，当你感受到强烈的幸福感，觉得一切都是那么美好。这些体验都会铭刻心中，令人难忘。在"无需理由的爱"中成长，让我们由内到外，更多地拥有这些特质。

我的同事，也是"爱之名人"之一，莫提·莱夫科发明了"莱夫科之法"——一种帮助消除狭隘观念的系统机制。他就告诉了我在他和妻子的关系中，"无需理由之爱"带给他的美好体验。

二十九年前，我和妻子雪莉刚刚结婚，她问我为什么爱她。我说："不为什么，就是爱。"

她可不喜欢这个回答。她想知道自己身上哪些品质让我爱上她的。而我则坚持说我只是爱她这个人，没有特别的理由。有一次，我解释道："如果我因为某些特定的理由而爱你，那么我的爱是有条件的。要是哪天你发生了变化，那我对你的爱就可能停止了。但是如果我就是爱你，那么我的爱是无条件的，不管你做什么，变成什么样子，我都能，并且都会一直爱你。"二十九年中，我把这一点给雪莉反复强调，她终于能够接受这个答案了。

我就是这样爱雪莉的，如果哪一天我发觉自己对她的爱变了，我便意识到内心出了问题，需要自己去发现，并重新体验这份爱。我并不会怪她，也不会等着她去做什么改变。相反，这样做让我有足够的能力控制自己对她的感情，她不用做任何努力去赢得我的爱，并且她不论做什么，都不会让我的爱消退。

这样的体验也延伸到了我和其他人的相处中。最近我身边来了一群新同事，我就感到自己对他们也有着"无需理由的爱"，就好像我的心里充满了爱，不论谁走近我身边，心里的爱就会溢出来。我也可以很明确地告诉你我喜欢、欣赏这些人身上的哪些品质，但对于他们的爱，与这些优点毫无关系。

因为我所感受的爱是无条件的，和我从他人处得到的回应也无关。那些爱我的人，和那些没有表现出爱我的人，得到的爱是一样的。

如今，既然我已经知道了这份奇妙的体验来源于何处（即来源于我自身），我开始致力于研究如何有意识地获取这一体验，并在生活中反复重温。

当真实的我看到真实的你，爱，是唯一的存在。

感受爱（无需理由的爱）

解释得够多啦。现在，让我们来体验一下"无需理由之爱"的美妙滋味，并感受它和"正当之爱"的不同之处。让我们来做以下一个简单的练习：

开 始 之 盒

【练习】

"无需理由之爱"和"正当之爱"的不同

1. 闭上眼睛，想想你爱的事物，可以是人、宠物、地方，或某次经历。

2. 你爱他／她／它什么？细细品赏你所爱之人／物的美妙之处，让自己感受你与他们的心有灵犀之感。

3. 问你自己一个不太常见的问题，很多人从来都不曾考虑过的问题：这份爱来源于何处？是什么让我拥有如此美妙的体验？

绝大多数人都会回答说，这份爱直接来源于所爱的对象。这就是"正当的爱"。

4. 现在，试试不同方法。把你的注意力从你所爱的事物转到"爱之体验本身"。关注你的内心，撇开你所爱的对象，纯粹地感受你喜悦的心情。不要再想着他们迷人的品质，不管是什么，而让你自己真正地感受到内心的爱。

5. 感受到内心爱的体验，你可能会发现胸口暖暖的，而且自己情不自禁地微笑了。

结 尾 之 盒

这两种爱的体验不同之处就在于，第二种是和你的内心相关，不依附于你所爱的对象。这就是"无需理由的爱"。下面的简图能够说明你所体验到的感受：

插入"正当之爱"的简图。将人用圆圈圈起来，从中心向外画出直线，每道线都连接着某个对象。

插入"无需理由之爱"的简图。

无需理由的爱

同样的简图，将各个对象涂成浅灰色。中心和线条加粗。

在第一幅图中，我们的爱是直接联系在爱的对象上的。在第二幅图中，对象是次要的，最主要的是体会到内心深处爱的感受。当我们把注意力放在自己的内心，以及它散发出的情感，而不是对象本身——这就是我们所讨论的内在的爱，这也是"无需理由之爱"计划将让你学习提高的部分。

对于很多人来说，"爱可以成为一种单独的体验"这一概念还是比较费解。我们也认为爱不是无端发生的。当我们爱某样东西，我们并不仅仅是爱，我们认为爱是发生在两个人之间的情感。看看dictionary.com对于爱这个词的前三条定义：

1. 对于另一个人深切、温柔、强烈的喜爱之情。

2. 一种温暖的个人依恋或深切的喜爱的情感，比如对父母、子女或朋友。

3. 感官上的激情或欲望。

这些定义，都没有体现出爱这一概念的独立性——无需理由之爱。

能够接受对于爱的新定义，以及学习如何不断体验该种情感是得以活在无私之爱中的关键所在。你能够注满属于自己的爱之容器，并把爱带进你的日常生活。

接着，你就能如精神导师米拉巴那样，虽然你仍然喜爱身外之物（就像米拉巴甚至把这种爱拓展到了卷心菜上），不同之处在于，你的爱并不依赖于外物而存在——不管是人、工作、人际关系、车、衣服还是卷心菜。

不要被这种体验的简单纯粹所迷惑了。这种纯净的爱之境界是这个星球上最为强大的力量。当你培养、加强，并将无私之爱作为你的生存状态，你的生活将从单纯的黑与白转变成五彩斑斓。

无需理由之爱的新实践

在创作完这个部分不久，这份对于爱的新的理解就面临了考验。我把它用来处理一个非常困难的感情问题——和我的前夫，塞尔希奥。虽然我和他不再生活在一起，我仍然深深地爱着他，非常想念他在我生命中的日子。

有一天，我和他讲完电话，放下听筒，不能和他一起的痛苦和失落感涌上心头。我们深深地感到相知相惜，但作为日常生活的伴侣，却实在不适合在一起。虽然我也知道分开是对双方最好的决定，我仍然觉得自己深深地爱着他，我的心因为对他的渴望而疼痛。我甚至觉得必须要关闭这种爱的感受，不然这样的痛苦将变得无法承受。

"好吧，"我想道，"我正在写这本关于无需理由之爱的书。所有我采访过的人都告诉我，我们本身就是爱，不论任何时候，我都可以从内心深处体会到这种情感。那就让我试一试吧。"

闭上眼睛，我告诉自己："我对于塞尔希奥的感情，那是我的爱。它来自于我的内心，所以我接下来要做的就是坐下来，感受它。"

我也这样做了。我真的让爱肆意奔涌，体会着内心那种甜蜜的感受。如果我的注意力又集中到了塞尔希奥以及我们分开了的事实上，我会温柔地把它转移到对于爱的体验上来。那样的爱是源自我的内心，是我自身的体会。我可以触摸到它，不论谁在或不在我身边。这么做真的非常有帮助。通常，失去的痛苦悲伤会持续好几个小时，可体会着"无需理由的"自己的爱，仅仅五分钟，我就觉得好多了。

*　　*　　*　　*　　*

这样的体验让我想起了我的一位精神导师曾说的话："我爱你，而这与你并无关系。"我第一次听到这话的时候只有十七岁，当时很是疑惑不解，但现在，我能体会到其中深意。不管是对于人还是物的爱，归根结底，只是我们内心的情感。

这和跟别人分享爱不同——是一种截然不同的兴奋感受。而我也发现，体验内心的爱之境界有其独特的魅力，让我感受到仿佛回家的宁静甜蜜。

太阳永远闪耀

> 何处不能发现爱？没有哪个地方让我找不到爱。爱是这世间唯一
> 的存在。是真实的你最美好的品质。是一切的一切。
>
> ——伊莎　作家与教师

看看"无需理由之爱"的简图，你会注意到简图的中心看起来像太阳一样。这真是特别贴切的比喻，因为当我们不再把爱与理由——即所爱之外部对象——联系在一起而是感受到内心纯粹的情感，那么灿烂的爱之能量，就会从我们内心像阳光一样散发出来。

"无需理由之爱"的太阳会在我们内心永恒发光。你不必"创造爱"，因为爱就在那里。它是你的精髓所在，你的自然天性。（记住爱之主题一）。作家厄克哈特·托尔对于爱的描述如下：

> 你内心涌出的东西……一种内在的，持久的宁静、安详与活力。它是无条件的，是你本质的存在，是你在所爱之物上寻求的东西。是你的自我。

这世界上所有的精神信仰都描述过这一宏大的、广博的爱之形式，虽然，用的词可能不尽相同。

基督教用的是"友爱"（agape）一词描述最为崇高纯洁之爱，最初来源于希腊语。在《圣经》中，"友爱"是上帝对于人类的情感，并要求人类互相之间也存在这份爱。它是无私的、慷慨的、有治愈力的——是美好生活之基石。

在希伯来语中，爱这个字眼相对应的单词是"ahavat"，"无需理由之爱"是"ahavat chinam"，即"没有根据的爱"。在我采访"爱之名人"拉比·大卫·托马斯的时候，他就把"ahavat chinam"定义为"我们对于同类展现出的、无关自身利益之爱，只因我们都是人类，我们看到了彼此身上的人性"。

佛教里爱被称作"慈悲"（metta）或仁慈，是一种为了人类福祉，帮助他人、奉献自我的愿望。佛教徒认为，爱是这世上最根本的力量源泉。

印度教使用梵文"parama prema"（崇高的爱）来描述这种充实、无条件的爱，它能让人了解生命真实的意义。而在伊斯兰教的苏菲派中，用"ishq"一词传达爱无私而神圣的本质。

所以，在所有的信仰中，有一点是可以肯定的，那就是上帝是爱之化身，而我们每个人都能感知到这份内心的情感。只是压力、坏习惯、自我与恐惧的阴云常常阻挡了这份纯洁的情感，让我们无法得到美好的体验。

爱 之 体

这些负面的阴云挡住了阳光，让我们无法体验到"无需理由之爱"，这就是厄克哈特·托尔所说的"痛之体"。在他的畅销书《当下的力量》中，他将"痛之体"描述为一种负面的能量场，它是由伴随着我们的、痛苦的情感回忆构成。某件事、某个言论，甚至是一个无心的念头，只要和过去的痛苦回忆起了共鸣，都有可能触发这种情感能量体。而"痛之体"以痛苦为食，并时时需找机会采集苦难。当你和别人吵架了，那是你的"痛之体"蠢蠢欲动，准备大快朵颐一番。它是你身体的一部分，随时伺机挑起矛盾、伤害与悲伤。

但值得注意的是，作者没有提到，我们还有"爱之体"。这是一项前所未有的发现！它的到来是我不经意间的灵光一闪。我想，"如果我们有痛之体吸收痛苦，那肯定也有一个爱之体，把爱带到我们的生命里！"于是，我开始向"爱之名人"咨询这一点，很多人都证实它是存在的。"爱之体"是一种积极的能量场，由无私之爱的美好体验组成，正是"痛之体"的对立面。

就像痛之体以痛苦为食，爱之体的成长需要以爱为食。你体验的"无理由之爱"越多，你的爱之体就越强大、越健康。当你的爱之体日趋完善，你播撒的爱也会随之越多。你就能变成一把爱之音叉，周围的一切都会随着你散发出的爱之振动发出共鸣。

不过，对于我们大多数人来说，要想成为"爱之音叉"需要建立新的生活习惯。我们的生活都会沿着一定的轨迹前行——思考、感知、行为方式，都会给爱之体或痛之体以生长的食粮。如果你希望拥有更强健的爱之体，你就必须改变既定的轨道。想要做到这一点，你需要练习。

并且实践证明，熟能生巧是完全正确的！我们从很多神经可塑性研究的科学发现中得出了这一令人振奋的发现。科学家们在很长时间里都相信大脑成长到比较年轻的时候就停止了，之后就如同陶瓷一样，再也无法生长。但神经学研究证明，直到生命结束以前，我们的大脑都能根据我们的想法、行为形成新联系，瓦解旧习惯。当我们重复某种思想或行为，与之相联系的神经通路就会变宽，将神经元细胞连结在一起。所以"我们的关注事实上能够改变大脑的神经回路"，这也意味着我们即使作为成年人也能够改变思维方式。

幸运的是，体验爱、表达爱早就深深地刻在我们大脑中了——一项又一项研究都证明这一点。加州大学伯克利分校心理学教授达彻·卡尔特纳博士，同时也是"普惠科学中心"院长，他就指出："同情心与仁爱之心……深植于我们的大脑和身体里，随时可以培养。"

美国威斯康星大学麦迪逊分校组织的一项研究也证实了这一观点。在这项研究中，研究对象被要求专注于对于家人家庭的仁爱之心，再把这份爱的感觉扩大到陌生人身上。研究结果显示这样做能激发大脑与同情相关的区域。和卡尔特纳博士相呼应的还有安东尼·鲁兹博士——领导该研究的神经学专家表示，这些发现表明："说到复杂的情绪及相关技巧，还是可以锻炼的，比如仁慈之心是可以培养的。我们觉得，人是可以被训练来加强、培养这些积极情感的。"

当你有意识地反复体验"无需理由之爱"，它最终会变成你的既定轨道。当你的爱之体变得更有活力更强大，它就能对你的生活，以及你周围人的生活产生巨大的影响。"无需理由之爱"计划设计的初衷就是增强你的爱之体，让你更多地保持一颗开放坦诚之心。我们在第三章将会对"爱之体"进行更多探究。

你的爱之体有多强大？

我们在生活中都能体验到爱，但多少是纯粹的无私之爱呢？下面的自我评估能够让你知道你的爱之体有多强大，并且你拥有"无需理由之爱"的程度有多深。

下面的问卷不是评估你有多热爱生活的外部环境——因为那属于"正当的爱"范畴。它主要是来衡量与内心纯粹之爱相关的品质，这些品质让我们得以拥有健康的人际关系以及美好的生活体验。

请一定要诚实地回答这些问题。除了你自己外，没有人会看到你的分数哦。

开 始 之 盒

"无需理由之爱"自我评估

给每个问题用1—10打分，1分表示"完全不符合"，10分表示"非常符合"。

完全不符合　　　　　比较符合　　　　　非常符合

1. 每天我的情绪都很稳定，我意识到、看到，并感激当下发生的一切。

1　2　3　4　5　6　7　8　9　10

2. 我觉得自己和世间万物相连，不管是人、动物、植物还是山山水水。

1　2　3　4　5　6　7　8　9　10

3. 我觉得一切都支持着我，朋友、家人，以及整个友爱的世界。

1　2　3　4　5　6　7　8　9　10

4. 我觉得自己充满了活力，并且能毫无障碍、毫不压抑地感知我的内心感受。

1　2　3　4　5　6　7　8　9　10

5. 我觉得自己值得被爱，坚定坚决，但不咄咄逼人。

1　2　3　4　5　6　7　8　9　10

6. 我觉得内心洋溢着满满的爱——我内心的充实使我可以自由地给予爱、收获爱。

1　2　3　4　5　6　7　8　9　10

7. 我很善于与人沟通，我能够自由地表达内心的情感，善于聆听，但不会过度自我保护。

1　2　3　4　5　6　7　8　9　10

8. 我很敏锐，能够察觉到身边美好的事物。

1　2　3　4　5　6　7　8　9　10

9. 我每天都能感受到被认同的感觉，感受到内心的平静。

1　2　3　4　5　6　7　8　9　10

10. 我觉得自己与一种比自我更强大的力量相联系，并能感受到身体里涌动着更为崇高的爱意。

1　2　3　4　5　6　7　8　9　10

打分结果：

80～100分：恭喜你，你已经成为"爱之名人"的一员啦！

60～79分：你正稳步走在通往"无需理由之爱"的路上。

40～59分：你能够偶尔体会到"无需理由之爱"。

低于40分：恭喜你正在阅读此书。"无需理由之爱"正在前方不远处等待着你。

结 尾 之 盒

在完成了本书第二部分"无需理由之爱"计划后，不妨经常做做这个自我评估，来记录你通向无私之爱途中的点滴进步。

*　　*　　*　　*　　*

这种爱的新范畴是能帮助你过上自由、充实生活的基石，而拥有一个强健的"爱之体"是关键。好消息是，你已经开始培养自己的爱之体了。能够理解"无需理由之爱"的存在以及将注意力集中到这项认知上，是开始加强自身爱之体的第一步。

在下一章中，我们将仔细探究哪些障碍限制了我们的爱，让我们无法拥有美妙无比的生活体验。

第二章　打破你的爱之界限

　　不要把爱局限在某个人或物上，那样太渺小太渺小了。执着地着眼于爱本身吧——那是超越一切的存在。

——布鲁斯·爱伦　精神咨询师

　　时不时地，就会有一封绝妙的邮件出现在我的收件箱里，让我捧腹大笑的同时，也看到了深刻的哲理。当下面这封邮件出现的时候，我意识到用它来解释爱的界限是再合适不过了。

将爱安装到人体电脑中

　　技术人员：你好，有什么能为您效劳？

　　客户：呃，经过慎重考虑，我决定安装爱之程序。您能指导我完成这一过程吗？

　　技术人员：好的，我能帮助您。您准备好开始了吗？

　　客户：嗯，我不是很懂电脑技术，不过我觉得我准备好了，我应该先做什么呢？

　　技术人员：第一步，敞开您的心扉。您找准心的位置了吗？

　　客户：找到了，不过现在里面还有其他几项程序正在运行。请问这样也能安装爱之程序吗？

　　技术人员：请问哪些程序正在运行？

　　客户：我看看，有"过去的创伤"、"不自信"、"抱怨"、"憎恨"正在运行。

技术人员：没问题的。爱之程序能逐渐将"过去的创伤"从你目前的操作系统中消除。虽然它可能还永久地存在于记忆当中，但已经不会影响到其他程序了。爱之程序也能最终以自身的"自尊自信"取代"不自信"。不过您必须彻底关闭"抱怨"、"憎恨"两项程序，因为它们会妨碍到爱之程序的正常安装。您能关闭它们吗？

客户：我不知道怎么关闭它们，您能告诉我怎么做吗？

技术人员：很乐意。到开始菜单下，找到"原谅"程序，重复这一过程，直到"抱怨"、"憎恨"两项程序被彻底删除。

客户：好的，完成了！爱之程序自动开始安装了。哎呀！出现错误信息了！上面写着："错误——程序无法通过外部组件运行。"我该怎么做呢？

技术人员：不要着急。简单来说，它就是指您必须先爱您自己，然后才能爱他人。拉下"自我肯定"菜单，点击以下文件夹："自我原谅"、"意识到自我价值"以及"承认自我缺陷"。

客户：明白。嘿！我的心现在出现了很多新的文件夹。"微笑"正在显示器上闪动，"宁静"与"满足"在心房中自动复制。这是正常现象吗？

技术人员：是的，这表明爱之程序已经安装成功并开始运行了。挂断电话前还有一件事提醒你：爱之程序为免费软件。欢迎与其他客户共同分享，并广泛传播！

*　　　*　　　*

你的心里又运行着什么样的程序，妨碍你体验"无需理由之爱"？

你的爱之触发点

在你心里，是否有一个隐形的屏障存在，妨碍着你对于爱的体验呢？在积极心理学领域中，科学家们发现我们有一个"幸福触发点"，不管发生什么，我们都会在这一程度的幸福感上下徘徊。虽然迄今为止并没有任何科学依据证明"爱之触发点"的存在，但我却观察到了一种相似的现象。

和幸福一样，你体验爱的能力不是基于外部环境，而是有其内部触发点的。积极或消极的情况或事件在你对于爱的体验中留下深深浅浅的痕迹，但最终你会回到爱的"自在地带"，那是你习惯而熟悉的爱之体验范围。在消极的情形下，爱之触发点能够对你有所帮助，让你在经受挑战后回复原来的状态；同时，它在积极的情形下又充当了刹车的角色，限制你给予以及收获的爱的多少。

我优秀的同事、作家以及心理学家，同时也是"爱之名人"的盖·亨德里克以及凯特·亨德里克夫妇，创造了"上限"一词来描述当超出习惯范围的美好体验涌入生活，我们是如何无意识地让自己破坏该体验。似乎当我们超出某一界限，积极力量的洪流会触发某个无声的警报器，我们的潜意识就会开始动作，减少我们对于欢乐、爱与成功的体验，将我们拉回一个较为舒适，虽然不怎么令人兴奋的水平上去。

在我们生活的方方面面都存在着这些"上限"。我曾听说在上世纪九十年代，IBM公司一项调查显示，当IMB销售人员创造出比平时高很多的销售业绩时，他们很多人很快就又都回复到了之前的水平。某种程度而言，人们对于更多的财富与成功并不感到自在。爱也是一样的。当你开始感受到巨大的爱，是否最终都会把事情搞得一团糟？如果是这样，那么说明在无意识的情况下，你已经为你对于爱的感知设定了"上限"。

敞开心扉，加强你的爱之体，能够帮助你打破"上限"，提高你的"爱之触发点"。让我们一起来探索如何做到这一点吧。首先，让我们来识别并克服"爱之三大谜团"。

爱之三大谜团

> 人们……太渴望爱，所以愿意接受爱的替代品。
>
> ——莫莉·舒瓦茨对《与莫莉一起度过的星期二》
>
> 作者米奇·阿尔本如是说

有些爱之界限来自外部，来自广为传播的社会现象及信仰，而我们从来不去质疑它们。从我们拥有理解能力的那一刻起，我们很多人都一直被电影、杂志或流行歌曲中传达的、关于爱的错误信息所误导。你可以把这些称为我们共同的"上限"。这些谜团将我们引上歧路，诱导我们"从所有错误的地方寻找爱"。

现在，该是解开所有陈旧的关于爱的谜团，激发这世上对于爱的全新体验的时候了。

谜团之一：恋爱之谜

当我告诉别人我正在写一本叫做《爱，无需理由》的书，大家都会不约而同地笑着说道："哦，一本写恋爱关系的书啊。"人们会自动把爱等同于爱情和恋爱关系。

爱情会抢风头其实并不奇怪。它如此令人难以抗拒有其生物化学上的理由。毕竟它关系到我们的生存问题，是人类作为一个种族得以延续不可或缺的一部分。

爱情长久以来就是人类最钟爱的"药物"。它能够激发大脑释放出多种荷尔蒙，混合如同鸡尾酒一般，其中包括：多巴胺、去甲肾上腺素、肾上腺素以及催产素等，这些激素能使我们产生飘飘然的感觉。知名生物人类学家海伦·费舍尔博士花费三十多年的时间研究爱情的生理学基础，并得出结论：爱情是地球上"最令人上瘾的物质之一"。它能使人产生各种类似的上瘾症状，比如迷恋、渴望以及对现实的扭曲。

费舍尔博士的研究表明，当我们坠入爱河，大脑中与幸福、渴望、迷恋等感觉相关的最原始的部分变得活跃起来，包括大脑底部，被称为"VTA"的部分，这是大脑奖励系统的一部分；事实上，这个部分也是令人们吸食可卡因后感觉飘飘欲仙的大脑区域。所以说，我们这么沉迷于爱情的魔力也就不足为奇了。这种效果让爱情，以及与爱情相关的所有事物牢牢占据了我们的内心——吸引异性的能力、求爱过程中的大悲大喜，当然，还包括性爱。

如果你沉迷于爱情，那是因为你沉溺于爱情带来的快感，并且渴望兴奋剂一般令人上瘾的爱情化学反应。当身体对于这些化学物质有了"抵抗力"，我们就需要更多刺激来保持同样的快感。你可能在一段又一段关系中寻寻觅觅，想让自己解脱。

虽然爱情的确是"大爱方程式"中不可或缺的一部分，我们对于它的迷恋却会阻碍我们看到更广阔、更充实的爱，这才是真正的爱之瑰宝。如果我们把注意力全然放在某一种爱的形式上，我们的生活也会因此狭隘而干涩。许多"爱之名人"都告诉我说，虽然他们也很享受爱情，可与"大爱"一比，就显得微不足道了。

我们总在寻寻觅觅爱情，觉得它能够让人完整。这是每一部肥皂剧所传达给我们的信息。（我承认，几年来，《风月俏佳人》这部浪漫电影我看了不下数十次，并且希望理查·基尔有一天会来到我面前，让我心醉神迷。）可是，那也让我们忽视了心中那份更宏大的爱。

既然如此，我们又该如何挣脱这份束缚呢？答案就是，将我们对于爱的态度来个180度的大转弯。这也意味着我们需要克服社会限制，形成倾听内心之爱的习惯，这也是"无需理由之爱"计划的基础所在。基于这种内心之爱的关系也会自然而然更充实饱满。

我的"爱之名人"之一：艾米丽·格里文就和我讲述了一个如何转变对于爱情态度的动人故事。

我二十五岁的时候在《Vogue》杂志工作，《Vogue》被誉为是纽约整个城市形象、奢华和欲望的堡垒。虽然我们销售的这本杂志的卖点就是"美"与"浪漫"，这里的工作环境可和这两个词完全扯不上关系，而是充满了压力和竞争的慌乱之地。

我那时给一个非常喜怒无常的编辑当助理，整天精神紧绷疲惫不堪。很快，我和另一个年轻的助理交上了朋友。她叫缇西，一个美丽的非洲裔女孩，她娇小妩媚，成天戴着民族风味的头巾，踩着最新款的阿迪达斯运动鞋。（你能想象在这个高跟鞋横行的世界她是如何生存的吗？）

就像很多二十出头的曼哈顿女孩一样，除了这份光鲜的工作，我和缇西都渴望一场轰轰烈烈的恋爱，一个令人心醉神迷的男朋友。这份工作的应聘者真是少之又少，特别是在这个时尚的大本营！

不过，当我们谈起自己的渴望，我总是会为缇西的态度感到惊讶。她从来不会和我一起抱怨："那个他在哪儿啊？没有他，人生糟透了（哎呀）！"我总认为是我们自己无能，找不到"命中注定的那个人"。缇西的态度正好相反。

每当我麻雀一般地喋喋不休唉声叹气，缇西总是婉转地反驳我："我不需要靠男人来感受爱。生活即是我的爱人。"

接着，她就抓起虚拟的麦克风，唱起了史蒂威·旺德[①]的歌，或是别的什么同样积极向上的歌，拉着我和她一起唱。

自打我记事以来，我从没听人说过这样的话。对啊，说的真对……与此同时，内心深处我直觉地意识到她话中的真正含义，觉得被触动了。我想着，如果能够过这样一种生活，或是带着这样一种态度，至少有着这样一个目标，都是多么美好的事情啊。

缇西的话很有感染力。一旦听了进去，就难以忘怀。如果我能够把生活当做我的爱人，我会拥有哪些不平凡的经历奇遇呢？所有的一切都成了精彩有趣的游戏。虽然我并没有把这种态度全然付诸实践，但它一直活跃在我的脑海中，让我每次在抱怨什么事的时候，都会想起来。

缇西让我学会了用一种全新的眼光看世界——通过一双更为宽广的爱之眼。如今，缇西已经是拥有两个孩子的幸福妈妈，而我却仍然没有找到"轰轰烈烈"的浪漫爱情，不过我们都相信："生活即是我的爱人。"

---

① 曾获14项格莱美奖的著名黑人女歌手，美国七八十年代最有影响的流行音乐家之一。

想要解开你自己生活中的爱之谜团，不妨试试缇西的至理名言："生活即是我的爱人。"每天念数次，特别是当你试图寻找他人填补你爱的渴望时。

谜团之二：我会爱你，如果……（或是你会爱我，如果……）

另一个关于爱的误区是，如果我爱你，我必须要同意你的观点、肯定你的价值或喜欢你的为人，反之亦然。当他人不符合我们的判断标准时，爱就免谈。马丁·路德·金曾说："耶稣教导世人关爱彼此，而不是喜欢彼此，因为这世上有些人，我就是无法喜欢。"

爱他人并不意味着你必须喜欢他们的陪伴，希望常常和他们在一起，甚至认同他们的价值观。而是意味着你愿意对他们敞开心扉，施以同情，接受他们真实的样子。

有时，我们会在爱上加上条件，"我会爱你，如果……"

· 你和我有同样的价值观
· 你能满足我的要求
· 你能记住我的生日
· 你不是太胖或太瘦或秃顶或_____（横线可自由填空）
· 你也爱我

要想控制别人，让他们满足我的要求或许需要费很大工夫。并且，有时无论我们多么努力，都不能得偿所愿。所以，很多时候我们都会撤回我们的爱。在这些情况下，双方都是输家。这个误区使得"爱是基于需要而产生"的错误思想得以长存于世。

同样的误解还有"爱是基于肯定或赞同而产生的"。当我们选择对某些人关闭心扉，我们也限制了自己的爱。往往只有那些和我们有着相同信仰或价值观的人，才被我们选择进入爱的区域。

我曾经听到过这样一则趣闻轶事，讲精神导师拉姆·达斯是如何解开他生活中的爱之谜团。他的目标是无条件地爱所有人，将所有人看做是上帝或大爱的一部分。为了达到这一目标，他把一张自己特别讨厌的政客照片，连同菩萨、古鲁(指印度教等宗教的宗师或领袖)，以及其他圣人的图片一起贴在衣柜上。每天早晨，他都会停下来看看这些照片寻求灵感鼓励，并注意到自己在看政客照片的时候情绪有何变化，以此提醒自己初衷是什么，进步了多少。他说："特蕾莎修女把这称作：'透过一切令人沮丧的假象，看到耶稣无处不在。'"

这个练习对所有人都管用。不妨找一个挑战你承受底线的人，拿他/她的照片放在每天能看得到的地方——这个人可以是某个政客，某个你轻视的人，或某个你认识，但难以接受的人。让这张照片时时提醒你理想的目标：体验更多无私之爱。

谜团之三：爱会让你脆弱无力

大家都说，好人做什么总是垫底，难道不是么？我们告诉自己："我不能对每个人都爱意绵绵，我会受伤的，大家会觉得我很懦弱。我必须要保护自己。"就这样，恐惧驱使着我们封闭心灵，到处寻找爱。

我们相信爱会让人变得多愁善感，真心处世的人们是脆弱，容易受伤的。我们忽视了爱无比强大的力量。如果什么东西温存柔软，我们就觉得它没有那么强大。不过中国的《道德经》告诉我们可以"以柔克刚"。世间最柔软的东西是一颗真诚开放的心，而最坚硬的东西是一颗闭锁收缩的心。为什么我们喜欢和稚嫩的孩童在一起，就是因为他们的心娇柔饱满。一颗真心能够欢迎接纳任何事物，而也正因为如此，它才能不断强大。

作家肯·凯耶斯在他的作品《无私之爱的力量》一书中描述了这一谜团："（我们认为）无私之爱需要在人们的一言一行中都有所流露。"但这并不是说我们就要任人驱使或任人予取予求，或容忍别人欺负自己；它要求你在采取适当行为的同时始终以爱为圆心——你可以为自己抗争、守住道德底线、拨乱反正、当断则断或明白地拒绝。

坦诚也并不要求你每时每刻都体贴关爱。不过当你爱人的时候，你是强大的，你能够在任何时刻都做出正确的判断，同时忠于自我、忠于内心。

爱无时无刻不在敲门

当你在追寻爱的同时，爱也在追寻你。

——狄巴克·乔布拉 作家

当你成功解开了爱之种种谜团，你开始看到爱其实无处不在。事实上，我们经历的每件事都是对爱的邀约。即使我们触碰到了自己对于爱的底线，爱仍然坚持不懈地以各种形式敲着我们的门。听到应答与否，则取决于我们自己。

我从"爱之名人"那儿听到很多故事，讲述爱来敲门时，最初是轻柔地叩门；如果得不到回应，敲门声变大了；要是仍然被忽视，那爱就会破门而入，很多时候都会以疾病或个人危机的形式。不管采取何种激烈的方式，它都要得到你的注意。

下面是"爱之名人"坦巴·斯比利特的故事，这是一个很好的例子，向我们展示了爱是如何坚持不懈地用尽方法希望找到我们。这也是在我的采访过程十六个完整故事中的第一个，它向我们讲述了本书无私之爱的意义所在。

第一次遇到坦巴是在一个研讨会上，他表演了一首饶舌歌曲，歌词唱的是发现生活的热情与意义。我想着："哇哦，这个人真是身体力行。他本人就充满了热情与活力！"爱之音律在他全身流动。而我也持续地被他人道主义的奉献举动深深地打动着，并发现只要他在场，自己就觉得心情非常愉悦。坦巴的眼里闪动着一种光芒，折射出灵魂的高尚。而他的故事也和他本人一样动人。

* * * * *

坦巴的故事

爱的救赎

要是根据数据统计，我应该已经死了，如果不是，我也应该在铁窗后度过余生。对于一个像我这样在贫民窟长大的黑人来说，这两种结局都是很有可能的。说实话，我和这两种命运都曾擦肩而过。我蹲过监狱，离心脏几英寸的地方还有子弹留下的弹孔。那又是什么，把我从这两样悲惨的命运中解脱出来？爱。

并不是某个女子的爱，或任何具体什么人的爱，而是我内心的爱。

从很小的时候起，我就被流氓团伙、毒品以及暴力所包围，我也深陷在这种生活的泥潭里不可自拔。有多少次，我都逃避、远离了爱。而我的故事之所以感人至深，是因为爱总是能一次次找到我。在痛苦、绝望、愤怒中央，不知怎么的，我总能清醒过来。生活给予我无私的恩赐——人、环境，包括监狱，这些都帮助我意识到爱是我内心深处真实的自我。

我的祖母玛丽是生命中第一个告诉我爱是生命之基石道理的人。玛丽是位白人妇女。从1940年起，她就创办并管理着救济中心，为芝加哥西部的贫困黑人家庭提供食物与临时住处。当时孤儿出身的妈妈，在婴儿时期被送到了救济中心，被玛丽收养，抚养成人。

成长于七十年代的我，和爸爸妈妈住在一起的日子时断时续。不过大部分时候，我都是和祖母玛丽住在救济中心。祖母是整个街区的"特蕾莎修女"，我全心全意地爱着这位可敬的老人。

我有一张两岁时和祖母玛丽的合照。照片中，玛丽抱着我，我的哥哥站在我们旁边。从照片上你可以看到仿佛有一道光在祖母和我之间流转，连接着彼此的心。我愿意认为，她是在以某种方式将她的灵魂直接注入我的身体，在我的心中种下爱的种子，这样的爱能够转化成无私的奉献以及善良善意，这些都是祖母最显著的特征。

八岁的时候祖母去世了。在接下来的很多年里，我都因为思念祖母痛哭不止。在她去世之后，我转向了母亲寻求爱，可是因为各种各样的原因，她并没有爱能够慷慨地施与我。

一开始我觉得很受伤——接着便是愤怒。我迁怒于整个世界。于是我开始早上一早起来喝酒、逃学、打架。在这段叛逆的时间里，我越来越不想回家——有时，甚至消失几个月音讯全无。

和很多成长环境相似的孩子一样，我加入了帮派组织，通过这种方式寻找兄弟情义——特别是身边的这些人能够明白我的苦楚。

我的爸爸——我生命中另一个良师益友，则提醒我世上还有其他更好的方法能够帮助我找到归属感，找到生命的价值。他试着教导我谦逊与爱的力量，可尽管我非常敬爱我的父亲，我仍听不进去。我就是摆脱不了帮派生活，以及伴随而来的毒品、暴力的无休止循环。

就这样浑浑噩噩地到了十四岁的一天。那一天，就在离我家一个街区远的地方，我被一把22毫米口径手枪击中了胸口。

这是帮派打斗失控的结果。当我们内部出现矛盾，成员之间剑拔弩张的时候，我们无法内部解决的时候，就决定随便找一个敌对帮派的成员开枪射击。我知道这一点也说不通，但是当我们帮派没有办法处理相互间矛盾挫败的情绪，我们就找个共同仇恨的人发泄——不同肤色或戴着不同帽子的人。

于是我们三个人走进了另一个帮派的地盘，结果突然，我们中的一个人——另一个受伤的灵魂，我叫他达利，突然转向我开了一枪。我和达利在帮派内部一直很有矛盾，可我从没料到他会这样对我。他在距我一英尺左右的地方开了枪，子弹径直飞入了我的胸口，穿过我的肺部。奇怪的是，我什么感觉都没有，甚至不知道自己中弹了。

我被立刻送到了医院急诊室，一根管子插入了我的胸口，排除肺部积血。虽然我眼前漆黑一片，在内心意识里，我知道我还活着，并且确信我不会有事的。

当我醒过来的时候，母亲正坐在病床旁。我听见医生正在对她说，取出子弹的手术是非常危险的。在权衡风险后，母亲决定放弃手术，让子弹留在我体内。

在那次事件以后，达利就消失了。不过两周后，我出院那天，有人找到了他。帮派中的一些人赶紧跑过来对我说："我们干掉他吧。"就在那时，突然间我清楚地听到内心深处有个平静的声音在对我说，原谅他。我什么都没说。我不知道该怎么解释这个声音和它所传递的讯息，因为连我自己都不明白发生了什么事。

我赶紧去找达利。找到他以后，我径直走向他，不假思索地脱口而出："听着，"我说，"我原谅你，现在快走，他们要杀你。"

达利不可置信地瞪着我，然后转身跑了。直到今天，我决定放弃报复达利的决定都是迄今为止我拥有过的，一次无私之爱深刻的体验。

可是，即使拥有了如此难忘的体验，我很快又转到浑浑噩噩的老路上去了。接下来的十三年里，毒品与暴力仍然是我生活中的常客。仿佛我只清醒了一小会儿，然后又是无尽的沉睡。我的祖母和父亲强化了我身体内理智、博爱的部分，而环境则一次次将失落与自我毁灭堆叠在我心上。

我的第一次入狱经历发生在二十七岁的时候。因为那次罪行较轻，我在牢里呆了半年。在我刑满释放的那一日，我斗志昂扬，发誓要改变我的人生。我对自己发誓，我一定不再惹麻烦，找一份正经的工作，让家人为我骄傲。不过当我一回到以前的老环境中，我又沉溺了下去。我觉得要想抵抗住环境的压力，不再使用、贩卖毒品，几乎是不可能做到的。

接着，公元2000年的一天，那时，离我出狱已经好几年了。我在浏览一本杂志的时候突然看到一张照片，照片上是一个名叫玛塔·阿姆丽塔纳达玛依的印度女人——简称"阿玛"。我一看到她的脸，就觉得一定要亲眼见见她本人。她亲切的表情、温柔的笑容如同磁石一般将我吸引。

我看了杂志上的报导，知道"阿玛"是母亲的意思。她来自于印度一个贫困的家庭，却被人称为"拥抱圣者"。她用拥抱的方式给人祝福。报导还说，当她周游世界的时候，每天都有数千人排起长队，希望得到她的拥抱。同时，她还致力于人道主义救援项目，帮助困境中的人们，救助灾后难民等。而且，本周，她就要来到这个城市了！

走到阿玛所在的那个礼堂，如同从沉睡中走向苏醒。我看见她坐在前排，面对观众，我感到自己的心飞了起来，孩童时期的天真欢乐又一次注满了内心。

礼堂里的每个人都应邀上前，一个一个接受她的拥抱。而我，沉浸在阿玛光辉的爱意中，甚至觉得我不再需要身体上的拥抱，从每个被她拥抱过的人身上，我就能感受到她轻柔的爱抚。

我本来打算在外面呆上几个小时就回家的。可是阿玛所散发出的美妙的能量让我目眩神迷，直到第二天清晨，她在拥抱了近一千个人后离开了这座城市，我才回了家。

那个令人难忘的夜晚所留给我的神奇力量长久地留在我心中。我在阿玛身上，感受到了在祖母和父亲身上相同的爱，我知道，那份爱也存在于我心中。我渴望将这份爱与人分享。可是，慢慢地，我又睡眼朦胧了。一年半后，我又是那个游手好闲、无家可归、心碎绝望的堕落分子了。我觉得我让整个世界失望了——特别是那些爱我的人——说不定死了还比这样活着更好呢。

幸好，我又一次进了监狱。我说"幸好"，是因为这第二次入狱的经历，让我体会到了人生中最深刻最感人的无私之爱。它发生在我入狱三周之后的一天，当时我一个人去监狱的大院子里散步。

那天，阳光明媚。我开始哼起了一首写给阿玛的歌。唱着唱着，我像个孩子一般哭了起来。在看到阿玛后所感受到的爱还留在我心中，前所未有的强烈——可我却身陷囹圄！感受到那份爱，仿佛一种恩赐，让我完全原谅自己曾经迷失。我尝到了自由的甘美，在欢乐的眼泪中体会到全然的满足。

从那时起，我开始尽我所能地帮助每个人，包括我的狱友和监狱看守。不论人们拥有何种信仰——基督教、伊斯兰教、东方哲学——我都无条件地支持他们。而且我牢记他们不仅被爱，他们就是爱本身。我遇到过一些谋杀犯，他们趴在我肩上哭。看到爱意从这些"刽子手"内心涌出，我深深地体会到爱是我们内心最本质、最自然的存在。渐渐地，看守和狱友亲切地称我的房间是"大爱的庙宇"。

监狱，对于我而言已不再是受罚之所，而是精神的栖息地。它让我能够不被外界的各种声音所影响，看清自己的内心。因为在第二次入狱的时候，我更深入地挖掘了自己的内心，对自己的认识也更为清晰。在狱中和狱友们的经历让我深受启示，所以一出狱，我就投身于人道主义救援服务。

接下来几年，我把主要精力放在帮助无家可归的人身上。同时，我还去纽约哈勒姆黑人区，在学校里教孩子们冥想与瑜伽；并继续坚持我在监狱中就开始的"写信项目"，让监狱中的囚犯能和外界交流，让人们能够看到他们的闪光点，鼓励他们勇敢面对生活。

所有我曾做的工作——给囚犯以及流浪者希望与自尊——以及我现在正在从事的工作——帮助南达科他州自然保护区当地美国家庭建立家园，这一切都是我祖母宝贵的精神遗产，我父亲的智慧礼物，以及亲爱的阿玛温暖同情的拥抱。

如今，我再看着人生中一个个具体的事件，它们如同一块块拼图碎片：单独看来，杂乱无章，毫无联系。可是从现在回顾过去，我发现它们连结在一起，是一幅完整的、关于爱之力量的图片。我现在知道了，我活下来的使命，就是让更多人走进我心里，感受这份爱之力量。

*　　*　　*　　*　　*

坦巴的景况和很多人比起来都要"戏剧化"。为了拥抱大爱，他所要克服的一切在我们眼里几乎是不可逾越的。可是，他的经历。如同一次宣言，展示着爱的坚韧与伟大，不论遇到怎样的障碍，爱都是无坚不摧的。

那么，爱是如何来敲你的门呢？爱又有哪些限制，阻挡了它的道路？你又因为轻信了哪些"误区谜团"，无法全心投入地爱呢？在下一章中，我们将探讨如何突破爱的界限，将爱请进门。

第三章　你的爱之体：唤醒爱之精神

世上没有错误的爱。你能用心感受到它。它是生命的支柱，是温暖灵魂的火焰，充实我们的精神，点燃生活的热情。

——伊丽莎白·库伯勒·罗斯　精神科医师、作家

怎样才能无时无刻都体会着纯粹的爱之境呢？单是期望恐怕还不够。这一点我深有体会。

在刚开始写这本书的时候，我的整个生活都围绕着学习这份爱而转。我吃饭、睡觉，甚至连做梦都想着"无需理由的爱"。很快，我就注意到，这份纯粹的爱每天都会时不时地涌入心扉——通常是在我欣赏美好的事物，感到感恩感激，甚至在上运动课的时候。不过，虽然这些零星的体验很振奋人心，我仍希望能掌握如何让它持久的诀窍。

我想到很多次在讲座结束后，听众都会问一些关于"吸引法则"或《秘密》的问题。几乎每次都会有人站起来说："我看《秘密》这部电影看了不下293次，并且每天都想一遍我的生活目标，可是还是不行。"

对此，我的答案也千篇一律："提醒自己生活目标，并相信它们是一个好的开始，但是你仍然需要勇敢地站起来，开始行动。"现在，我也把相同的建议用在自己身上。我希望自己即是爱本身，那么我该怎么做呢？

从我和"爱之名人"的采访中，我感到"无需理由的爱"并不是一种心理态度，需要每天早上不停地对自己重复。我见过很多"情绪伪造者"——这些人压抑真实的自我，伪装自己——可是"爱之名人"就不同。他们并不是因为烦躁或寂寞戴上爱的面具，伪装爱的行为。他们所散发出的关爱同情是从内心深处潺潺涌出的。

　　我知道要想获得这样的转变，我必须要懂得如何获取这种直觉性的能量，并将其形成习惯。我希望能够长久地栖息于"无私之爱"的境界里，而不是偶尔地短途旅行。

万事万物皆能量

　　停下来看看你周围的事物。目之所及——不论动物、植物，或是矿物——所有的一切都由一种神奇的元素构成：能量。

　　这种认为宇宙是由能量构成的观点，在科学上已经被证实了。过去一百多年间，物理学家们一直都在研究物质的构成；如今，爱因斯坦的关于物质与能量关系的论证也已被广泛接受。

　　我采访过另一位"爱之名人"大卫·莫瑞里，他是"一切即能量"广播节目的主持人。他解释说："即使固体物质到最后也是由纯粹的、按照一定频率及形式振动的能量组成的。我们的血肉之躯也是能量的载体，我们无时无刻不被各种形态的能量围绕着。整个宇宙都是一个巨大的能量池！"

　　"这并不是什么新的观点。几千年来，古老的智慧传统就已经告诉我们，整个世界——形形色色的人、动物、石头、星辰等等——都只是同一种宇宙生命力的不同表现形式罢了。"

　　那么，这对于我们的日常生活又有何意义呢？我们身体以及所思所想其实都是同一种能量——只不过以不同的速率在振动。同样是"爱之名人"以及身心健康专家的苏·莫特博士表示："宇宙能量聚集起来形成了我们的精神以及思想，继续密集则创造了我们的情感，最后，足够密集的能量则形成了我们有形的身体。我们总认为自己的身体如同引擎，牵引着我们的体验感受，实际上，正好相反，我们的身体才是火车末尾的守车。"

　　这也是为什么我们的所思所感对于我们的身体有如此重大影响的原因所在。在某种频率上振动让我们感觉舒适，频率不同则感觉不适。要是注意一下，我们就会发现这种体验一天中出现不下数千次。

比如说，在争吵之后，你觉得自己像个沙袋一样，筋疲力尽、精神萎靡——虽然没人对你动过一根手指。或者你过了"特别顺"的一天，似乎你需要的人、资源都奇迹般地出现，你觉得自己强大、清晰、战无不胜。这种流动的、平衡的能量频率能够在我们大脑里引发完全不同的生物化学反应以及电流动向。

纯粹的、无私的爱之频率是所有振动中最高的一种。你越多地体验这种"无需理由之爱"，你越习惯于这种高频率的能量震荡，你对于周围世界的影响力也就越大。当我们撒播爱的时候，我们也在向其他的生命体传递一种强有力的振动，影响着它们的存在：人、动物，甚至植物。

"爱之名人"及作家大卫·斯宾勒和我讲过一个令人印象深刻的例子：

二十世纪七十年代初，我是芬德霍恩社区负责人之一。这是一个非常虔诚的苏格兰社区，非常重视与自然的和谐共生关系。芬德霍恩的居民会定期有意识地向花园中的植物传递爱。这种做法的结果令人叹为观止。在不适用化学杀虫剂和化肥的情况下，芬德霍恩的花园生长出了美丽的鲜花、水果以及蔬菜——这在当时简直如同奇迹。

有一天，社区共同创始人彼得邀请我去他的书房坐一坐，他正和当地一位部长及夫人一起喝茶。我们坐下来，客气地聊了一会儿。然后彼得建议大家一起去花园转转，看看一年多前种下的玫瑰花丛。彼得解释说部长本人就是个玫瑰园艺家，他亲自帮忙挑选并种下了这些玫瑰，可是从那以后都一直没再来看过花的生长情况。

我们在花园里信步徜徉，看了各种不同的玫瑰花丛。可是走着走着，我发觉部长变得越来越激动不安。我正想问他怎么了，他突然停下来脚步，大喊一声："够了！"

我们都警觉地看着他。

"眼前这一切根本就不可能发生的！"他大吼起来。

看着我们疑惑不解的神情，他平静了一下，继续说道："我必须向你们坦白一件事。你们瞧，我的夫人过去三年里一直想让我来这儿度假，因为她非常热爱这个社区。而我，恰恰相反，一直很坚定地认为你们都疯了。你们就是一群新时代的疯子、空想家、骗子。什么宇宙能量啊、植物啊、爱啊，统统都是胡说八道！可是她还是把我拽过来了，虽然我宁愿去钓鱼。为了向她证明你们都是骗子，好断了她这个念头，我来了。我主动提议帮你们种这些玫瑰花，希望终于可以有机会证明你们所做的一切都毫无道理。"

"我研究玫瑰花已经三十多年了，我熟悉怎样的玫瑰花应该种植在什么类型的泥土里或是适应什么样的气候。当我选下种在芬德霍恩的玫瑰花种的时候，我故意选择了很多不适合的类型，我觉得根本没有机会在这儿存活下来。没有！所有的这些玫瑰花都不适应在这里生长，这里也从来没试过种植它们，有些甚至只能存活于温室里。可是，它们都长得好好的，在这儿怒放！"他顿了一下，紧紧地盯着我们，"要不是我亲眼所见，我绝对不会相信。"

玫瑰花不仅让他相信，能量与万事万物密切相关，更让他看到人这个个体，也是有能力影响这份能量的。从那时起，这位部长便成了芬德霍恩最忠实的支持者。

爱是摒除恐惧

很久以来，我们就知道，宇宙中有两种主要的能量存在：爱与恐惧。任何除了爱以外的情感——愤怒、憎恨、内疚、沮丧——都是恐惧的表现形式。

爱与恐惧有着截然相反的效果。爱能让你开阔，恐惧则让你封闭。你可以自己试一下：花十秒钟，想象一个令你感到害怕、生气，或受伤的情景。观察你身体的反应、你的姿势以及呼吸。然后转换心情，再花十秒钟想象一个让你感觉到爱的场景，同样观察你身体的反应、姿势以及呼吸。

当你觉得恐惧，或任何恐惧的变体，你肩膀收缩，至少是心理上的，然后佝偻着背，想要保护你的心。你全身紧张，屏住呼吸。可当你感受到爱，你的脊背舒展开来，你的呼吸更深更顺畅，你准备好去拥抱生活。

爱与恐惧，实实在在地影响着你身体的每个细胞。美国心脏数理研究院的专家们监测过身体免疫系统对于这两者的反应。研究发现，当实验对象感受到爱和关怀，体内表征免疫系统功能的分泌型IgA水平就会上升——IgA是身体抵御疾病入侵的第一道防线。相反，要是实验对象感受到了恐惧或挫败——即使只有短短五分钟，他们的免疫系统也会受抑制达六小时之久，身体也会更容易受病毒、细菌以及寄生虫的侵害。

对自身或他人有意见，或觉得自己没有价值，这些感觉都让我们将爱拒之门外。如果我们迷失在恐惧与痛苦里，我们就和自身真正存在的精髓失去了联系。反言之，如果我们沐浴在"无需理由的爱"中，恐惧以及它的那些可恶的"亲戚"就没有立足之地了。正如《圣经》所言："有爱存在的地方，就没有恐惧。"

玛丽安·威廉姆森在她的经典作品《归爱》中写道："爱是与生俱来的。恐惧是我们出生之后习得的。而我们的精神之旅就是要熄灭，或摒除这种恐惧，将爱重新迎进我们内心。爱……是我们终极的存在，是我们在地球上的使命。我们要清楚地认识到，体验对自己的爱、对他人的爱，是生命的意义所在。"

"无需理由之爱"计划能够提高你能量振动频率，和爱发生共鸣。它能为你提供练习与技巧，帮助你减少恐惧，让你的心拨到"爱之调频"频道。如果你接收到了爱的讯号，在爱的频率中生活，而不是生活在你熟悉的"恐惧低频"的环境中，日积月累，你将获得一个强健的爱之体。

剖析爱之体

正如我们的身体需要食物与水的滋养，我们的爱之体也需要不间断的爱之滋养。"爱之名人"一遍遍告诉我，心灵是通往大爱的门户（爱之主题三）。可是虽然心灵至关重要，它并不是爱的全部。你的爱之体还有其他几位"支援者"支撑着心灵——确切来说，是六位支持者。所以加起来"无需理由之爱"的队伍里有七名成员。

很多不同的古老智慧体系中，我们的能量之体都有七个中心支撑。如果我们上过瑜伽课，很可能还听过它的梵文名称：气卦(指人体的七个能量中心，又称七轮)。作家及内科医生迪帕克·科波拉博士解释说这些能量中心"是身体与意识的连接点"。

这些能量中心在脊柱到头顶之间垂直分布。虽然还没有现代科学依据证明这些中心的存在，但有迹象表明在这些中心区域，展现出不可忽视的特征。坎黛丝·博特医生是世界闻名的心理神经免疫学专家。她曾针对人体的"节点"做过专门的研究——"节点"指的是脊髓内分布的情感受体细胞团，在这些区域，有大量神经递质及神经肽被释放。值得注意的是，这些节点分布的位置和能量中心十分接近。

东方医学体系，包括印度传统医学以及中医理论都认为，这些能量中心与我们特定的身体部位以及心理的健康密切相关。如果能量流动在某个中心出现了阻滞，被这个中心管辖的心理、生理以及情感领域就有可能遭受疾病的侵袭。

虽然，关于这些能量中心的著作已有很多，我却很少看到有人提到我们感知爱的能力是如何受它们影响的。当我注意到"爱之名人"们所共有的特点——"无需理由之爱"的品质，我突然灵光一闪，有没有可能这样的品质，也和传统医学关于能量中心的特征有着某种联系呢？

举例来说，"爱之名人"一个共同的特质就是觉得生活在这个世界里很有安全感，所以才能够毫无顾忌地敞开心扉。而我知道位于脊柱底部的第一个能量中心就是和安全、安定感有关，我忍不住想："这个中心是如何支撑我们对于爱的体验呢？"

随着我慢慢了解所有中心以及它们对于支撑"无需理由之爱"有何特别的作用，我觉得振奋极了——我无意中剖析了爱之体吗？

据我所见，每个能量中心都代表了"无需理由之爱"中的某些特定的品质。如果你增强这些中心及其品质，它就能帮助你在面对爱时更为开放坦诚。不过先让我澄清一点：这不是一本关于"气卦"的书，而是利用这些能量中心为例，帮助你提升保持"无需理由之爱"的能力，更多地拥有这份体验。每个能量中心都好比一扇通往爱的门户。

爱之能量流经以下七扇门户，注入我们的生活：

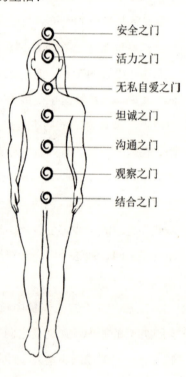

安全之门
活力之门
无私自爱之门
坦诚之门
沟通之门
观察之门
结合之门

1. 安全之门：从这里开始。该门户和位于脊柱底部的第一个能量中心相连，和安全、安定，以及踏实感有关。

2. 活力之门：注满活力之液。该门户和位于骶骨或者腹部下方的能量中心相连，和生理心理上的活力、精神有关。

3. 无私自爱之门：无论怎样都去爱。该门户和位于肚脐或者腹腔神经丛的能量中心相连，和自信，以及值得获得爱的体验有关。

4. 坦诚之门：用一颗坦诚的心面对生活。该门户和位于心脏位置的能量中心相连，和全然给予以及收获爱有关。

5. 沟通之门：一切源于同情。该门户和位于喉部的能量中心相连，和以爱为出发点，倾听、表达自我的能力有关。

6. 观察之门：透过爱的双眼看世界。该门户和位于额头中央的能量中心相连，又被称为"第三只眼"，和直觉，以及感受内在、外在的真与美的能力有关。

7. 结合之门：融为一体。该门户和位于头顶的能量中心相连，和更高的存在有关：上帝、灵魂、更崇高的自我、自然、神灵，或宇宙。

当能量中心处于强健的状态，我们能够很容易体会到相应的品质，通往爱的门户是畅通无阻的。但当能量中心处于不平衡或虚弱的状态，我们体会不到相应的特质，门户就被部分或全部堵上了，而我们爱的能力也因此削弱了。

这个过程不是连续不断的——你不需要先加强了一个中心，然后再致力于第二个，以此类推。这世上有很多人可能他们的第七个能量中心非常健全，但下面的能量中心则比较弱。而要是某个能量中心出了问题，我们都不能持续完整地体会"无需理由之爱"。

不管你是否相信这些能量中心的存在，你都可以利用这种方法培养体验"无需理由之爱"的七种主要品质。跟着这项计划循序渐进可以帮助你打开通往爱的门户。

心灵：爱之主控中心

生理上来说，心脏是我们体内最为重要的器官。在我们还是胎儿阶段，最先成形的就是心脏，而我们死亡的时候，最后停止的也是心脏。很多人都会不同意，说大脑才是最重要的，但事实上，大脑和心脏会对彼此的运作产生重要影响。不过，很多人都不知道，心灵对大脑的影响其实来得更强烈。

美国心脏数理研究院指出，心脏会对大脑释放出更多神经信息。研究还发现，心脏产生的磁场——根据磁力计的计算——是大脑的五千倍。更惊人的是，在产生、释放荷尔蒙以及神经递质的过程中，心脏才是主角，其中很多物质都对大脑的运作有着举足轻重的影响。实际上，医学博士安德鲁·阿穆医生的研究——他也是神经心血管学领域的先驱之一——很多科学家、研究人员以及神经心血管专家如今了解到，心脏有其独立的神经系统，一个由神经元细胞构成的复杂的系统，被称之为"心脏中的大脑"。所有的事实都让我们看到为什么心灵对于我们的幸福有着至关重要的意义。

关于爱，我们充满活力的心脏，或心灵中心仍然扮演着相似的角色。

它是CEO，是领袖，是队长，是领导一切的主控中心，需要其他能量中心的支持。为了能够体验并保持"无需理由之爱"，我们的心灵中心需要保持开放、平衡的状态。

实际上，在各种传统信仰中，无私之爱都与心紧密相连。吠陀梵语文学典籍中，说莲花在心灵中开放；伊斯兰教苏非派说心灵中有钻石的存在，伊斯兰教将心灵誉为"无限善与同情的皇冠"；基督教中，上帝对于人类之爱的象征就是"圣心"；犹太教卡巴拉派认为人心是救赎方舟的停靠之所，是保存《摩西五经》或上帝真言的神圣容器；在很多圣经记载中，心灵都是"灵魂的栖所"。

我采访过的一位"爱之名人"，行为心理学家莫莉·玛提就拥有过实实在在的心灵能量的觉醒。她的故事是一位同事讲给我听的，他见证了这位了不起的女性经历洗礼蜕变后，怎样拥有了一颗开放坦诚的心。

* 　 * 　 * 　 * 　 *

莫 莉 的 故 事

不管我去哪里，在哪里，我都沐浴在爱中

醒一醒，我亲爱的人。温柔地对待你沉睡的心灵。将它拿到广阔光明的天地间，让它自由呼吸。

——海菲兹　十四世纪神秘主义诗人

我二三十岁的时候，是个不折不扣的事业型女强人。我很清楚自己要什么——我要成功，并且知道怎样去获取它。我先是接受了成为律师的教育，后来又学习做一个行为心理学家。我大学和研究生毕业的时候，都作为学生代表上台致辞演说。我敏锐、善于分析，并且绝对理智——典型的左脑控制型人士。

虽然我的家安在爱荷华州东北部的郊区，我优厚的薪水让我可以自由来

去，会见客户——他们都是世界一流的运动员或企业巨头。我工作的目的就是激发大脑潜能，让它成为一项锋利、强大的工具，创造优异的表现。

随着我的事业不断拓展，我的生活变得越来越难以保持平衡。怎样合理分配时间给我的丈夫和三个孩子、我的写作以及我的客户，对我来说成了极大的挑战。我觉得自己做得还不错，直到2008年初，一切都倏然崩溃。

一天晚上，一阵尖锐的疼痛涌上胸口。我以为可能扭伤了哪边的肌肉。接着，第二天，在和客户交谈的时候，我的思维突然变得模糊不清，就好像大脑被毛毯包裹住了一样。我决定早点回家，但还没开多久，我就觉得天旋地转，于是直接开到了一位医生家里。

最初的几项检测排除了心脏病或肺栓塞的可能——这些病症对于一个四十出头的女性来说并不常见——于是医生们又继续给我进行了一连串的检查。接下来几天，生活变得混乱模糊，我经历了一次次看病预约、卧床休息，也因为身体症状突然加重而被送往急症室。

最后，我的内科医生诊断说我的心脏感染了一种不知名的病毒，破坏了我正常生活的能力。我看了一个又一个医生，他们都没能提出有效的解决方案，改善我的症状；我决定尝试不同的药物来增强免疫系统，好让我有力量与病毒做斗争。可是，病菌还是在我体内肆意蔓延，最后扩散到了我的神经系统。发病的时候，我的身体便是一团混乱。有时候，我甚至丧失走路和说话的能力。有几天早上醒过来，我惊恐地发现自己眼前一片灰蒙蒙，什么都看不清。

连着好几周我都被迫卧床休息。慢慢地，我开始恢复了一些力气，能够下床和家人在一起，或是简单地洗个澡。可是我还是非常虚弱，没有精神，别说是工作了，连方向盘都握不紧。

然后有一天，我正坐在电脑前，我的电子邮箱收件箱里出现了一份邮件，有个个人发展的研讨会将在新泽西州举行。我立即决定参加，就好像这封邀请函长了手一样，它伸向了我，抓住我的衬衣，将我带到电脑跟前。我非常确定这个研讨会能够帮助我痊愈。

在我丈夫的悉心帮助下，我横穿美国来到新泽西参加周末的研讨会。虽然研讨会非常棒，但到最后我都没有发现能够减轻病症的良方。失望之余，我不禁怀疑到底自己为什么这么坚持到这儿来呢。最后一晚，我本来打算和几位与会人员一起去纽约的，但是身体实在太虚弱，我只好在最后一分钟拒绝了邀请，然后和其他几个人一起在宾馆里简单地吃一顿晚饭。其中有个人来自弗吉尼亚州，名叫卡尔。

卡尔和我常规性地问了对方是从事哪方面职业的，他告诉我他是个身心健康医生，虽然我心存疑虑，却按捺住了自己没有表现出来。尽管如此，我还是告诉了他我的病情，告诉他心脏病毒正侵袭着我的身体。他和我讲了几个在他工作中遇到的关于治愈术的例子，着重强调爱的治愈作用。然后他说了一句震荡人心的话："不管我去哪里，在哪里，我都沐浴在爱中。"

我大脑中的直线型思维这时候不管用了。"在什么样的爱中？"我暗自疑虑。"你说的是什么意思呢？"我问道，"你是说不管你到哪儿，你都爱自己，还是你都爱别人？"

卡尔冲我微笑了，用能想象到的最轻柔的语气说道："莫莉，爱……就是爱，不是么？"

有一会儿我呆呆地看着他，皱紧了眉头想要消化理解他说的话。真是言简意赅啊……我想着。突然，我明白了，身体里好像发生了某种巨大的变化。"爱就是爱！"不管它的对象是什么，你在哪儿都能感受到，因为它就是一种存在。

我以前总是将我的生活分割成独立的部分，筑起高墙，好让一切都井井有条。卡尔简简单单的几句话把一切的壁垒都瓦解了。电光火石间，我看清楚了，不管是对我丈夫的爱，还是孩子的爱，以及对朋友或客户，本质上它们都是一样的。不管是对于陌生人，还是对于整个人类，内心所激发的情感并无任何区别。爱是一种贯穿我身体的能量，万流归宗，爱都是一体的——只不过在不同的关系中存在不同的表现形式而已。

那一刻，是我转变的开始，我决定不再纯粹用理智思考、生活。我身体里有什么转变了，开启了，似乎爱在各处汹涌，似乎我驶过一道弯，眼前出现了一片夺人心魄的辽阔海洋，蓝色海域无限延展，与天空连成一线，也将我融入其中。爱，比我想象中要来的更广阔、更伸手可触。研究生院可没有教我这些。

卡尔和我又谈了很久。当他与我分享的爱的理念浸润到我新开启的思想与心灵，我不禁热泪盈眶。卡尔向我推荐了"电磁波疗法"，一项美国心脏数理研究院开发的电脑程序，他觉得这套程序可能会对我有所帮助。虽然我也不确定一套电脑程序怎么治疗我的心脏，我还是很好奇。

他拿出手提电脑，启动了"电磁波疗法"程序，然后递给我一个脉搏监控器夹在大拇指上再连接到电脑上。几秒钟之后，我的心跳频率在显示器上，就像参差不齐的尖峰横穿过图片。卡尔跟我说虽然他不是什么心脏病专家，但从不规律的心跳上他也看得出我的心脏状况不太好。他解释说，从我的心电图上可以看出我的心跳频率非常不连贯。

一开始，我试图通过思考的方式找到和谐，我在脑中不断重复："我身处在爱中。"可是电脑屏幕上的线条并没有发生改变。卡尔解释说，我必须要"感受"和谐，与爱之能量相连，而不是仅仅想着这几个字。于是我想象拥抱小女儿的感觉，微笑浮上了脸庞。几乎与此同时，屏幕上的线条变得舒缓规律了许多。我感受到了很长时间以来都没有感受到的平静与轻松。

虽然我真切地感受到了心灵的能量，我还是对于"能量治疗"和"能量疗法"心存疑虑。我是个心理学家，从来没使用过这样的字眼。但现在，我觉得："可能这个能量的东西还真确有其事。"

回家后，"能量疗法"成了我治疗的中心。我持续使用卡尔介绍的美国心脏数理研究院的医疗技术。依靠心灵的力量成了我所有治疗方法的基石，来消除确诊感染病毒后出现的疲惫以及虚弱的症状。在接下来的几周中，令我惊奇并且感恩的是，我的健康状况很快得到了恢复。

今天，我已经彻底痊愈了，我已经完全重新回到原来的生活轨道，从事开发潜能，让人变得更出色更优秀的工作。并且我将演讲和指导范围拓展到那些从事心灵工作的人身上，从而帮助他们获得更大的影响力。最美妙的地方在于，爱，这种纯净的，自心底泉涌而出的能量，已经能够成为了我个人

生活和决策的基础。做到这一点，让我体验到了前所未有的快乐满足。

有时，文字仅仅是文字。你时常能听到它们，觉得不过是陈词滥调或是泛泛之谈。可是有时，它们又能打开你心灵深处的那道门，让你的世界发生翻天覆地的变化。"不管我去哪里，在哪里，我都沐浴在爱中"这句话在我以前的习惯思维上炸开了一个大洞，让我看到一道新的，广阔美丽的地平线。爱并不局限于爱自己或爱他人——不论你走到哪里，爱都随手可触。这份简单而深远的转变让我享受到了取之不竭的爱之宝库，让我有能力将无限的爱投入到任何人以及任何事物上。我将爱的力量加入到左脑的专长中。而我发现，这，才是通往真正意义上的成功之路。

＊　　＊　　＊　　＊　　＊

莫莉的故事是个很好的例子，告诉我们有时候，我们接受的教育经常有意识地忽略了心灵力量在我们生活中的作用。在我们的社会中，我们总是强调大脑的分析能力、逻辑思考能力有多么重要，但实际上，心灵才是爱与治愈的中心所在。正如莫莉所发现的一样，转变思维观念是体验无私之爱至关重要的一步。

天与地在心灵中交汇

虽然心灵的确是通往给予、收获爱之能量的主要门户，它仍然需要其他能量中心的支持。

下面的类比可能会让你看得更清楚：将爱想象成从水管中流出的水流，在心灵中心有一个喷洒器。如果水管本身到处打结扭曲，水流就无法完全流到喷洒器里。同样地，我们的爱之能量也需要自由地流经所有的能量中心，好让我们全身心地体验到心灵中心的大爱。

除了作为"无需理由之爱"的门户和目的地，心灵中心还有另外一个重要功能：它是人类生命精神世界与生理世界的交汇处。道家学说认为，身体是天与地的交汇——如同一棵树，树根深深地扎于土地上，而枝叶则尽力向天空伸展。

在心灵中心上下各有三个能量中心。很久以来，人们就了解到底下的三个能量中心和大地的力量有关——我们的生理存在，而上面的三个中心则与精神能量有关。

而心灵，则具有双重属性，充当着桥梁的作用。它传输着大地与天堂混合在一起的力量，将它们注入我们的日常体验。"爱之名人"，世界著名的气卦专家阿诺达·朱迪斯博士表示："要想充分运用天地间的能量，关键是拓展我们的心灵，它是中间的桥梁。"

想象一下一个竖直的巨大形象。上面三个中心（形象的上半部分）和下面三个中心（下半部分）在心灵中心相遇并结合。而我们存在的精髓即是将我们体内精神和土地的部分利用起来，用爱将两者紧密结合。

这样，"无需理由的爱"就能自心灵涌出，流向世界。我们对自我而言、对其他任何人而言，都成了一种幸福。

"无需理由之爱"的计划

在本书的第二部分中，你会学到如何开启通向"无需理由之爱"的七扇门户——每一章都针对一扇门户。每章都包含了两种不同的方法，或两把"爱之密匙"来帮助你培养开启门户的能力。我基于研究以及对于"爱之名人"的采访，提供了一些有效的工具及技巧，不妨将它们看作是激活中心能量的润滑油。这些工具及技巧可以分成两类，它们都能帮助你培养"无需理由之爱"所需的精神心理状态：

1. 它们能够帮助你瓦解信仰限制、转变消极的习惯，并消除情感以及生理上的"毒素"，从而解决通往无私之爱路上的绊脚石。

2. 它们能够让你直接体验到无私之爱的境界，或与之产生共鸣。

这一类型的工具及技巧包括祷告、冥想、助人以及感恩。

这项独特的身心体验计划让你从各个角度全面地体验爱——生理、心理/情感，以及精神。每一项都与其他方面相辅相成，遥相呼应。

我建议每扇门户你都可以用一周时间，把每章中介绍的爱之密匙、工具及技巧结合起来。有些门户可能需要你花费更长的时间。要有耐心、要宽容。毕竟，能够温柔关爱自己也是该计划的目的之一。

当你进行这项"无需理由之爱"计划时，你可能和我一样，体验到一个有趣的想象：爱让一切都变样了。当你专注在爱中，所有一切缺乏爱的事物都自动愈合了。你可能感到旧日的问题、恐惧以及难题都烟消云散了，如同你在清扫阁楼，将所有的尘埃一扫而空。

发生这种情况就说明你把旧日的"垃圾"都处理了——那些妨碍你全心全意去爱的陈旧理念、信仰，以及回忆。你也不需要把垃圾整理分类，这样会拖慢你的进度。只要跟随着计划一步步来，尘埃自然会慢慢地清理干净。

好的开始是成功的一半

> 当你真正明白自己想要什么，整个世界都迫不及待地踮起脚尖，等着帮助你，以奇迹般的、令人吃惊的速度，实现你的梦想和心愿。
>
> ——康斯坦斯·阿诺德　电台主持人

当你开始"无需理由之爱"计划时，至关重要的一点就是你必须身心都非常清楚，你渴望让生活充满无私之爱。想要得到最好的效果，在一开始，就需要发自内心地认同这一渴望。

如果想要收获，就必须先播种。你可以给土地浇水施肥，可要是没有种子，一切都是徒劳。如果你希望"无需理由之爱"在我们生命中开花结果，我们必须先播下渴望的种子。

为了做到这一点，先写下你的爱之心愿。这些心愿一定要是积极正面的。专注于你想要的东西，而不是你想躲避的东西。举例来说，我的"无需理由之爱"计划是为了"让我可以有一颗坦诚开放的心，并且在每段体验中都有无私之爱的参与。"如果你想到你的心愿，不自觉地精神一振，那么你就是找对方向了。就像我，每次说起自己的心愿，我就忍不住嘴角上扬。

开 始 之 盒
我的"无需理由之爱"心愿

结 尾 之 盒

现在，花几分钟时间想象你正生活在"无需理由之爱"的状态中。想想那样的生活是怎样的：

· 它看起来是什么样的？

· 它会让你有怎样的感觉？

· 你与人相处会是怎样的情形？

· 你和孩子的互动会怎样？

· 工作中有什么感觉？

· 你每天的常规生活有什么变化？

· 你会怎样对待自己呢？

想象你渴望的生活作用非常巨大。大量研究表明想象这一工具在提高竞技和学术表现以及增强疗效方面效果显著。哈佛医学院做过一项非常有意思的实验，在学习弹钢琴这项技巧上证实想象的作用。实验中，一组实验对象在脑海中想象弹奏一首曲子，另一组则实实在在地在钢琴上弹奏练习。五天后，两组实验对象的大脑控制系统都同样出现了变化，并都能准确地弹奏出这首曲子。

这也是为什么经常想象你所渴望的事物是非常重要的。爱因斯坦说过："想象……是享受生活美妙之处的前奏。"有意识地想象、感知一种充满爱的生活会让你受到激发，并且赐予你前进的力量。

为了进一步坚定你的渴望，不妨将对爱的感觉加入你的想象。任何有爱的事物都会更强大有力。在另一项美国心脏数理研究院开展的研究中，28位实验对象每人都拿到了一个装有DNA样本的试管，并要求他们将带有爱之感觉的意图传输给DNA片段，让它们连接或舒展。通过心理学手段检测表明，那些能够感受到更多爱的人，对于DNA的影响操控能力相应地也会更强。

让你时时牢记"无需理由之爱"一个很有效的方法就是选一样实实在在的象征爱的东西，可以让你每天提醒自己。可以是一块心型的石头，让你放在口袋里随身带着或放在书桌上。或是某样珠宝——戒指、胸针、坠子或手镯，只要它能时时刻刻向你发出爱之讯号。也可以找一件"爱之T恤"或弄一条"爱之护腕"。（见书后推荐资源部分。）或是将你的电话铃声设置成和"大爱"有关的乐曲。

我每天早上都会用三十秒时间完成一个"无需理由之爱"仪式。我会倒出几滴玫瑰精油在手心里——我将它看作心灵之精油，然手双手互相擦拭。然后闭上双眼，将双手放在鼻子附近，慢慢地做三个深呼吸。接着在我脑海中默念我的"无需理由之爱"心愿，同时感受心中那份爱的存在。这种方法能够迅速提高我的能量振频，让我的一天有个很棒的开始。

记住，一旦确定了心愿，就要将"无需理由之爱"变成一种习惯，这就是说你需要反复使用"爱之密匙"直到它们成为你的第二天性。每天坚持做一点就能达到这一目的。《幸福计划》一书的作者格雷琴·鲁宾将这一小小的、持续的进步称之为"成年后的幸福秘诀"："你每天点滴的行为比你偶尔为之的行动更为重要。"在第十一章中，你会找到让"无需理由之爱"在你生命中成长的各种建议。

一旦你决定要让无私之爱持续注入生活，你就已经踏上了一次激动人心的神奇之旅。它将会带你进入一个崭新的，充满奇迹的内心世界，让你成为一个想象不到的爱心人士。

那就让我们一起开始"无需理由之爱"的计划，并怀着一颗坦诚的心，开始新生活吧。

第 二 部 分

无需理由的爱：如何开发你的爱之体

你的任务不是寻找爱，而是寻找并发现所有内心阻挡你追爱
脚步的障碍。

——卢米　十三世纪苏菲派诗人

第四章　安全之门：从这里开始

愛是基于我们摒除恐惧，真心相信的能力，相信一个无限的真理，高于我们所有的困境。

——杰克·康菲尔德　作家、教师

在我很小的时候，我最喜欢的时刻之一就是听着客厅里爸爸妈妈低低的谈话声进入梦乡。我温暖的卧室，点着一盏小小的昏暗的夜灯，如同一个舒适的蚕茧，而知道父母就在隔壁房间里，更让我倍感安全宁静。很多年来，我都把这种经历称之为"一切都安然无恙"的感受。

我知道我是幸运的，并不是所有的孩子都能够体验到如此诗意宁静的时刻。可是，不论我们过去有怎样的经历体会，我们都有能力在内心感受到相同的宁静。当你保持着这份内心的安全感，不论走到哪儿，你都能保持一颗开放的心，如同阳光下的花朵，能让爱自由涌入你的生活。

这种深刻的安稳感能够让烦恼烟消云散，真正感受到幸福，这也是你的安全之门开启时带给你的感受。

但是，这扇门户一旦关闭，你就会觉得摇摇欲坠。你会不自觉地担心——虽然有时候并没有显而易见的理由——生活中最基础的东西，比如说工作、健康和家庭。对于旁人而言，你可能表现得心不在焉、犹豫迟疑或不脚踏实地。你的家庭状况也可能变得一团糟，厨房橱柜里空空如也，银行账户也可能出现赤字。

或者也可能出现相反的情形。你或许会死死地抓住钱不放，常常担忧钱会不够；或者过分讲究干净整洁，以此来弥补不安全感或无力感带来的恐惧；或者会着急地想把什么都做好，一心多用到了崩溃的边缘；或者你发现自己根本无法集中精神，什么都做不成。

不管症状如何，那都是因为你的大脑载荷过重，并错误地因为一些小事将身体激发至压力状态。于是常常小题大做。

扎根于爱中

在第二部分中，我们首先探究的安全之门，是七个能量中心或气卦的第一个。随着各个中心相关品质的增强，你对于无私之爱的体验也会随之加强。记住，如果能量中心和其相应的品质衰弱的话，这扇通向"无需理由之爱"的门户也会随之关闭。反之，如果门户敞开，那么大爱就能自由流动，点亮你生活的每一个角落。

在古代精神传统中，安全中心也被称为"根之气卦"。它位于脊柱底部，能量环绕于身体底部，从盆骨周围到大肠再到大腿和双脚。

如果你从安全中心画箭头，它们都指向南边，无形的能量向下延伸，让你牢牢扎根于坚实的土地上。根扎得越深，树就能生长得越好。要想在爱中生长繁盛，我们必须有强健的根基。

听起来简单。可是包括你自己在内，有多少人，不管收入、职业、人际关系如何，在生活中完完全全地感到踏实、有安全感呢？有多少人从来不瞻前顾后，担忧"如果……"？现代生活给我们带来许多恩赐的同时，也带来了巨大的挑战。它让我们的家庭不再完整，在充满竞争的环境下工作，撤走我们几百年来依附的安全网，让我们的安全感无所依靠。

更严重的是，总是有那么多事需要我们关注。你是否意识到，如今，一天内所得到的信息比三百年前一个人一生所获取的信息还要多？这样的信息大雪崩加重了我们零碎无措的状态。

这也难怪我们时常感到莫名的焦虑，就如同海绵一般不停吸收着周围环境的压力。

而好消息则是，我们能够获得内心不可动摇的安定安全。我想起那些拥有这一心境的人——很多人也都是本书中的"爱之名人"——他们如同红杉树一般：牢牢扎根于土地，不可动摇，有让人安心的力量。很多人也不是一夕之间就获得了这样的能力。他们通过练习培养内心的安全感，让自己坚实地扎根于当下，同时发现生活中更深层次可以依赖的支柱——这也是接下来你会学习到的两把帮助开启安全之门的"爱之密匙"。

我特别喜欢红杉树的比喻，因为多年以来它们都是我对抗焦虑侵袭的"秘密武器"。每当我觉得自己快要"失去理智"的时候，我就立即赶到墨尔红木林——我家附近就有一片这样的古代红杉林。被这些巨大的树干围绕着，我立即就感受到了它们所散发出的宁静平和。它们古老的树龄和巨大的外形让所有当下的烦恼都成了无形。爱又一次涌入了我的身心，我不禁松了一口气。然后我带着真心的微笑回到家中，更好地准备接受一切挑战。

关闭压力反应

正如我在第三章中提到的，爱与恐惧是两种互斥的能量。我们不是生活在爱中，就是生活在恐惧中。如果我们启动了"恐惧程序"——担忧、焦虑、紧张——最终会让爱"下线"。

恐惧，不管是生理还是心理上，都表现为一种紧缩的、限制性的力量。它让我们进入一种生存模式——战斗或逃跑，于是我们的大脑将自动关闭正常运行功能，将更多的能量用于自我保护。如果频繁地处于防御状态，我们的整体机能就会出现枯竭。

"爱之名人"约翰·杜拉德博士是位杰出的"阿育吠陀"这项印度传统医学的医师，该医药传统已经有五千多年的历史了。在采访中，杜拉德博士告诉我，现代生活的压力水平频繁地触发"逃跑或战斗"反应，以至于我们都是在积聚"恐惧之体"。焦虑的心情并不会在我们思考过以后就烟消云散，它们会释放出一系列有毒的神经化学物质，如可的松或降肾上腺素，在体内积聚。这些神经毒素就像大气、水以及食物中的有毒化学物质一样，会在我们的脂肪细胞内储存。

这样不仅会影响你的身体机能，也会影响到你的思维能力。"情绪毒素会让我们犯下同样的错误，一次又一次，一次又一次。" 杜拉德博士说道。更糟的是，我们慢慢地习惯了这种恐惧自由流动的状态，觉得这才是正常的生存状态。

要想让恐惧"下线"，杜拉德博士建议我们首先要逆转这种烦躁的心理状态，在我们体内建立一个安全、放松的环境。"我们必须要让自己的身体感觉到，战争结束了，生活不是什么紧急事故。当我们觉得安全的时候，这些毒素就能从脂肪细胞中释放出去，全新的、有益的情绪分子，如后叶催产素、多巴胺等爱与幸福的神经递质就能发挥作用。"

对于同情、信任、共鸣以及利他等品质的最新研究也支持了这一观点：爱的电子回路——在爱的状态下大脑独特的运作——只有在压力反应关闭以后才能被激活。美国国立卫生研究院医学博士艾斯特·斯坦伯格医生解释说，"无私仁爱"似乎能够"在阻止压力反应的同时，激活放松反应区域"。

我在采访斯蒂文·波斯特博士——《为何好运总降临在好人身上：通过奉献过上更长寿、更健康、更幸福的生活》一书作者——时他告诉我说："从神经学角度来说，我们是不可能一边表现出充满爱意的善意行为，一边内心又体验着高强度压力或负面情绪的。像爱这样更高尚的行为或消除低端情绪，比如恐惧。"

我自己就亲身体验过爱和恐惧互斥的感受。大多数时候，我都是那种掉下来一顶帽子就让我处于"战斗或逃跑"状态的人。我的大脑警报系统敏感得有点过头。或者就如某位大脑科学研究人员告诉我的，我有个"热情似火"的扁桃腺。（可惜这并不是说我本人"热情似火"。）

多年来，我总是对什么都反应过度，我的朋友家人都对我时不时的惊声尖叫见怪不怪了——"哎呀！我的钥匙哪儿去了？""哦，不！我还没保存就把文件关了！"你可以想象，这种状态对我的身体可不好，特别对心脏压力很大。就这么让每天在一惊一乍中度过让我很少有时间或精力去体验爱。

大约十年前，我去看了个治疗专家，她建议我做一项简单的练习来减少这种大惊小怪的反应。她让我有意识地放松会阴处，正好在身体底部，直肠和阴部之间。（安全中心之所在！）我还心存疑虑，这么简单的做法就能有效果吗？不过我还是试了一下。下一周，只要我觉得紧张、忙乱、没有安全感或害怕的时候，我就把注意力集中在会阴处，发现那个部位紧缩在了一起。只要我放松下来，我就又能通畅地呼吸了。下一刻，我又能清楚地思考问题，一切都变得没那么可怕或困难了。

如今，这种练习已经成了我的一种习惯，能够让我坦然面对压力。我不再对芝麻大的小事大呼小叫，而是更能够集中注意力，更有爱心——对我自己，对我周边的所有人。

这简单的一小步已经成了我经常使用的工具之一，帮助我对抗压力反应，开启安全之门。

开启安全之门：两把爱之密匙

在采访"爱之名人"的过程中，我总是一次又一次感到震动，这些性格迥异的人身上有如此多的共同之处。比如说，我注意到当他们和我交谈的时候，总是主动参与其中：虽然他们都很忙碌，他们并不显出急着赶时间，反而非常专注于我们的谈话。还有，他们非常赞同日常生活中的寻常事物能够增加幸福感——生活习惯、身边的人、宠物，以及更抽象的事物，比如自然、精神或大到整个宇宙。我清楚地看到，这些支持让他们拥有一颗坦诚开放的心灵，去迎接爱与生命的暖流。

拥有这两把爱之密匙让你也拥有培养"无需理由之爱"的特质。它们虽然简单，却能增加你内心对于"红杉树之境"的体验。一把钥匙帮助你向下发展，脚踏实地，如同深深扎根于土地；另一把则帮助你的枝桠向上舒展，感受到你身边的一切都在支持、保护着你。

开 始 之 盒
通向安全之门的爱之密匙

1．扎根土地

2．感受支持

结 尾 之 盒

第一把主钥匙将释放你的天性，让你能够在这个现实世界里感到安全，确定你能够保证所有需要的时间及资源。这就需要你放慢节奏，与大地，以及当下时刻找到联系。

第二把辅助钥匙释放你内心的信任，相信生活中还有很多值得依靠的东西。这就需要认同、欣赏以及好好利用你身边以及内心存在的各种支持。

两把钥匙都能增加安全感，让你能够活在当下——你能够真正感受到爱的这一刻。

安全之门的爱之密匙1：扎根土地

你有没有过这样的经历：你到达了目的地，却不知道走了哪条路到那儿的。或者吃完一顿饭，才发现自己食不知味。如果我们的大脑正沉浸于思虑中，我们就如同登上了无人驾驶的飞机，从当下的现实中抽离了。要是你心不在焉，拨了号码却想不起来要找谁，或是把车钥匙当成牛奶放进了冰箱，那又怎么能有精力去感受爱的暖流呢？

这种虚浮的感觉在坐飞机的时候最为强烈：我坐在一个金属盒子里，双脚离地36,000英尺，以每小时550英里的速度在空中疾驰。所以我一回家，我就马上做一些和"飞行"相反的事，让我好回到现实世界里来。我慢慢脱下鞋袜，赤脚踩在地上，一动不动地凝视着夕阳。然后开始做饭（如果蒸蔬菜和插上电饭锅煮饭也可以算做饭的话）。

这些简单的举动都是让你扎根到土地上的方法，让你放慢节奏，放松神经系统，帮助你控制焦虑的感觉。我们的精神世界是以光速在运转，特别是我们烦躁的时候，速度更快。而现实世界运转的速度则慢得多。你不能催着太阳快点下山，而汤也需要慢慢炖才会熟。

我采访过"爱之名人"贾拉加·博海姆——"循环工作研究所"的创始人，这一机构希望通过心灵冥想来达到内心和外在的宁静。她是这么解释的："当你放慢节奏，你会非常自然地、迅速地和心灵建立联系。心灵总在那儿，在焦虑背后，等着你安静下来，倾听它跳动的节拍。"

当教师和治疗家詹姆士·吉利告诉我大自然是如何解开他心中郁结的，我知道他也是一位"爱之名人"。他的故事让我不再用赤脚的办法获得宁静。对詹姆士来说，扎根土地让他找到了童年时代内心深处的宁静之地，虽然这一处所被长久遗忘了。和很多人一样，詹姆士回家之旅始于痛苦：因为意识到自己偏离正轨有多远。

* * * * *

詹姆士的故事

迷 途 知 返

关于生命之价值有四个问题：什么是神圣的？灵魂是由什么构成的？什么值得为之生存？什么值得为之赴死？所有的答案都只有一个：爱。

——演员强尼·德普　出自电影《马可的唐璜》

那时，我二十岁，茫然不知何从。我不知道要往哪儿去，如同断了线的风筝，丢了锚的船——一个派对动物，怀揣着一颗疼痛的心。

我退伍以后就不知道下一步该怎么走了。这种茫然也是驱使我参军的原因。可是，现在我又一次站在了十字路口，和当初的感觉一模一样。所以我决定："管他的，我还是可以快乐地生活嘛。"

所以我就搬到了劳德代尔，准备享受一切欢乐。我的日常生活是任何一个享乐主义者都梦寐以求的：白天在海滩边闲逛，晚上开车去奢华的饭店，参加派对狂欢一直到深夜。

表面上看来，我很好，甚至乐在其中。但心底深处，我感到幻灭。生活中似乎没有什么让人兴奋的事情。我看到空虚、悲伤、无所适从，我用酒精和放纵试图麻木自己。我觉得和自己的心越走越远。

有一晚，我的灵魂发出了求救信号，我得到的答案让我走上了一条新的道路。

派对正达到高潮。啤酒到处流淌，我已经喝了不少。突然间，屋子显得这么狭窄，这么热，我需要新鲜空气——还想去卫生间大吐一场。我向门口走去，推开人群，在震耳欲聋的CD声中，大家只能靠吼相互说话。

室外，微风清凉柔和。我跌跌撞撞地走到灌木丛里，方便了一下。然后我抬头看向夜空，上面繁星点点。突然之间，我觉得这种毫无意义的生活变得如此不可忍受。我想："如果这就是生活的全部了，那我就有大麻烦了。"这是一个求救信号——回想起来，这是我第一次真心的祈祷，虽然那时候，我并没有意识到。我对于宗教向来持怀疑态度，并且从来不相信可以和上帝建立真正意义上的联系。

几周后，我的祈祷从一本书上得到了回应。有个朋友的父亲感觉到了我的痛苦迷茫，送给了我一本书小汤姆·布朗的《追踪者》。这是他的亲身经历，在布朗很小的时候，一位美国土著长者教他如何在野外生存。我开始看起来，并且马上就入迷了。作者的叙述令我着迷：如何追踪、如何搭起帐篷、如何找到食物等。可当他谈到如何学习当地印第安人的信仰：和造物主融为一体，与所有生命和谐共生时，我哽咽了，泪水充满了眼眶。这些都让我想起了孩童时期拥有的体验。

我在宾夕法尼亚州的一座小镇上长大，很多时间都在户外度过。我家附近有一些树林，我搭了一座小堡垒。记得我经常坐在里面，听着鸟叫声，安安静静地。看着布朗的文字，我又重新体验到了树林里那段宁静、充实的时光，我生命中一去不复返的时光。

我开始一点点地存钱，想要上汤姆·布朗的追踪学校。我下定决心要成为他的学徒。我想象着与他一起住在学校里，海绵一般地吸收所有他教我的东西。

来到学校以后，我发现学校和我想象的一模一样。在树林里，和这位出色的追踪者一起劳作，我的意识安定了下来，放松并舒展开来。我感到一种踏实，放慢节奏，与自然成为一体——自然是多么宏伟、庄重而美丽的存在，它唤起了我心底深处，那份从来没体验过的爱。

一天，我们班为班上的一名学员举行了一次印第安人的治疗仪式。我们让他坐在中间，然后按着指示感受心中的爱意，将爱意引向治疗对象。当接触到这份爱的瞬间，我被它所淹没。可我感到一种回家的感觉。我心想："不管这个治疗仪式是什么，这就是我想做的事情。"

为期两周的课程结束后，我把汤姆拉到一边，告诉他我想留下来让他做我的精神导师。

他看着我，问道："你从哪儿来？"

"宾夕法尼亚州。"我答道。

"宾夕法尼亚州可有很多树林呢。"他狡黠地一笑。

我知道他想说什么："如果你想去做，那就去吧。"

我听从了他的建议，在树林里呆了四十天。我最好的朋友也和我一起去了。当你在野外生活，每天只需几个小时就能满足你的生存需求，所以我们有很多时间可以用来冥想、回顾、在林中漫步。这段日子让我感受到了一种比自我更宏大的生命状态。成为这种状态的一部分让一切都变得清晰透明，也给我了重新生活的勇气。就这样，我从幻灭中走向了生命之爱——一种激动、喜悦、充满活力的生存状态，满心期待下一个转角生命为我安排了怎样的奇遇。

最近，我发现了当时记的一本日记，上面写了这么一条："今天，我才意识到，爱不是两个人之间的感觉，而是看你能否感知到。"这是我第一次惊鸿一瞥地窥到天性之中那份爱的存在。我懂得了是我们自己不愿活在当下，所以无法感知这份神圣的爱意，无法明白，其实我们所需要的一切都已经在我们身边。

这份体会成了我现在工作的基石——帮助他人找到心中爱与信任之地。在野外度过了四十天后，我找到了一所学校，学习草药学以及能量治疗法。这段经历开启了我治疗师和教师的生涯，让个人或企业找到实用的方法治愈伤痛，并得到精神升华。这一份美好的职业让我的心灵轻快歌唱。

不久以前，我出去远足，花了一个小时，坐在我家附近西弗吉尼亚北部的一座山峰的山脊上，感受到生命的洪流在体内涌动。我全心全意爱我的妻子以及两个可爱的孩子，而这份为人夫、为人父的喜悦爱意，在我跳出家庭、生活以及工作，回到自然怀抱的那一刻被重新装满。如同顺其自然在河流中漂浮，让水流载着我自由流动。在野外，我能更轻易地感受到内心深处那份静默的宁静与和谐。

在我的治疗会上，很多人都说感谢我将那么多爱带给了他们。我说："我并没有带来任何爱，我只不过坚持爱就在那儿，并且也让你们看到这一点。"

身处在大自然中，扎根土地，紧密相连，让我迈出了通往无穷之爱的第一步。也让我从一个迷路的孩子——不知生活意义何在——转变成了一个满足充实的男人，时时刻刻都体验着幸福。

* * * * *

没有鞋子，没有电话，没有烦恼

你不必效仿詹姆士在野外生活四十天来获得与自然的联系。光是从窗户外凝视着天空或树木就能起到安抚人心的作用。我采访的"爱之名人"伯尼·西格尔告诉我说，有一项研究显示，医院里病患如果能够从窗口看到自然景色，比其他病患痊愈得更快。

不过，最好还是能够和自然亲密接触。约翰·缪尔以及泰迪·罗斯福二人都是"室外治疗机构"的早期创始人。有了他们，这些国家公园才得以建立，让我们有地方可以重获活力。可是，我们与自然的隔阂仍然在不断加剧。作家、儿童律师理查德·鲁夫在他2008年出版的作品《树林中的最后一个孩子》一书中，发明了术语"自然缺失紊乱"，用来描述当代的孩子因缺乏与自然世界的交流而受到的伤害。

成人也同样深受"自然缺失紊乱"之苦，不过不管大人小孩，治愈的方法都是一样的。英格兰艾塞克斯大学进行的一项研究表明，只要花五分钟时间在"绿色户外运动"上，诸如自行车、步行或园艺，就能让一个人的心情变好，并提高自信心。纽约罗彻斯特大学进行的另一项研究发现，与自然亲密接触能大幅提升活力，并获得更强的抵抗力。研究领头人理查德·莱恩表示："自然是灵魂之燃料。"

所以，不管什么时候，只要有机会就走出去，或站或坐或躺在大地上——草地、沙滩、土地或雪地都可以。你会对自己、对生活感受到更多的爱意。与自然亲近还能让你的身体进入到放松的反应模式。这可能是因为大地的电磁波频率是忙碌的大脑的三分之一。所以当你离开了高楼、电线的束缚，花一点时间静下心来，自然将会让你适应它缓慢的节奏。

当我们脚底踩着鞋子，耳朵里塞着耳机，脸上戴着墨镜，身体坐在配备空调的车子里，我们这些现代人已经无法感知到自然的节律了。

"爱之名人"珍妮特·苏斯曼是作家、音乐家，同时也是直觉咨询师，告诉我说，如果我们更多地感受自然的心跳，我们就会感到更安心、更沉稳。"如今，我们并不知道什么是真正意义上的'联系'。在古代，就意味着你每走一步，就能感受到大地传递给我们的饱含信息、光、爱以及意识感悟的脉动。那时候，没有柏油马路的阻隔，所以也不存在隔阂。"

她继续解释说，我每次下飞机都要赤脚走在地面上，就是一种找寻内心踏实感的方法。"我们的双脚非常敏感。它们吸收信息并向你的根提供养分。"她说道，"最终的结果是我们不再感到孤独、割裂，并时时感到大地的拥抱、关爱、保护和了解。"

踢掉鞋子听起来似乎再简单不过，能有那么大作用么？不过很长时间以来，人们都相信，光脚踩在大地上能够让你吸收大地之"气"，又称之为生命力。人际关系专家"爱之名人"约翰·格里告诉我为什么他觉得这确有其事。他认为，当地土著居民在最近五十年内健康状况明显恶化的原因之一就是他们开始养成西方社会的生活习惯：穿橡胶底的鞋子、穿夹脚拖鞋，从而隔断了与地球的亲密接触。

关于直接接触大地能量能够改善我们健康状况这方面，如今有很多令人振奋的新发现。2010年5月，《汤森德通讯》这一记录健康研究成果的通讯杂志，讨论了一本名为《大地》的作品。该书由马丁·扎克、综合心脏病专家史蒂芬·西纳特拉博士，以及克林特·奥伯共同完成。书中说："当你赤脚走在大地上，你感受到的能量是大地的电子能传入了你体内。如今，研究显示，该能量能够使我们的心理状态产生显著的、积极的变化。它能够提升健康状况，让人精力充沛，改善睡眠质量，协调稳定人体基本的生物钟，减轻或消除慢性炎症，缓解或去除病痛。我们脚下与自然的割裂很可能是近几十年来慢性疾病急剧增多，特别是炎症增多的重要原因之一，虽然这一点很容易被忽视。正如阳光能给我们身体必须的维生素D，大地则赐予我们同样关键的维生素T——踏实。"

如果你和某些人一样，觉得这个"回归自然"、"赤脚接触大地"的想法纯属瞎编，再好好考虑一下吧；扎根土地对于你的健康有着重要意义，同时能够增强你的安全感，帮助你敞开心扉。

放慢脚步，你太着急了

另一项值得我们关注的增加安全感的方法就是着眼当下。不过这在如今的确很难做到，世界正以疯狂的速度运行着，我们必须应对每日的各种压力。

早期研究者汉斯·肖尔医生六十多年前发明了"压力"一词，用来描述人体对于特定刺激的反应。事实上，我们每次被迫转移注意力都会造成一定的压力。那时候，这样的压力每小时大约数十次。不过，肖尔医生会对我们现在的压力状况有何感想呢？平均每3~6秒电视频道就会切换一次——这意味着我们每分钟就要转换注意力10～20次，一小时600～1200次！

此外，我们还面临着日益严重的"注意力缺失紊乱症"以及普遍的"多任务处理迷恋症"——现在，我们同时抛在空中的"球"比起专业杂耍人员还要多。所以生活节奏日益失控的现象也就不足为奇了。我们需要关注的东西太多太广，无暇顾及当下。这对于体验爱以及我们的生理健康来说，都不是什么好事。

《实验心理学学报》刊登的一项研究发现，多任务工作会让身体释放压力荷尔蒙以及肾上腺素进入人体系统。更糟的是，当我们频繁地、快速转换注意力，"大脑没有时间与皮层的'人文中枢'建立神经联系——这一部分是让我们拥有文明特质的关键所在"，丹尼尔·西格尔医生如是说。他撰写了《值得关注的大脑》一书，并任加利福尼亚大学医学院精神病学临床教授。

有一首西蒙与加芬克尔①的歌开头是这么唱的："放慢脚步，你太着急了。"这句话就让你知道如何开启这扇门户了。多多练习专注——将你的全部注意力集中到当下的体验上来，能够让你脚踏实地，对抗焦虑状态。

正如艾克哈特·托儿②以及很多人教导的那样，能够驾驭"当下的力量"让忙碌的大脑平静下来，让你自己成为内在中心。当你的注意力100%放在当下，就不会有精力去考虑对于未来的恐惧，或是对于过去的追悔。全心全意活在当下能够让你拥有对于身边事物的感知能力，这在横冲直撞的状态下是无法做到的。它能够让你对于人、环境以及事物拥有一种更为欣赏的态度，用心感受，创造一种内在的稳定和平衡。

哈佛大学心理学教授艾伦·兰杰博士曾是我在"快乐无需理由"电视节目中采访的对象。他对于"活在当下"的效果做过大量研究。有一项很有意思的研究是让很多并不热爱橄榄球的女性看"超级碗"比赛。研究人员让其中一组女性找出运动员身上六个有趣独特之处，另一组则没有任何要求。结果要求对比赛投入更多关注的一组比起第二组成员，明显更加享受比赛过程。

---

① 美国六十年代后期开始风靡多年的重唱组合。

② 德国著名作家。

让你的身心都能活在当下是一种很好的方法，帮助你脚踏实地，以更坦诚开放的心态接受更多的爱与欢乐。下面的练习是我从"爱之名人"朱迪斯·布莱克斯通那儿学来的。他是一位心理治疗专家，著有《启示过程》一书。他的这项练习与"同时做十件事，到处关心就是不关心现在"的理念正好相反。我和卡罗参加了朱迪斯"觉醒过程"的研讨会，并且马上就感受到朱迪斯是个多么积极参与、思路清晰、充满关爱的人。在研讨会期间，她和我们分享了下面这个练习。而我忍不住感慨这项简单的练习有如此巨大的作用，能为我的生活增添如此多的活力。

开 始 之 盒
【练习】

觉醒过程—体现

通过调整你身体的内在节奏，你可以加强与自身的联系，能更好地立足当下。这也为体验到爱的真谛打下了基础。花点时间来完成下面的练习，认真跟着每个步骤，当你做完后，就会发现活在当下的感觉有多么强烈。

1. 找个舒服的地方坐下，闭上眼睛，专注于你的呼吸。感受空气如何在你鼻腔中流动。

2. 感受到你的灵魂栖息于体内。想象着你的意识被拉到身体内，仿佛身体的重量吸引着意识。不要只想着有形的身体，感受到你才是身体内在的节奏。你的身体和自我，本来就是一体。

3. 感觉自己存在于身体的各个部分，从脚开始。把自己想象成脚掌，感受脚底的肌肤，仿佛你自己在肌肤内向外感知。在你身体的每一个部分，把感觉引向内在的活力，做你自己、在体内存在，是什么样的感觉。

4. 感觉自身在小腿以及膝盖内的存在。为了帮助自己更好地做到这一点，把手放在膝盖两侧，感觉你正处于两手之间的空间中。感受到双手触碰膝盖是什么感觉。现在感觉自身在大腿的存在。把感觉引向小腿、膝盖以及大腿内在的活力。

5．现在将注意力集中到小腹部分，感觉你深深存在于盆骨及胃部，把对于自身活力的感知转向这些部分。

6．接着转向你的胸、肩膀、胳膊以及双手。把对于自身活力的感知转向这些部分。

7．感受你在颈部以及整个头部（脸以及大脑）的存在。把对于自身活力的感知转向脖子和头。

8．当你完全栖息于身体的每个部分，立即把这些感觉整合起来，把对于自身活力的感知转向身体的整个区域。如果将身体比作一座神庙，那么你正安坐于神庙之中。

9．接着，将注意力转向身体外部的空间，即房间上。感受你体内和体外的空间其实是相同的、连续的，贯穿身体。你仍然安居于身体内，但你是可以穿透的，你的身体被空间穿透。

10．闭着眼静静坐上几分钟。接着，睁开眼睛，看看你是否还能安居于身体内，感受感受你体内体外相同的、连续的空间。

该练习的使用已经朱迪斯·布莱克斯通同意www.RealizationCenter.com

结 尾 之 盒

免费下载22页、包含14项爱之密匙练习的"无需理由之爱"练习册，访问以下网址 www.TheLoveBook.com/bookgifts

安全之门的爱之密匙2：感受支持

我无时无刻不感到安心……我觉得万事万物都友善美好，我荡秋千的树枝安稳牢固，而眼前的路，不论多么曲折，最终都会将我带到远离恐惧的安全之地。

——杰克斯·路西兰　二十世纪法国盲人作家及活动家

感到孤独、危险，或畏惧生活中的种种挑战都会如霜降一般，迅速冻结你的爱之暖流。如果你时刻担心下一个转角埋伏着怎样的危险，又如何放松去感知爱呢？不过当你意识到一个更崇高的真理时，你就能解除所有的焦虑戒备：我得到许多支持，我相信我能被照顾得很好，即使不知道被谁，或以怎样的形式。

所有的"爱之名人"都反映出一种内在的自信：他们被生活所"支持"。他们能够无私去爱的能力来源于被无条件支持的感觉。要想怀着一颗坦诚的心去生活，我们需要感受到三方面的支持——生理上、情感上、精神上。

第一个方面是生理上的支持。你确定基本的生活需求能得到满足，并感到安全——不论外界环境如何。

第二个方面是情感上的支持。比如人，有时候宠物也可以，这些人、动物能够帮助你感到安全、安心。这就需要你的直系"部落"——你与之分享生活的亲朋好友——再加上你的旁系"部落"，比如邻居、同事以及社区成员等。能够知道在你需要帮助和鼓励的时候有人在你身边，会让你更能够拥有一颗坦诚之心面对生活。

虽然大量研究都证实我们的大脑有信任机制，可是似乎我们正与这份天性渐行渐远。由全国民意调查中心发起的社会普查多年来一直关注美国人民的心理状态。普查显示，1976年到2006年间，愿意广泛信赖他人的人数下降了十个百分点。想要逆转这一趋势也非常简单，只要我们愿意调整意愿，勤于实践即可。虽然意识到天性中的那份信任很重要，不过如果你有意识地将信赖投注在周围的人身上，也能激活大脑中和信任相关的荷尔蒙及神经中枢，并进一步加强和"无需理由之爱"的神经通路。

第三个方面是精神上的支持。纵观全局，我采访过的"爱之名人"都表示他们对"友善的宇宙"——这一爱因斯坦有名的表述怀有全然的信任。爱因斯坦认为，你所做的最重要的决定为：是否相信你正生活于一个友善的宇宙中，并且它一直无私地支持着你。

生活在"大爱"之中的人们有一种强烈的感觉：他们是某个更广阔存

在的一部分，并且万事万物都遵循着和谐的顺序运行。这种支持感最终让他们获得了红杉树一般的安定力量。当我们觉得万物友善美好，我们自然就能获得最为深刻、安定的力量：无条件的信任。下面是"爱之名人"罗斯玛丽·崔柏的故事，向我们展示了这些支持对我们心灵的作用。

第一次见到罗斯玛丽是我在弗吉尼亚作演讲的时候。演讲结束后，一位可爱的女士走向了我。我立即就感受到了她身上散发出的温暖、亲切的光芒。后来，在我们的采访中，我发现身上由内而外散发出那种宁静的她，原来也曾迷失过。那时，年轻的罗斯玛丽必须重建她的人生——以及再次信任的能力。

*　*　*　*　*

罗斯玛丽的故事

从恐惧到自由

"世间有三件事常存不朽——信念、希望和爱——而最伟大的就属爱。"

美梦一瞬间就能变成噩梦。前一刻，你还在阳光普照的花园里散步，下一刻，你就被某个怪物追赶，喘着气，惊恐不已。我的人生原本就如阳光下的花园一般美好，直到一次可怕的事件，让我充满了恐惧。

1975年，那时我二十五岁，结婚刚满四年。我丈夫保罗是个律师，并对于从政跃跃欲试；当时我是弗吉尼亚里奇蒙德地方电台一档每日脱口秀节目"罗斯玛丽的特邀来宾"的主持人兼制片人。

那是一段快乐而激动人心的时光。我每天早晨六点起床，匆匆喝点咖啡，和保罗吻别，驱车一小时来到电台工作室准备脱口秀。我的观众大部分是女性，所以我经常会涉及到很多与女性生活有关的话题。

那年离圣诞节还有两周的时候，我主持了一期以性侵犯为主题的节目——这种话题那时候一般不太会在电视上讨论。此后，无数的电话和信件潮水般地向电台涌来，上百名妇女向我倾诉了她们痛苦的经历以及深藏在心中的恐惧。听到她们的故事，读着她们的信件，我也忍不住流泪哭泣。这么多的受害者……如此深重的痛苦。

一周后，我决定一天多录几期节目，好空出圣诞节那个礼拜。我决定就不开车回家了，就在工作室街对面的旅馆开个房间，过一晚上准备第二天上午的录制。

十一点左右，我觉得不太能够集中精神，于是下楼到旅馆餐厅喝了一杯咖啡。等我回到房间，在书桌前坐下来，我听到身后窗帘发出沙沙的响声。突然间，一个男人在身后抓住了我的脖子，将冰冷的枪口按在我太阳穴上，他凑到我耳边恶狠狠地说道："OK，可爱的脱口秀主持人小姐，脑袋上顶着把枪你会怎么做呢？"

我吓坏了，一边小心地挣扎着，一边恳求他放过我。但他狠狠地掐住了我，一把将我摔到床上，粗鲁地开始侵犯我。滑雪面罩遮住了他的脸，我只知道他个子很高，是个黑人，非常强壮。

身体像撕裂般疼痛，而恐惧则更糟。极力不让自己休克，我一遍遍在心中念着对上帝的祈祷。我一直都是非常虔诚的人，但此刻，我挣扎着想要感受到上帝的存在，我的心在呼喊："我该怎样渡过这一劫？"

最后，一手仍用枪抵住我的头，他低声威胁道："要是你敢对别人说，我就杀了你。"可怕的字眼钻入耳朵，"我知道你住在哪儿。"然后他后退着，爬上连着停车场的屋顶，一下子就消失在夜色中。

我关上窗子，不顾他的威胁，立即打电话给前台告诉他们发生了什么事。接着，我浑身颤抖着给保罗打电话："我被强暴了，"我对着电话泣不成声，"我需要你，快点来，抱着我。"打完电话，我抱着自己坐在椅子上哭，双手环抱着膝盖。我觉得自己很脏，很孤独，被淹没在恐惧中不知所措。

旅馆保安以及警察立即采取了行动，不过强暴我的人消失得无影无踪，房间里也没有任何有利的证据。保罗赶到后，把我像孩子一般抱在怀里，一遍遍重复："我爱你，宝贝，一切都会过去的。"最后，筋疲力尽的我在他怀里沉沉睡去。

虽然我第二天上午还是支撑着去了电视台——我害怕强暴我的人看我没去

工作会认为我没有保守秘密——我像个机器人一样主持完了节目。结束后，电台负责人跟我说他会在圣诞节那周替我主持节目，好让我有休息恢复的时间。

回家后我径直倒在了床上，却一直睡得不安稳，我浑身淤青，心也仿佛完全破碎了。

圣诞节来了又去。被强暴这件事本身已经是可怕得超乎想象，更糟糕的是积聚在心底的那份恐惧。我安全、幸福的世界支离破碎，我也不再是那个愿意全心信赖的自己。我开始害怕肢体接触，就连陌生人看我一眼都会让我紧张不已。

圣诞节过后，我继续机械地每日主持着节目。幸好，两个月后，我来了例假，我没怀孕。这让我松了一大口气，可是恐惧仍然吞噬着我的心。每天当我开车去工作，或吃着饭的时候，我都会听到那句令人心惊胆战的话："我知道你住在哪儿。"我知道我需要帮助，可我不知该向谁求救。我试过心理咨询，可是害怕我不再是原来的自己；我不断告诉自己："罗斯玛丽，为什么你就不能跨过这个坎？"虽然我竭力掩饰自己的情绪，压抑着痛苦，内心仍然惊涛骇浪。在经历三个月持续的低落后，我辞别了心爱的主持工作。

要怎么才能变回噩梦发生之前的那个罗斯玛丽呢？我所有的关注都放在这个问题上了。我知道想要愈合这道伤口，光靠我一人之力是不够的，于是我打电话给我最好的朋友——当时她正住在德克萨斯。在大学里，蕾妮和我比亲姐妹还亲，我们之间的"主题歌"一直是詹姆士·泰勒的《你有一个朋友》。现在，我"大声呼喊她的名字"，请求她到弗吉尼亚来帮助我渡过这个难关。她也二话不说，如所有真正的朋友那般赶来了。

我以前听说过，当非洲大象受伤倒下的时候，庞大的身躯很可能让它倒地不起，最终死去。在这种情况下，经常会有两头大象走到受伤的同伴身旁，"搀扶"着它，一连好多天，直到大象恢复得足够强壮，能够自己站立行走。

蕾妮和保罗就像大象般支持着我。他们紧紧搀扶着我，用勇气鼓励我做我的依靠。每当我感到害怕，他们就提醒我，我的丈夫深爱着我，我的朋友关心着我，我的生活值得好好珍惜，并应为之奋斗。如果我因为害怕而放弃，那么恐惧会剥夺我眼前所有美好的东西。而他们会一直用爱支持着我，直到我能够自己站起来为止。

我对于上帝的信任一直是我安慰的来源。不过自从强暴事件发生以后，我感到了困惑。虽然我全心信赖着他，我却没有得到保护。如今，我的信念动摇了，我恳求上帝能帮助我理解这一切、治愈这一切。

渐渐地，我觉得自己好转了一些，虽然时不时地我仍然会感到刺骨的恐惧。接着到了五月，在那次事件后的第七个月，我发现自己怀孕了。"哦，太好了！"我想，"我终于可以把一切都抛开了。"同时，保罗决定竞选议员。他在1976年十一月竞选成功，我们搬到了华盛顿，在那儿，我们的女儿玛丽·凯瑟琳出生了。

照顾女儿的日子是幸福的，让我的身心逐渐痊愈。可是有一天，当我抱着三个月大的女儿在小区散步回来的时候，我走到门前，心头突然涌上一阵寒冷，我们的前门被砸开了！有人闯进了我们家。

一瞬间，所有旧时的恐惧又一次汹涌袭来——很明显，闯入者已经走了，所以在给保罗打完电话让他通知警察之后，我把女儿放在婴儿床上。我浑身都因为害怕而颤抖，我不想让这种恐惧的心情影响到她。我走到自己卧室，跪了下来，哭出声来向上帝祈祷："我不能每时每刻都扮演受害者的角色，请您一定陪在我身边，不要让我再一次被恐惧所毁灭。"

在说了这些话后，我顿时感觉到有某个美丽神灵环抱住了我，就如被包裹在一条温暖柔软的毛毯里。恐惧离我而去，平静注满了内心。

在那一刻的宁静里，我仔细回想了强暴事件发生以来所有的经历。我看到，虽然它让我痛苦心碎，却也让我对他人产生了更深切的同情之心。我开始考虑："如果我不再把自己当成一个受害者，而是将自己看成一个幸存者，一个从考验中获得某种收获的人呢？"这一个全新的念头给了我从未感受过的力量。在我等着保罗回家的那段时间，我感受到了希望的喜悦。如果我能真正地感到安全，即使可怕的事发生了，也能利用它让自己变得更好，那样的生活该是怎样的面貌呀？

从那天起，我对于幸福以及安全的体验与日俱增。我开始懂得相信上帝不是意味着可怕的事情就不会发生在我生活中，而是意味着不论面对多么大的恐惧，我都能坦然接受，因为我相信它一定有发生的理由，对我的生活有某种方面的启示。

三十五年以后，我仍然可以持续感受到我从那个可怕的夜晚之后学到了多少。我获得了一种更博大的爱，我想，没有那次心碎的经历，我是绝对不会拥有的。一直以来，我都是个关怀人、有爱心的女子，可我也许不会拥有现在这样敏锐的洞察力以及那份深切的爱。我觉得自己就像一把陶罐，破了一道口子，上帝之光从裂痕中照射进来。这道光，让我得以走进其他受苦受难者的内心。对于很多人来说，这可能不是什么愉悦的体验。但对我而言，我觉得幸福极了。如果我可以像容器一般承载别人的痛苦，我也可以让他们看到从破口处射进来的那道光，赐予他们新的开始，新的自由。

如今，我很多工作时间都在帮助那些遭受过强暴或性侵犯的女性。我甚至着一眼就能判断这位女性是否有过相同的痛苦经历。最理想的情况是，我可以如蜡烛一般，能够靠近她们，用我的光和热驱散她们的痛苦。

同时，我还致力于种族平等的事业。我从小到大都和黑人关系非常亲近。但自从那次事件以来，要是有黑人男子靠近我总会让我紧张，让我想起强暴我的人。在我努力克服恐惧的过程中，我和很多黑人都结下了深厚的友情，男女都有。很自然地，弥合不同人群的分歧也成了我为之努力的热情所在。在华盛顿的十二年里，我和保罗与形形色色的人们一起工作，他们来自不同种族、不同民族，我们一起致力于在互相尊重的基础上建立平等友好的关系。

当然，如果有选择的话，我绝不会选择让那次事件发生。但我深深地对我从恐惧到自由的痊愈过程深怀感激。如今，我的心比以前任何时刻都满溢着爱心，并且我和上帝的关系也变得更为成熟。我不再向他寻求安全与保护，而是需求他的支持，让我打开心扉，为他人做更多的事。我向上帝祈祷，让我继续像大象一般，能在他人痛苦的时刻伸出援手，让别人可以依靠，直到他们的心重新愈合，重获爱的能力。

＊　　＊　　＊　　＊　　＊

我关系很好的同事，里克·汉森也是"爱之名人"之一；我特别佩服他出色的工作，将心理学、大脑科学以及传统冥想方法结合在一起。除了他种种"显赫"的头衔之外，如神经心理学家、冥想导师，以及畅销书《菩萨的头脑：幸福、爱与智慧的实用神经科学》作者等，他还是个睿智、深沉、心胸开阔的人。他根据大脑的神经塑性发明了下面的练习来帮助你感受到支持。

【练习】

支持过程之环

这项练习帮助你感知生活中的种种支持，并有意识地将这种感知重新植入大脑的神经网络。这么做能够让你感受到更多内在的宁静与安全感，更容易对爱敞开心扉。

1. 找个安全的环境——可能是家里你最喜欢的角落，或者是教堂、寺庙，甚至在某棵树底下——只要是让你感到安全的地方。闭上眼，感知到你内心的感觉。在你内心深处，真的有必要这么警觉，这么紧张吗？

2. 在你脑海中回想和某个关心你的人在一起的感觉，回想你感觉到放松、安全的一刻；提醒自己在这一刻，你是安全的。

3. 深吸一口气，再长长地呼出。让自己保持被护佑、被支持的安全感——不要这么警惕、紧张、害怕。

4. 让这些安心的感觉沉浸下去，让身体记住，以便能够在以后能够重温。

5. 在脑海中存储下你的支持——生理上、情感上以及精神上。重温你内心以及身边能够支持你的一切资源，让你有勇气面对生活的一切挑战。并让你的身心都感受到支持和安全的感觉。至少花一分钟的时间感受每样支持。时间越长，效果越好。当你完成这个过程后，睁开眼睛。

6. 为了强化你的神经通路，每天都可以回想一下被支持的感觉。感受到它们，并在脑海中留下它们的印记，铭记于心。每当你感到焦虑之时，做深呼吸，找到身体里安心、支持的感觉。感受到你的支持，回忆起内心深处的宁静，这样做能够帮助你时刻保持放松的心情。

该练习经里克·汉森同意使用 www.rickhanson.net

结 尾 之 盒

本章小结及"无需理由之爱"步骤

扎根土地、感受到支持是打开安全之门的两把钥匙。通过放慢节奏、感受到内在的安全核心你才能放心地敞开心扉。你可以通过以下几个步骤增加你能量中心的爱之暖流：

1. 定期让自己与自然"通电"。去野外走走，踢掉鞋子，感受你脚下的土地。让自然和大地的能量将你引回能量中心上去。

2. 要想快速转换掉"战斗或逃跑"模式，做几次深呼吸，有意识地放松你身体底部的会阴处。

3. 通过集中全部注意力感受当下体验来锻炼你的专注力。

4. 利用觉醒过程来"定位你的身体"，以此获得更多踏实感。

5. 当你面临挑战，要看到逆境最终让你成长的地方，以此来感受到"友善的宇宙"的支持。问问自己："这是为了让我快乐，还是成长，抑或两者兼有？"

6. 利用"支持过程"，存储你身边的支持记忆——生理、情感以及精神上。有意识地让安全感与支持感镌刻在大脑里，并创建相应的神经通路能够帮助你更快地放松。

第五章 活力之门：注满活力之液

爱是活力的最好触发剂。

——琼斯·奥特加·加赛特 二十世纪西班牙哲学家

边写书边学习，沉浸在无私之爱中生活，让我在许多方面都得到了拓展。从前，爱与"交稿期限"在我生活中从来都不是手牵手的好朋友。我总是可以把事情做完，可通常就是以身心俱疲为代价。不过这一次，虽然手稿交稿日期近在咫尺，我的"赶工"方法却不再管用。多年来，我都一直把自己搞得疲惫不堪，没日没夜地对着电脑，一次次考验着自己的极限。现在，我却再也做不到这一点了。在最后期限来临时，我不再勉强大脑超负荷运作，而是把注意力从一切与工作相关的事务中解脱出来，窝在某个角落看一部电影。

我不再反复修改书稿直到两眼昏花，而是奢侈地浸在浴缸里，让沮丧感慢慢涌出我的身体，让热水润泽我的身体与精神。

第二天早晨醒过来，我又充满了活力。生活又变得美好起来，我的心也再一次拥抱了手头的工作——即探寻爱之秘密。很明显，为了传播爱之福音，我身体内更"崇高"的部分发挥作用了。

我意识到，在精疲力竭的情况下，我们是不能体验或学习到爱的。如果一味蛮干，忽略真实的感受，勉强求得结果，是无法引导出爱的能量的。爱，一直温柔而坚定地在我耳边说："我非常乐意来到你身边，但不是在你慌乱紧张，毫无头绪的时候。这对我来说一点也不快乐——你甚至都察觉不到我的存在。"

这一点让我获得了能量与活力相关的意外收获——以及它们与爱之关联。它迫使我仔细反省我生活中支持"大爱"的方式，以及阻碍这份爱的途径。我意识到，培养生理、情感上的活力对于增强"无需理由之爱"的暖流至关重要。

增强生命力、发掘日常生活中的快乐，欢迎打开活力之门后的种种体验，都能增加无私之爱在你生命中的自由流动。

清醒之呼唤

神清气爽、浑身有劲、熠熠生辉、充满活力——这些词都描述了当爱在你细胞中扩张时的感受。并且这些词都指向了同一件事物——活力。在你的内心深处，爱与活力总是紧密相连的。当你头脑清晰、充满活力的时候，也自然能感受到更多的爱。

如果我们"睡着了"——不管以怎样的形式，忙晕了、打晕了还是撞晕了，我们心就封闭了。当这份"死气"来袭，不管是在冗长烦闷的一天过后还是由于肾上腺素一瞬间的作用，还是我们有意压抑自己真实的情绪——爱之洪流就减弱为细流。我们的身体可能会觉得疲倦无力，我们的大脑麻木呆滞，都忘了我们的身体也需要一点温柔爱抚。我们的感官变得迟钝不堪，甚至不知道自己真实的感受如何。想想，这样的状态是不是如同"木乃伊"一般。

想要重新发掘我们的爱与活力要求我们关注内心真正的动向，即使保持麻木状态更为轻而易举。开启活力之门能够让我们感受到真正的生命力。

活力中心是人体七大能量中心的第二个，位于小腹下部、性器官以及骶骨位置。它与我们生理以及情感上的良好状态密切相关，是我们感受能量与情感，让它们在体内自由流动之所在。在古代吠陀梵语记载中，它被称为"甜蜜"气卦，因为它与欢愉、感官快感以及生殖繁衍联系紧密。它不仅主宰着实际的生育过程，也控制着每一次富有创造力的表现，不管是完成工作任务、准备餐饭、实施计划还是与孩子玩耍。

当活力中心健康平衡，你就会更有活力，生活也会充满热情。你对于色彩、味觉、触觉以及气味的体察会更加敏锐。当各种情绪如天气转换在你体内翻涌，你能够更深刻更真切地体会到它们。你的感官会获得更强的洞察力，你也会和心灵有更顺畅的联系。

开启活力之门：两把爱之密匙

增强活力中心并不是让你猛喝"红牛"之类的东西，它是让你唤醒你的身体、感官以及情感，打破停滞不前的状态，治愈工作狂的"隐患"，滋养你的生命，给它好好充电。

这儿有两把密匙可以开启这扇活力之门：一把和你的身体相关，一把和情感相关。这两把密匙都能够通过牢牢地建立自我关怀和自我意识习惯，让你的能量流动更为平衡。

开 始 之 盒

开启活力之门的爱之密匙

1. 给予身体真正的滋养

2. 感受你真实的情感

结 尾 之 盒

滋养之匙能够让你关注自己真正需要什么，并借助你身边各种微妙的能量帮助滋养你的身体。借用雷鬼歌手鲍勃·马力所唱的，你要"点亮你自己"！

感情之匙邀请你以冲浪者优雅的姿态驾驭你情感的波浪，让这些汹涌的情感能量自由地在体内奔流，而不是封闭内心，或失去平衡。

两者通力合作，就能帮助你扫清障碍，让爱在你的爱之体中自由循环。

活力之门的爱之密匙1：给予身体真正的滋养

有时候，我们忽视了身体真正的需求，导致无法全身心地体验爱的感受。本章收录了"爱之名人"——作家格林·罗斯的故事，作家格林·罗斯写的一句话一直让我印象颇深，他说："激情、力量与快乐，是无法在疲惫、沉重、死气沉沉的身体里扎根的。"换言之，我们不能忽略了身体的需要，就期待拥有完整的"无需理由之爱"的体验。

当然，我们都知道适当锻炼、合理饮食以及充分休息能够提升我们对于生活和爱的体验。但要把它们当成"头等大事"仍然困难重重——很多更加"紧急"的工作总是把它们从我们的"行动项"中挤走，于是我们陷入了一个恶性循环：我们越是备受压力、手足无措，就越是不能好好照顾自己，于是对自身造成更大的压力……我们就这么一蹶不振了。

其实大脑在压力状态下往往无法做出正确判断是有其生理原因的。斯坦福大学开展了一项研究，科学家们将实验对象随机分成两组。一组被要求记住一个两位数的数字，另一组则要求记住一个七位数。然后两组人员可以选择一种点心，或水果色拉，或一块巧克力蛋糕。那些记住两位数的人员选择水果色拉的人数是巧克力蛋糕的两倍，而另　组则正好相反，选择巧克力蛋糕的人数是水果色拉的两倍。由此可见，记住较长数字的压力会主导大脑意志力部分和自我控制，让实验对象难以做出对身体有益的选择。

记住七位数数字比起今天我们所需要面对的大部分工作简直是小儿科。所以当我们面临关乎健康的选择时，我们把手伸向巧克力蛋糕或同类食品，也就不足为奇了。

为了应对"不那么理想"的生活模式，很多人都会依靠糖分或咖啡因帮助他们撑过疲惫的一天。不过，根据《时代周刊》最近的一项调查，有约1.7亿美国人（超过半数人口）对咖啡因上瘾。这个结果可以让我们看到现在我们有多累。

不过，使用咖啡因振奋精神从长远来看其实是在摧残我们的身体。研究表明，咖啡因和压力荷尔蒙——皮质醇具有相似的效果，所以你喝下浓缩咖啡后感到的"振奋"效果其实和"战斗或逃跑"反应模式是很相近的。在持续一段时间后，它会减弱你的肾上腺功能，让甲状腺不堪重负，并减低那些支持你能量水平的有益激素分泌量。而女性又更容易受到甲状腺不稳定或肾上腺失调的影响，所以咖啡因对于女性的伤害会更大。"爱之名人"——人际关系专家艾丽森·阿姆斯特朗说得最好，她告诉我说："依赖咖啡因就如同使用信用卡一样。你透支的能量总有一天要连本带利一起偿还的。"随着时间的推移，我们在能量这笔债上越陷越深。

解决之道其实在于"从小事做起"。我相信你肯定听说过"千里之行，始于足下"的道理。开始通往活力之门的旅程始于做一件小事，真正滋润身心的小事。接着再做一遍。当你持续做同一件小事，它就会引起更大的连锁反应，将你的回馈循环从恶性循环转变为良性循环——就如拨动舵边缘的平衡调整片，这一片薄薄的金属会让整个庞大的海洋邮轮改变航道。

"爱之名人"苏·莫特博士就发现了一项小小的自我滋养的举动如何彻底改变了她的能量活力。苏是一个脊椎指压治疗者，也是国际知名的将科学、精神以及人类潜能结合研究方面的权威专家。她对于能量机制与身体的关系有着非常深入的了解。我认识苏已经好多年了，并且时时感受到她的清晰敏锐、充满活力以及不可忽视的爱之光晕。在我们的采访中，她与我一起分享了她的故事，什么事件让她改变了"做得更多"这种"贪得无厌"的生活方式，解放了敞开心扉的力量。

*　*　*　*　*

苏 的 故 事
选　择

那是一天清晨。当我从睡梦中挣扎着醒来——在睁开眼之前——我感到头的左边一阵剧痛，如同锤子砰砰敲着脑袋一样。我轻声呻吟，心想："哦，天哪，今天又是一天那种鬼日子？"

去年一年，每周至少有一天我因为偏头痛实在太厉害，连下床都困难，更别说去工作了。同时，我的脖子和整个肩膀上方也一直疼得很厉害。每天早上起床穿衣都成了难题，每动一下，我的胳膊就让我疼得直皱眉，不得不忍着痛咬紧牙关。

这个情形实在太荒唐了。在我的脊椎指压治疗办公室里，我每天都帮助患者消除相同的疼痛。为什么我就不能帮助我自己呢？

检查排除了一切危及生命的疾病。很明显，我的生理问题来源于生活中更深层次的原因。自从我记事以来，我一直忙于扮演完美女儿、完美学生以及成功职业女性的角色，以至于自己的愿望或需求——特别是我身体上的需要，总是被排在第二位。

我看到我是如何榨干自己，一直忙于听从内心那个"奴隶主"的话，坚持要自己做"对的事情"。虽然这种运作方式带给了我事业上的成功与社会地位，我的身体却为此付出了代价。

我似乎怎样也摆脱不了完美主义的观念。我从小到大都是这样，也只懂得以这条标准要求自己。我不知道还有什么别的方法——只有不断忽视身体的呼救，一遍遍把自己推到极限。那样的方式真的让我觉得不堪负荷了。

幸好，在这样的表象下还有暗流涌动。有一段时间，我非常向往"灵性"研究。我听了很多场讲座，参加各类研讨会，练习冥想、瑜伽以及研究东方哲学。不过，我并没有改变旧日习惯，反而将它们用在了新的领域。当我努力希望变成这一方面的杰出人士，我继续无视怎样才对自己的身体最好，怎样才对我的大脑和精神最好。

*　　　*　　　*

有一天晚上我刚从办公室回到家，电话就响了。我把手提电脑和钱包放在厨房桌子上，拿起了听筒。

"你好。"

"苏！马上就要举办一个很棒的研讨会，我觉得你一定会喜欢的。"我的好朋友苏珊娜一口气告诉我有一个为期三天的国家级盛世，到时会有上百人聚集在一起，一起做瑜伽、冥想以及练习呼吸技巧等等。

我犹豫了，我知道自己的"计划单"已经不堪重负了，可是这是一次了解美妙知识与技巧的绝佳机会。我绝不能错过。

"听起来棒极了，"我对苏珊娜说道，"我会去的。"

我填写好了注册申请表连同参与费一起发送过去，并做好了旅途规划。到了之后，有一位组织者问我是否愿意在与会期间，担任研讨会主办人的个人助理。我犹豫了一下——我需要利用这个周末通过灵性练习放松自己——可是和往常一样，我为了"更重要的理由"把自己的需要放在了一边。我觉得如果我能够帮助到研讨会主办人，参与者就能得到更多的关注。于是遵循着我一贯的不论个人付出多大代价，都要"把事情做对、做完美"的原则，我答应了他的请求。

到第三天晚上，我已经筋疲力尽了。上一晚我几乎没怎么睡，而且从当天早上开始就一直马不停蹄地忙碌着。虽然我已经尽可能快地完成任务单上的种种工作，可是因为数目庞大，再加上我一贯的"高标准"作风，我还是错过了很多讨论会。

当时我正在讲电话，安排研讨会主办人的一个私人会议。集会已临近尾声，而任务单上也只剩下两件事了。我能听到大厅那一段的房间里已经进行到问答环节，并不时传来阵阵笑声。似乎每个人都非常享受，开心极了。虽然我很想加入到他们中间，却仍然强烈地感觉到要先把手头工作完成。我想要继续工作，继续努力去做"对"的事情。换言之，我仍然坚持着一贯的做法。

会议安排妥当，我放下电话，把头埋在手心里。我感到偏头痛又开始发作了。因为似乎有一股能量开始在我脑袋里震动，每次偏头痛之前都会有相似的症状。可是，我并没有像往常那样一下子紧张起来，试图将这股能量控制在我脑袋里，似乎身体里某个部分投降了。我感到这股能量下降到了胸口、心口，在那儿扩张、融解，沉浸到我的胃部，在小腹下部沉淀。接下来几秒钟里，我的身体跟着这股能量一起振动，然后能量从我口中喷涌而出。我惊讶地听到自己说："我现在不要做这些事了，我要去大厅加入他们。"

房间里没有人听得见我说话，可我还是紧张地环顾四周。我确信我一定会为自己"不负责任的行为"付出代价。我特别害怕别人取笑，或被人拒绝，或被人轻蔑。可是我身体某个部分终于跳出来抗议了。就这一次，我要按照身体的意愿行事！

我悄悄走进会议室。大家刚刚开始一项呼吸练习。我赶紧坐下来，暗自祈祷没人会注意到我"玩忽职守"。我知道这种练习的方法，也跟着一起练习起来，缓缓以腹部深吸一口气，呼、吸，呼、吸。我感到大脑平静了下来，完全专注于自己的呼吸上。呼、吸，呼……吸……

下一秒，我感到自己完全伸展开来，超出了身体的范围。

我仍然是我，仍然存在，却无比巨大。我可以一下子看到周围360度的事物，一切都笼罩在明亮的光芒里——比最明亮的日光更亮十倍。可那样的光芒柔和温暖，让人不想移开目光。

我也是那光芒的一部分。

我四周的空间比任何区域都要广阔，比在飞机上，从云层之上俯瞰蓝天还要辽阔。它是无穷无尽的。

我也是那无限的一部分。

在我身下，我可以看到一颗玻璃球一般的物体，我知道那就是地球。我身体的一部分还牢牢扎根于土地，随着每一次的呼吸，我都感觉有一股爱与幸福的暖流流过身体。我正在向整个星球呼出爱的气息。

事实上，我本身就是爱。

我没有意识到时间的流逝，只沉浸在这个宏大、光明而充满爱的空间里。45分钟后，练习结束，到了休息时间。我躺了下来，脑海里仿佛独立日满天礼花绽放。无数明亮的光线一次次在脑海中绽裂：我似乎都可以看到神经元突触正在扩张，神经元细胞被一一激活。我就沐浴在幸福恩赐中，只想永远沉醉其中。

之后我又花了几天时间休息、放松身心，以完全将这次美妙的体验融入身体。在那段时间里，别人帮我完成了任务单上的最后两项工作。令我惊奇的是，天也没有塌下来嘛。

　　我回归正常工作以后，我发觉脖子和肩膀的疼痛竟然消失了，自己仿佛焕然一新。同时，我觉得比以前更接近自我，更轻松、快乐，对周围的人也充满了爱意。

　　这样美好的感觉持续了几周、几个月。我体验到了一种新的平衡：我的身体支持着我的行动，而我的行动又支持着我的身体。

　　直到今天，我的脖子和肩膀都没再疼过。而且那样的能量让我比以往任何时刻都精力充沛，不管做什么都游刃有余。

　　最可喜的是，我做事的方法也发生了变化。我不再极力完成别人希望我完成的事，这对我来说已不再那么重要。我也不再把所有时间花在分析该怎样把每件事做到完美。不是说我不在乎了，而是我内心深处知道一切都会好的，一切本来就很好。

　　如今，我对生活充满了感激。我能够旅行、教书、演讲——做这些我最钟爱的工作。并且比起以前我忽略自身需求来支持我身边的人，现在我的身体状况也让我有能力做更多的事，这在以前几乎是不可想象的。

　　仅仅一个选择——倾听我内心的声音，以过去没敢做的方式滋养身心，让我的生活持续选择这种滋养的生活方式。好好照顾我的身心及精神让我能够更好地帮助他人，并且开启了我内心一个充满爱的世界。

*　　*　　*　　*　　*

什么是真正的滋养？

　　2001年那天，当苏经历那个改变人生的选择时我也在场。她的转变让我深受启示，因为对于她完美主义和取悦他人的倾向，以及这些特点怎样耗费自身精力，我也深有体会。如果你也和她一样，会将自身的需要往后推，那真正的滋养始于这样一种信念，那就是如果你可以让自己保持最佳状态，对你自己和身边的人都会更有好处。

选择滋养身心带来的转变可能不会像苏所体验的如此迅速而又戏剧化，但它会马上将你引向正确的方向。

当然，承诺好好滋养身体只是第一步。接下来要做的就是选择正确的滋养方式——如何高质量地滋养自身才是真正的关键所在。

大部分人每天都能够获得基本的能量，足够维持心脏跳动、大脑工作等。不过要点亮你的爱之体，你需要比维持日常更高质量的滋养：高质量的运动，高质量的饮食以及高质量的呼吸！

下面列出的都是这个领域最顶级的专家给出的建议：给予你的身体真正需要的、高质量的滋养。

真正的滋养练习

所有的练习都是有益的，不过当你真正享受练习的过程，那就上升到真正滋养的程度了。我是在宣传《快乐无需理由》一书一年后第一次有这样的亲身体会。

我累坏了。那一年我奔波了250，000英里赴演讲之约，并且做了将近200场采访。这么紧的行程让我几乎放弃了锻炼，而且即使我逼着自己去锻炼也总是非常勉强。虽然我勉力在跑步机上运动的时候的确让我感觉好了一些，可是那并不能让我感受到内心那份充满活力的无私之爱，而我知道它是存在的。幸好，我的助手苏珊娜来拯救我了。

有一天，她让我去上一个培训班学一种叫"祖巴"的舞蹈。我问："祖巴是什么鬼东西？"

她大笑着说："别问这么多，去就是了。"

于是我把其他工作放在一边，放下所有顾虑，跳进车里就出发了。我一直都很喜欢舞蹈——当音乐响起，我内心的小小舞蹈家就苏醒了。随着我的身体拼命想跟上老师的狂放热舞，脑中的"计划单"也渐渐隐没。练习五分钟，我开始微笑；练习十分钟，我已经大笑出声；课程结束的时候，我浑身上下如通了电一般。

　　我在舞蹈教室大汗淋漓的时候，比起去年一整年都有活力有干劲。我很快就养成了跳祖巴的习惯，每周都要跳三四次。跟着音乐左右摇摆不仅将残余压力一扫而空，还点亮了我的内心。舞蹈还让我的身心焕发出崭新的活力。我越是喜爱舞蹈，对于生活的热爱就越强烈。

　　我们可能觉得运动的价值在于强身健体，增加力量或柔韧性。当然这些都对，但这并不是全部。锻炼除了能强健体魄这些显而易见的好处之外，还能帮助你敞开心扉。对于我来说，祖巴能够提供真正的滋养，因为我乐在其中。对于其他人而言，能够让他们身心愉悦的也可以是瑜伽、网球、自行车或举重。为了给你身体真正的滋养，找到能够将你的能量发挥到最大限度，并帮助你敞开心扉的运动。这样你就更有可能坚持下去，在强身健体之余，提升你的爱之体。

真正滋养的呼吸方法

　　呼吸就是呼吸，不是么？其实没那么简单。古老的印度瑜伽传统指出，如果运用一定的呼吸技巧——利用我们身体最基本的运动方式——我们能够获取更多的能量。利用良好的呼吸技巧，我们能汲取身边更多的生命力。

　　还记得第三章里提到，根据量子物理学，宇宙间的万事万物都是按照不同频率振动的能量。这种普遍的能量以不同的形式体现出来，在有些东方哲学中被称为"普拉娜(prana)"，或称为"气"。在西方，对于这种微妙的、无处不在的能量我们虽然没有一个特定的称谓，但我们都能感觉到它的存在。

　　想象一下身处郁郁葱葱的花园或是树林，或是在大海或瀑布之畔。比较一下身处交通大厅或大超市的货架之间，或是密不透风的写字楼——空调不断运作，人工照明。的确，无论哪个地方都有足够维持我们生命的氧气，但在自然环境中，生命力则更旺盛，更滋养身心。这也是为什么我们身处大自然中，便情不自禁地想要敞开心扉。

　　西方科学已经分离了这种"气"中的一个组成成分——负离子。这种无形的小粒子在特定的地方浓度特别高——比如山林或奔涌的水流，比如大海、瀑布以及细雨中。研究表明，负离子对于大脑身心都非常有益，能够减少抑郁、焦虑以及烦躁，改善情绪，增加血清素以及大脑供氧量。这也是你为什么沿着海滩散步或仅仅是坐在喷泉旁边就会感到头脑清晰、充满活力。

真正滋养身心的呼吸能够让你汲取更多的"气"并更加彻底地呼出体内毒素。这么做，能够提高你身体的各种机能，不管是消化系统、排毒系统还是思考能力以及治愈能力，并且它还能提供爱之体所需的能量，使其强健、充满活力。

通过研究瑜伽中的呼吸技巧，我们可以看到良好的呼吸能够提高大脑思考能力、帮助放松、减少皮质醇水平以及焦虑程度并增强机体的心血管系统功能。这项练习（本章末尾处）是一项非常简单的呼吸、运动练习，在你觉得昏昏沉沉或焦虑紧张的时候都能帮助你平静下来，为你重新注入活力，也重新让你准备好迎接"无需理由之爱"。

"爱之名人"斯威特·麦迪森·纳新是名乔克托裔的精神导师，她告诉我说："在很多语言里，爱与呼吸都是同一个词，所以加强一方，另一方也会随之增强。"

真正滋养的饮食

你觉得现在我们都知道什么叫合理饮食是吧？这么长时间以来，《纽约时报》每周畅销书榜单上前十名的不是饮食就是做菜方面的书。不过我们也比以前更困惑了——今天巧克力还是"垃圾食品"，明天它就是神奇的抗氧化剂了。可是这些书都没有指明饮食与无私之爱的联系：你的饮食能够帮助你敞开心扉。

最简单的获得真正滋养的饮食习惯就是：选择那些能够给予你能量的食物，而不是消耗你的能量。在我采访"爱之名人"营养咨询师雪莉·斯通时，她就告诉我："吃东西以后，我们也能够感受到身处大自然时的能量——宁静、广博、受启示。"

"如果你吃下的食物与它原来在自然界中的状态最为相近，那其中就含有充分的生命力。如同刚充满电的手机一样，虽然不再和电源接通，但电池能量饱满，能够使用很久。所以当我吃到充满生命力的食物时，我会情不自禁地微笑，并且体验到内心爱之暖流。"

这样的观念真是发人深省。想到从嘴里吃下去的东西能够让我获得在海边漫步相同的体验，不禁让我想要坚持这样的饮食习惯。为了让你的食物为你带来身处自然相同的开启心扉的效果，不妨选择"气"含量高的食品。这也意味着最好避免雪莉所说的"有毒食谱"，比如精加工的糖、油、盐以及各种化学添加剂，我们的身体必须非常费劲地将它们分解再消化，它们会消耗身体的能量。新鲜的果蔬则富含生物酶、各种营养元素，以及直接从生长环境中获取的有益成分，不管是土地、大海还是农田。它们能够增强你身体的能量，而不是将能量消耗光。

食用含"气"量高的食物（充满生命力的智慧之果）毫无疑问将促进"无需理由之爱"的流动——不过前提是身体能够完全消化它们。当体内积聚大量毒素，消化系统便不能很好地工作、吸收养分。"爱之名人"印度传统医学内科专家苏哈斯·克什沙加博士就和我们分享了为什么为身体排出不健康食物与情绪之毒素至关重要。"人们总是确保爱车从里到外清洁如新，可是对于自己的身体也是这样吗？能够定期清理身心，排出毒素非常重要。这会疏通身体，让体内恢复平衡状态。"我接受了克什沙加博士的建议。每年至少两次，我都会参加一项名为"潘察卡玛（panchakarma）"的印度传统医学"清洁疗程"，旨在清净整个身心。这么做不仅让我的能量保持在一个高水平的状态，也深深地滋润了心灵。每次做完清洁疗程后，我都感到身心轻盈、平衡、宁静。

含"气"量高的食物以及清净的身体对于真正滋养身心是非常重要的。不过要保持活力还有不可或缺的一点：热爱你的食物。如果你食不知味，即使吃下了有益的东西也无法获取完全的与大爱相关的体验。你可能需要逐渐戒除那些含有大量添加剂、被当做"食物"的东西，并建立起对于"真正"食物的品味——经过一段时间，你的味蕾会爱上新鲜、洁净的"无需理由之爱"食谱。如果你经受不住垃圾食品的诱惑，记住：在一颗开放坦诚的心面前，任何美味都难以匹敌。

欣喜、愉悦与快乐

能够给予身心真正滋养的终极途径就在于增加每天感受到的欣喜、愉悦与快乐的"剂量"！这些感受具有和极品美食以及营养补充相同的力量，能帮助你注满活力。

想要增加快乐感受，就要满足你的感官需求——不是说让你放纵自己，而是留意身边触手可得的美好事物。不过，由于我们日益繁忙的生活方式，我们可能一连好几天都对于周遭环境中的气味、声音、感觉毫无所察。要满足你的感官需求，需要你把自己从忙碌的状态中解放出来，敞开心胸拥抱周围的世界。

我从《华盛顿邮报》上读到的一个故事很好地描述了我们忙碌的生活方式都有哪些限制。普利策奖得主——记者吉恩·韦恩加坦做了一项有趣的社会实验，衡量我们的周围环境如何影响我们对美的感知。他邀请了著名小提琴家乔舒亚·贝尔，选了一个出行高峰时间，让他在华盛顿地铁站，用一把名贵非常的小提琴演奏一首难度极高、极美妙的曲子。在乔舒亚的脚下摆了一个募捐箱，他看起来和其他街头艺人并无不同，不过他的才华和音乐绝对拥有令人颤抖的力量。

数以千计的行人从艺术大师身边匆匆而过，或讲电话或摆弄黑莓手机。只有七个人停下来倾听，其中反应最强烈的是一个三岁的小男孩。他站在那儿，完全被迷住了，后来还是他妈妈把他从小提琴家面前抱走了。

这个故事向我们展示了每一天，有多少美丽、愉悦、欣喜的时刻我们熟视无睹；有多少艺术大师被我们错过，没有停下脚步听一听他们的音乐；又有多少次在我们看电视或读报的时候没有感受到食物美妙的滋味。

找到喜悦，品味生活的美与欢乐对我们生理以及情感都具有积极的影响。洛约拉大学的弗莱德·布莱恩特博士和其他研究人员一起展开的一项研究显示，感受美与欢乐能激活我们的副交感神经系统，放松我们的身体，并且还有一系列的益处，如增强免疫系统、平衡荷尔蒙系统分泌、改善自身情绪等。

　　放开我们的感官感受体验生活是一项我们可以练习的技巧，也是爱在我们生活中的体现。

＊　＊　＊　＊　＊

　　下面的练习结合了呼吸技巧以及相应运动以达到真正滋养身心的目的。这个方法是"爱之名人"阿娜塔·巴尼尔教我的。她也是"阿娜塔·巴尼尔之法"的创立者。这种方法能够帮助大脑建立新的神经联系，让你克服种种限制，拥有最佳状态。虽然这项练习看起来非常简单，但我一直坚持使用阿娜塔教我的方法，而且发现这是一项非常有用的工具，能够让我感受到更多自由、能量以及轻松，也让我更能敞开心扉。

开 始 之 盒

【练习】

解放你的"哈拉"——唤醒活力之法

　　这项练习通过特定的动作与呼吸，帮助你释放"活力中心"的能量（在武术中又被称为"哈拉"——存在之中心）。通过这项练习，不仅能唤醒大脑，更能提升肺活量，增强能量以及生命力。

　　1. 坐在椅子边缘，把脚平放在地板上。把手放在身后，练习过程中将身子靠在双手上。在做每一步的时候很重要的一点就是动作一定要轻柔、缓慢。

　　2. 靠在双手上，舒展背部，伸展你的腹部，就像你慢慢往前（见图片1）。同时呼气。然后反过来做这些动作：把盆骨往前送，拱起背部，将腹部往前推，将腹部涨

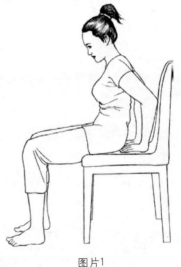

图片1

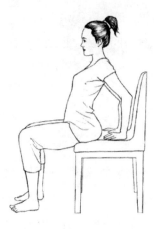

图片2

图片3

起（见图片2）。同时吸气。将这套动作重复四遍，注意你腹部、背部、臀部以及脊柱的感觉。

3. 重复步骤2，不过这一次将呼吸节奏反过来：当你舒展背部、伸展背部的时候吸气；在盆骨往前送，拱起背部，将腹部往前推时呼气。将这套动作也重复四遍。

4. 提起左半边臀部，往右送，将腹部突起。你身体的重量自然会转移到右半边臀部（见图片3）。同时吸气。恢复成最初的姿势，同时呼气。将这套动作重复四遍。另一边重复同样的动作四遍。

5. 将四套动作结合起来。还是靠在你双手上，缓缓转动盆骨：舒展背部，将盆骨往右送，慢慢转一个圈。注意你胸腔与脊柱的动作，让你的整个背部随着盆骨自由移动。根据自己的节奏呼吸。在一个方向上做四遍这套动作，然后反方向再做四遍。感受你内在的活力与生命力。

只要你想感受更强的能量与生命力时，都可以做一下这套练习。

该练习经过阿娜塔·巴尼尔之法授权使用www.anatbanielmethod.com

结 尾 之 盒

活力之门的爱之密匙2：感受你真实的情感

宾　馆

人这种生物如同一座宾馆。

每个清晨都有新房客

快乐、沮丧、小气
有些转瞬即逝的情绪
如同不期而至的来客

好好欢迎招待它们！
即使来者是悲伤难过，
它们蛮横地在屋子里横冲直撞
把家具都一抢而空，
可是，仍然体面地对待每一位来客
它说不定正在为你清理
好迎接新的欢愉。

阴暗的念头、耻辱和敌意，
不妨出门笑脸相迎，
将它们邀请入内。

对于每个人的到来都心怀感激吧，
因为它们派来
作为你未来的向导。

——卢米　十三世纪苏菲派诗人

当那些讨人嫌的、不愉快的情绪来敲你的心门，你会怎么做呢？如果像大多数人那样，你可能会当着它们的面砰地甩上门，或是把灯都关了，祈祷它们快点走开。你希望不要和它们见面，哪怕付出再大的代价。不过万一你喜欢像喜剧女皇一样小题大做，你或许会把它们请进门，绑在凳子上，不让它们走，即使已经到了该离开的时刻。

很多科学事实证明，对负面情绪处理不当会诱发种种疾病。压抑情绪特别容易导致免疫系统相关疾病，以及哮喘、高血压、癌症和抑郁症等。

你可能觉得既然不能压抑，不如将它们发泄出来。不过这有不少研究表明事实也非如此：在受创伤后发泄负面情绪将可能导致更严重的心理影响，特别是发泄愤怒与敌意会增加心脏疾病的几率。美国心脏数理研究院进行的一项研究表明，即使经历短短五分钟的愤怒情绪，对你免疫系统的抑制作用也会长达六小时。

根据我的调查，我发现不管是压抑情绪还是过度发泄，都会对你的爱之体产生损害。

幸运的是，我们还有第三种选择：感受你真实的感受。

在理想状态下，我们的情感会在我们内心自由流动，不过很多情况下，我们要不想把它们摁下去，要不就对它们过分纵容。以下列举了几个你可能会压抑情绪的原因：

· **情感很多时候都是不愉快，甚至痛苦的。**当我们感受到情绪上或生理上的痛苦——甚至只是担心痛苦的可能性——就会触发原脑"吸引或逃避"的反应。我们担心情感会让我们不知所措，我们自我保护的本能自动开启，于是我们夺路而逃。

我曾采访过"爱之名人"拉斐尔·库什尼尔——情感、爱与心灵动力学专家，他就向我描述了大脑的工作机制。他说："我相信我们的大脑存在某种缺陷。至少是激发情感的脑边缘系统（limbic brain）。为了更好地运作，我们需要完全感受到种种情绪。可当我们这么做的时候，情感就会消失。这就是大脑的工作方式。"

"可是，我们大脑中的另一个部分——原脑——是保护我们远离危险的。不过问题在于，我们的原脑无法区别外来威胁——如黑暗深巷中的脚步声，以及内在威胁——比如孤独、嫉妒以及愤怒。所以说得简单一点，我们的原脑以为，这些痛苦的情绪也会威胁到生命，所以不想感受到它们。这就造成了一个矛盾。脑边缘系统指示说：'感受它们'，可原脑却说：'不行'。假如我们没有让大脑意识到这些痛苦的情绪不是致命的，我们就会被大脑的缺陷所惑，逃避我们真正的感受。"

· **情感并不是都能被接受的。**当面对有些事情，我们不希望产生特定的情感——或认为我们"不应该"产生这样的情感，我们就会抵制自己的情绪，试图制服它们，不表现出来。

· **情感通常都是毫无逻辑、毫无理智可言的。**当我们无法解释或理解自己的情感时，我们很可能就会轻视它们，或者干脆是视而不见。理智试图控制心灵。

我们之中的很多人从小时候起，就一直接受着压抑情感的"训练"，所以直到今天，我们都很担心自己会由于情感因素，做出一些错误或不合适的举动。婴儿欣喜的欢叫、抗议的哭嚎，迎来的往往是喝止、皱眉，甚至更糟的待遇。于是我们不再冒险自由表达情感，而是思量再三，是否应该对它们统统敬而远之。

不过，如果你逃避、否认或者硬生生地止住自己的情绪——不管是正面负面，而不是真正地体会它们，这些情绪就会积压在心里，从而抑制了能量的流动，遏止住了体内的活力，你可能会屏住呼吸、茶饭不思。当你麻木情感的时候，你也在麻木自己。你关上了生命力之门，并且也顺带关上了体验爱的能力。

压抑情感的另外一项副作用就是积累压力。当你一直阻碍情感的表达，最终会有极限的时候，然后情感在一瞬间爆发。这种突如其来、不受控制的情绪崩溃对于自身以及身边的人都会造成洪水般的毁灭效果。

与压抑正好相反的是对于情感的过度、过长的发泄，这对于自身同样有害。像演舞台剧一样，乱发脾气、心怀怨恨或自怨自艾也会阻碍能量与爱在生命中的流动。

感受真实的情感，简简单单又自然而然，能够让它们自由地释放，如同冰慢慢融化成水一样。沉重的情绪将没有石块一般的密度重量，能够再次自由移动。然后爱也能在我们体内自由进出了。

　　"感受你真实的情感"主人公之一是"爱之名人"吉宁·罗斯。她是《纽约时报》畅销书排行榜第一名《女人、食物与上帝》的作者。三十多年来，她都举办各种研讨会，就强迫性进食、食物以及爱等话题撰文讨论。吉宁花了很长时间与体重问题作斗争，最后她终于不再节食减肥，因为意识到饥饿的不是自己的身体，而是自己的心。接下来，吉宁用自己的亲身经历展示了如何与自己妥协，如何正视自己的真实感受。

＊　　＊　　＊　　＊　　＊

吉宁的故事

心底深处的歌唱

　　我高中的时候，学校里有个女孩子叫兰迪·威廉姆斯。她有一头浓密的秀发，平坦的小腹，以及一双美腿——我发誓，至少有十二英尺长吧。至于我呢？我的头发是全身上下唯一"稀疏"的地方，脸盘像月亮一样圆，一双腿就和树桩子一般。兰迪早饭吃土司，口渴了喝巧克力奶昔，空下来的时候吃那些撒满白色糖霜的小甜甜圈，一次吃十几个。我则不停地折腾自己：减肥药、去皮鸡肉以及像锯末一样难吃的早餐——燕麦。

　　我看着兰迪，满眼都是她拥有而我却没有的东西。所以没多久，我就得出结论：我的生活肯定有问题，如果我能够拥有兰迪那样的身材，我一定幸福极了——深受上帝眷顾。

　　所以从十几岁开始，我的体重就增增减减不下数千磅。我在神经性厌食症以及超重六十磅之间徘徊。不过大多数时间是在超重这一端。我的衣柜里塞满了八个尺码的裤子、裙子以及衬衫。多年来，我依赖着安眠药安非他明和泻药。我呕吐，不吃东西只喝水，试过各种各样的节食法：阿氏食谱、西梅干肉球食谱、每日一千焦卡路里糖果食谱、喝咖啡、喝无糖苏打水以及香烟减肥法和使用体重器。这些方法在一定时间内都起作用——比如一周、一个月甚至一年。

直到我再也无法忍受这种自我压抑的状态，一分钟也不能。在这个爆发点上，我开始走极端。我打乱所有秩序、抛弃一切限制，如同满月那天的狼人，我变成了夜晚的生物，完全不同于日光下的人类。我会又撕又扯、横冲直撞找到装食物的箱子、罐子、袋子，然后开始疯狂地狼吞虎咽，好像几年都没有进食一样。在18个月光靠蔬菜和果汁为生之后，我接下来两个月会吃下整盘比萨和大块大块的意大利腊肠。然后就像来时那么迅速，突然之间灵光一现，我又恢复到了人类的状态。

当生活让我无法如愿时，强迫性进食是我逃避的一种方法。我不想坐在生活的聚光灯下，问自己到底怎么了，为什么明明不饿却还是一直停不了地吃东西。自我憎恶与羞耻感快让我崩溃，我在自我毁灭和回归正道，再在接下来一个月中减掉三十磅的欲望中摇摆。结果在那一刻，在两个月内又增重了八十磅，让我想就此了结生命之后的几小时，我做了一个不可思议的决定——停止节食。

刚开始，这个与自己身体停战的决定听起来比让人起死回生，或是布拉德·皮特向我求婚更难以接受。不过，当我以理解、开放的心态看待自己，我看到饮食本身并不是症结所在。我一直把它当做问题来处理——我节食、压抑自己、憎恨自己的身体——其实我治标不治本。

我以前认为（呃，好吧，现在有时候我还是会这么认为）只要自己少表露情感，当失去什么的时候就不会这么痛苦。接受生活脆弱而又变幻无常的本质实在太困难。只要一觉察、感到或预料有什么不愉快的事物，我就直觉地想逃避。而食物就成了最方便的捷径。

而当我不再抽离自我，开始感受当下的时候，我对于食物的迷恋也随之停止了。并且我也了解到了一种自我探寻的方法——一种或哲学上或科学上或心理上或精神上的过程，该方法已存在了数千年。我学到的是一种基于身体最直观感受的方法。我的老师说："别想着一下子什么都改变，首先注意到已经存在的事物。先关注你已有的感觉。悲伤、无聊、快乐、饥渴、悲惨或狂喜。"她说如果我对于自己所关注的情感或信念心怀好奇，那么它们是能够改变，被开启、被融解的。

一开始我并不相信她。这种探寻需要完全感受真实的情感。我以为自己肯定会沉溺在悲伤中，或被愤怒所吞噬。我以为尽量躲得远远的才能够让我得以继续生活，我觉得这种探寻可能会让我无法承受。

但是，我发现，感受真实的情感和被情感所淹没不是一回事。当你有意识地参与其中，那些你以为会毁灭你的东西其实是可以和相互依存的。

事实是，问题不在食物上，从来不是，甚至也不是情感的问题。原因在更深的地方，或是这几者之间，或是这些表象之外。我不再听从那些"不准做"、"不要做"或者"我再也受不了啦"的声音，开始听从内心深处的吟唱和事实：撇开一切，真正的自我。我爱上了这股生命的力量，被艾克哈特·托儿称之为"令人鼓舞的存在"，在我体内燃烧涌动。

＊　　　＊　　　＊

头几个星期自由进食的时候，我常常会困惑，什么是我真正想吃的，什么是我因为负罪感不许自己吃的。因为我已经节食十七年了，我的"禁食单"可长着呢。因为欣喜自己做出"再也不节食"的决定，我从只吃生的果蔬和蒸过的巧克力饼干，一下子跌入了糖分的迷雾中。可是我不懂，我并不是想吃饼干，而是想要获得吃到饼干时的感受：被欢迎、被接纳、被喜爱。

而我很快注意到，任何食物或是任何吃的形式（在车上、站着吃、偷着吃）都会让我变得疏离、丧失精力，让自己因为失去吸引力而自责难过。而处在内心这个没有重力的新星系中，我看清楚了进食的本质所在：滋养我的身体。我的身体想要活下去，它热爱活着的感觉，喜爱随心移动的快乐，喜爱可以看到、听到、摸到、闻到、尝到的滋味——而食物是实现这些愿望的重要组成部分。我进食的方式，也是放飞自我的途径。

我停止节食是因为我看到，可能我疯狂地进食是我做得最"理智"的事。如果我不那么抵触，试图变"乖"或符合正确饮食或正常体型的外在标准，如果怀着好奇、坦荡之心感受每一样吃到嘴里的食物，感受我进食时的感觉，在我对突然对着冰箱里的蛋糕，狼吞虎咽想要整个吞下肚之前十分钟所发生的事有所注意的话，我就会看到吃东西本身会让我重新体会到所有的感觉、信念以及恐惧，并一次次加深对食物的迷恋。一旦明白了我想要借由食物获得什么，我就可以自问，有没有更直接，又不伤害自身的方法去获取这些东西？

在研讨会上经常有学生对我说："可是如果我不抑制住悲伤的感觉，我就得去面对它——接下来怎么办呢？"我向他们指出，悲伤已经存在，所以暴饮暴食只能加重这种感觉：当食物消化完了之后，最初的悲哀感仍然存在，而且还因为它们和食物的矛盾关系，更添上了一层沮丧或绝望。食物带来的愉悦是虚幻的，它们不能消除悲伤，只会加重悲伤。

你可以用很多方法压抑自己：你可以不让自己吃饼干，或是在吃了饼干以后不让自己感到开心。你可以压抑自己逃避悲伤，你也可以压抑自己逃避自信与幸福的感受，其实非但拥抱真正的情感不会让你毁灭，而且还可以拥有这份自信与幸福。

*   *   *

不久以前，我的一个好朋友打电话来告诉我她患了癌症。同一天，另一个朋友打电话说她母亲刚刚过世了。还有一位朋友的父亲从楼梯上摔下来摔断了脖子。接着，天下起倾盆大雨，一整天都没停。大雨冲毁了我后院的好几棵树，把我心爱的向日葵花盆也毁了，然后从我们的客厅里倾泻而下。哦，不说我脸上还缝了十五针（我刚动了一个手术取出一颗恶变的痣），看起来就像一个带刀疤的大花脸。我的眼睛是乌青的，两颊焦黄，伤口又是鲜红鲜红的。

总而言之，这是跌宕起伏的24小时。可是，生活平静如常。我有种感觉，一切都是按照轨迹在运行，无从抵御。并不是说我不难过，我很难过。我不希望我的朋友走向死亡，我也为其他两位好友的遭遇深感悲痛。我希望我可以早点把向日葵花盆移到别的地方不让风吹到。（至于我的脸嘛，好吧，我脸上贴了一个特别酷的深蓝色创可贴，上面还有星星呀银河系呀，敷在伤口上。虽然这并不是我的本来肤色——我还是挺喜欢黄色和金色的，不过仍然挺酷的。）

当我不再抵抗正在发生或是已经发生的事情，当我不再试图改变事物原有的样子，平静充满了内心。是的，我还会感受到悲伤、难过、失望——甚至饥饿，不过那都是表面的波动。在内心深处，我拥有一种平静无澜的镇定，一切都恰到好处，一切都正确无误。

内心深处，有爱存在。

* * * * *

和吉宁一样，很多人都会用食物逃避感受，不过还有很多其他逃避的方法，比如性爱、毒品以及摇滚，或是别的能够转移注意力不去选择的方法。这些方法有一个共性，就是削弱你感受的能力。不管用什么方法，你都要记住：它们都不能让你得到想要的东西。毫无所觉地一味回避痛苦只有在手术台上才管用。在生活中，唯一的解决之道——唯一可以获得真正自由的方法——就是勇敢经历。

逃避：一个主题，多种表现

在当今社会里，我们已经很少能够学到正确、健康的方式来处理汹涌的情感，那就是无畏地直面它们。相反，我们发明了一百种不同的逃避策略，大致都能归为以下三大种类。你最常用的是哪一种呢？

1. **冷却法**：你无休止地重复到底发生了什么，究竟是谁的错，你怎么会沦落到如此悲惨的境地。很多人都错误地把这种方法当成是直面内心感受，可事实上，这只能让你将心底深处真正的难过与痛苦割裂开来，如同缓冲器一般。

这一点忙也帮不上，相反，受伤的还是你自己。美国心脏数理研究院的研究人员发现，回想、重复那些让你感到愤怒、沮丧、恼火或焦虑的事情会有损于你自主神经系统的平衡，导致心律失调，并影响你内分泌以及免疫系统的平衡。

2．精神回避法：遇到事情的时候，你直接跳到了道德或更高的精神层面，忽视了内心鲜活的情绪涌动。精神回避法的症状包括对自己灌输："熬过这一劫你会更强大"或者"这是上帝的意愿"。其实这时候你还没有达到这么高的境界。所以其实你并没有觉得无所谓，只不过在假装坚强罢了。

3．麻木法：你逃避痛楚，在生理上筑起防线，麻木自己的身体，比如呼吸变浅，或直接去睡觉。或者你用一些极端的行动转移自己的注意力，如暴饮暴食、酗酒赌博、疯狂购物或利用性爱等。吉宁的经历告诉我们，这种方法会导致新的问题——肥胖、酗酒、药瘾、负债等等——并且进一步将你的注意力从引起这一切的最初痛苦上引开。

当我们面对不愉快的情绪，我们想尽了各种办法就是不去面对，不去感受核心的那份爱。而使用这把爱之密匙则可以让我们不再逃避。

"感受真实情感"到底是什么感觉

首先很重要的一点就是：我们要明白"感受"内在情感和"表达、夸大或发泄"是不一样的。正如"爱之名人"拉斐尔·库什尼尔在《点燃心灵之火》一书中写的那样："我们只需要一种温柔的注意力，注意到当下发生的一切。"你不需要依靠大脑来做到这一点，而是用你的身体。

一旦你发现自己又想使用逃避策略的时候——喋喋不休地重复"故事"，试图说服自己逃避感受，把手伸向巧克力蛋糕、红酒酒杯或是你的钥匙和信用卡向商店进发——做一两次深呼吸，看看你身体到底想要什么。

有时，我们对待负面情绪如临大敌的态度往往会让这些情绪加重痛苦。现在试试这种简单的方法——这是我从拉斐尔的作品中摘录下来的。我已经推荐给了很多人，并且得到大家的推崇。

首先，找到一种你抗拒的负面情绪（可以是愤怒、嫉妒、悲伤或恐惧等）。接着回想一下洗热水澡时的感受——热气腾腾的水流在身上肆意流动。接着调动你的触觉去有意识地让你的身体舒展、放松、打开。

现在，继续利用身体的放松感去感受你抵抗的负面情绪。要注意到身体是如何放松舒展的，在那个更宽阔的空间里，这些凝滞的情绪又能够重新流动起来了。它弯曲迂回，开始在体内流动——然后流出心灵。当你移开那些阻挡情绪流动的障碍后，如同河流上的叶片，它们在你的体内短暂停留，很快转个弯，转出了你的视线。

直面不愉快的感受需要勇气。不过这项技巧神奇的地方在于，一旦你愿意感受真实的情感，不管刚开始有多痛苦，只要你坦然面对，就能减小它们对你的伤害。事实上，通过练习，这种坦然甚至会变成一种愉快的体验。

以下段落摘自吉宁《女人、食物与上帝》一书，它优美地描述了感受真实情感所带来的自由与蜕变。

"通过直接感受我们的真实情感，我们看到情感与更深层原因之间的联系。我们看到，比起某种特定的情感，我们是更为广阔的存在。比如，当悲伤爆发开来，它也有可能成为一片郁郁葱葱的宁静之草地。当我们打开心灵，感受愤怒情绪，却没有表达出来，内心就会显现高山般的力量与勇气。"

在采访"爱之名人"作家、演说家以及"生命本质基础"组织的创立者阿朱那·阿达时，他告诉我："如果全心去感受某件事物，最后它们都会变成爱。"这是因为情感在完成了它们的使命后溶解，显示出内心深处"无需理由之爱"的存在，就如同无处不在的太阳一般。

改变的力量

在本书截稿的几周前，有一天早上我很早就醒了过来，脑袋里冒出一个念头："我一定要采访汤姆·斯通。"三十多年来，汤姆一直都是我的好朋友、好同事，不过我已经有十几年没见他了。我知道他在从事一项人类潜能开发的前沿性研究，并写了一本名为《无需药物与治疗化解焦虑》的书。我有一种很强烈的预感，汤姆在"无需理由之爱"这整个拼图中持有很关键的一块，我一定要听一听他的看法。

两小时之后，我接受了一个电话采访，心血来潮就问了一下采访人他认不认识什么人，真正可以作为"无需理由之爱"的代表。对方说道："你可能没听说过这个人，不过别人刚刚向我介绍了他的工作，我一下子被征服了。他叫汤姆·斯通。"

感谢你，仁慈的宇宙！我听到了你的信息，又清楚又大声。我给汤姆打了电话，发现他的办公室离我和卡罗为了写书一起住的地方只有五分钟的车程。老天给我的信息真是及时啊，离我们房子租约期满只剩下两天时间了。

第二天一早，我们就跳进车里前往汤姆的办公室。我的内心向导真是准确啊。他手上的确持有一块重要的"爱之拼图"。走进他办公室没多久，我和卡罗就感到汤姆散发出的爱之光芒。当我们问他如何描述"无需理由之爱"的体验，他说出口的第一句话就是："爱不是一种举动，不是给予或收获，是一种存在状态。这才是它唯一真实的本质，它是无私的。爱，如果是有条件的，那不是爱，是需要。每个人在本质上都拥有无私之爱——是我们的天性。"卡罗和我相视一笑。这和我们首要的两个爱之主题简直如出一辙。

汤姆继续说道："不过你能否体验或是享受到这种无私之爱取决于你的习惯。有一个习惯会让你无法获得爱之体验，那就是逃避痛苦的情绪以及负面的情感。"

1997年，汤姆发明了一项简单的技巧可以快速彻底地消除情绪上的痛苦。这种技巧是基于汤姆对于情感的直观体验，他认为情感就是一种循环结构的能量形式，如同飓风一般，中间有风眼，或称之为"静默中心"。他说，我们的情感很大程度上受到童年时期语前阶段经历的影响，我们害怕情感会让我们不知所措，这种根植于内心深处的恐惧驱使着我们尽一切可能逃避它们，同时也阻挡了我们对于无私之爱的体验。

汤姆告诉我们，感受内心情感的目的不是在于消除它们，而是让它们完成使命——让我们意识到生活中需要关注的事物。当我们直面它们，它们的使命也就达成了，就能够自然而然地消退化解。下面将会介绍汤姆的技巧，他称之为"中心法"——保持能量之中心的技巧，这项技巧就能引导我们实现这一点。

在练习了"中心法"技巧几次之后，你可能会发现几分钟之后，再强烈的情绪也能够轻松化解。

开 始 之 盒

【练习】

中心法（保持能量之中心）技巧

这项技巧能够让你全身心地感受自己真实的情绪。它能够引导你进入那些不完整情感的能量场中心，能够完整地体验到体内凝滞的能量。

1. 找个舒服的地方坐下来，闭上眼睛。

2. 注意到你体内任何焦虑或不愉快的情绪。这种焦虑或不愉快情绪有其能量场。如果没有，你是无法感知到它们的。注意到你感受到的能量场位于你身体的哪部分。

3. 找到焦虑或不愉快情绪能量场最为强烈的部分。

4. 让你的意识直接进入能量场最强烈部分的中心所在。如果你仔细找的话，很可能会在能量集中处发现一个小小的漩涡或"飓风风眼"一般的存在。在这个中心停留几分钟，好好感受。

5. 可能会发生以下三种情况：

　　a) 感觉变得更为强烈。

　　b) 感觉和以前一样。

　　c) 感觉开始消失不见或软化。

注意你是哪种情况。

6. 继续让你的意识在感觉最为强烈的部分停留、感知。

7. 让你的意识更近一步，如同激光光束一般扫向剩下的感觉，再次找到剩余能量最强烈的地方。沉浸下去，感受能量的本质。我们的目的是要彻底感知这股能量，让它完全消解。

8. 如果还能感觉到有能量剩余的话继续重复以上步骤。你并不是要寻求任何启示，只是单纯地感受能量。

9. 你也许需要重复以上步骤数次才能完全地感受能量。

10. 当你获得了完整体验，在站起来之前，花几分钟保持舒适的坐姿，闭上双眼。

该方法使用经过汤姆·斯通及优质生活技巧允许 www.greatlifetechnologies.com

开 始 之 盒
本章小结及"无需理由之爱"步骤

给予你身体真正的滋养，感受内心真实的情感是打开活力之门的密匙所在。不要低估了你做的决定——让你拥有一个全新的、积极的能量态度。利用以下步骤来促进爱之暖流在活力中心的流动：

1. 通过选择给予你能量，而非消耗自身能量的食物，增强身体的"气"。

2. 戒掉对于咖啡因的依赖习惯，停止"能量负债"。找寻更持久的能量形式——如充足的睡眠与营养。

3. 尝试新的锻炼方式——比如跳舞、有氧运动或瑜伽等——直到你找到一种锻炼方式不仅能让你加速血液循环，更能让你会心微笑。

4. 每天做几次深呼吸，可能的话找一个负离子浓度高的地方，每天呆上一会儿。

5. 如果你需要为你的生活注入更多能量与轻松感，不妨尝试"唤醒你的活力中心"练习。

6. 练习关注、品位你周围的美好、快乐与喜悦。

7. 为了拥抱你的真实感受，想象一下你在洗热水澡。感受身体的舒展放松。然后将这种生理上的开放与轻松带入你内心深处，练习感受自身的情感。

8. 使用"中心法"技巧来完整体会你的感觉，释放自己，畅开心扉。

第六章 无私自爱之门：无论怎样都爱自己

有这么一天的到来

你将欣喜万分

在自家门口

迎接自我到来

在镜子中

你将又一次学会爱

镜中的陌生人即是你自己

——摘自《爱与爱相随》作者德瑞克·沃尔科特

作家、诺贝尔文学奖得主

我从小到大一直听妈妈讲着一件"家庭轶事"。在大大小小的家庭聚会上，妈妈都会讲我出生的前几年，为了照顾我的哥哥姐姐，她已经心力交瘁，于是常常开玩笑地威胁："要是我再怀孕，我就开车开到海里算了！我实在没法照顾更多孩子了！"那时候，我们家在圣弗朗西斯科，离太平洋只隔着几个街区。故事的结尾，妈妈总会带着充满爱意的微笑看着我，说道："哦，宝贝，我真高兴我没把车开到海里。"

我知道我的父母都深爱着我，可是因为我从一开始就是"计划之外的不速之客"，我在细胞阶段就吸收了非常不一样的信息。在我胎儿的每个阶段我都接收到妈妈无意识流露的信息：我不受欢迎。所以内心深处，我总是觉得自己哪儿出了问题；我不受欢迎，我不够好。

从很小的时候起，对我来说，生活就是一场无休止的抗争，和这种负面的核心观念作斗争。我总是竭尽所能地让自己觉得"够好了"——做一切可以证明我被接收、有价值、值得存在的事情。不过不管我怎么努力，都不能彻底填满心底的空洞。

更糟的是，我小时候挺胖的。所以我的对策就是不停地贬低自己，还没等别人指出来就自己承认，比如："我太胖了"，"我真是笨手笨脚"。

这种情况愈演愈烈，直到我五年级的时候有朋友把我拉到一边，告诉我说："玛西，和你在一块儿一点都不好玩，你总是说你自己多么不好。你最好改改这个习惯，要不然你会一个朋友也交不到的。"从那以后，我尽量把这种自我批评埋在心里——可是压抑本身也改变不了我对自身负面的看法。

长大成人以后，我开始以职业的眼光看待这一问题，并且决定将"女性自尊"作为自身事业。我师从杰克·康菲尔德门下——这方面研究领域里顶尖的专家，也开始教授增强自尊方面的课程。有人说我们教授的，正是自己最需要学习的。一段时间以后，我的自我感觉确实好转了很多——至少表面上如此。我觉得干劲十足、充满活力，不仅有魅力，还事业成功。并且我为自己能够实现如此多的目标与梦想感到无比快乐。

可是，不论受到多么热烈的欢迎，不论我的书多么畅销，不论有多少位异性对我说"我爱你"，也不论我现在身材有多好，我还是摆脱不了"不受欢迎的女孩"的阴影。任何的拒绝，不管实实在在或是我臆想出来的，都会让我陷入恐慌，触动相似的耻辱感与受伤感，就像学生时代被大家最后一个选为队友时的感觉。

我内心深处"不受欢迎的女孩"的阴影是阻挡我体验无私之爱的"顽石"。我不相信自己值得拥有爱，我总是对自己非常苛刻，相应地，也对身边的人抱以同样的态度。

接着，几年前，我突然觉醒了。有一天，我发觉自己正在用一种非常严厉的语气和丈夫塞尔希奥说话，并且突然间我意识到，我脑海中也回旋着这种恶妇般的声音。我意识到我对于他人的苛责评判恰恰反映了我对自己的严厉态度。接下来几天，我一直考虑着自己的态度，我开始明白如果我一直用这种态度与人相处，我永远也得不到自己想要的东西，永远也无法成为理想中的自己。严苛与惩罚永远无法让你达到爱之境，只有善意与关怀才能让爱之花朵绽放。

就是从那时开始，我对于自己才有了一种真正的同情——对心中的"恶妇"以及那个"不受欢迎的女孩"。为了提醒自己时刻保持这份同情心，我把一张"同情天使卡"（一套天使卡共有72张，每张都印有一个描述天使般品德的词语，以及相应的天使图案）贴在了电脑显示器上。

这张卡片直到今天还贴在同一个地方。要是我又开始对自己发难，或对别人失去耐心的时候，它就会帮助我，让我问问自己，现在，要怎样做才能让我对自身更为温柔、友善。这样一来，我又能感受到对自身的爱——不是因为我做什么特别的事，而是因为与爱一体，不再需要外在的成功或肯定。

* * * * *

几乎我们所有的人多少都会有"我还不够好"这种想法——或是其他觉得自己不完美、有缺陷的地方。你可能会想："我不够聪明"。"我没有价值"或是"我不值得被爱"。关键不在于你是怎么"觉得自己不够好"，而是当你无法全心爱自己，你让自己有所保留，无法接受生活最丰沛的恩赐：无需理由之爱。就像手中持有大额彩票，却迟迟不来兑换一样。

更糟的是，你会寻求外物来填补内心的空洞——比如食物、毒品、酒精，或是外在的成功、人际关系等等，不一而足。而且这绝对是个无底洞。这也正好解释了为什么有这么多人饱受体重、酗酒之苦，或对工作、人际关系感到不满，或将阴郁、缺爱的种子传播给他们的子女。事实就是，只有当我们内心充实丰满，我们才不会依赖外物让我们觉得"满足"——至少在很长一段时间内。

你可能会想："这些话我以前就听过，可是究竟要怎么做呢？"好消息是你已经开始行动了。阅读本书很可能会让你反省自身对于爱的定义。并且本书已经让你踏上了学习如何获取"无需理由之爱"的旅程，为你扫除障碍，每一天都能获得爱之体验。

你无私地关爱自身，你用善意、同情之心看待自身，接受最真实的自我——换言之，你不是因为"充足的理由"而爱自己，比如自身的才华、美好品德等，当然这些都是自尊之基础。不过，虽然适度的自尊是健康至关重要的，它也有其极限。如果因为这些理由爱自己就会让你一直关注那些外在的因素，比如自身的成就与成功等。

而且，这样的爱是无法持久的。如果你无法保持这些品质呢？你的自尊可能就会瓦解，或者出现更糟糕的情况，自尊自信变成了苛责与自我否定。你觉得让自己失望了，于是不停地自我贬低。

当你强健自爱的中心，你就不会再一味地指责自己，自暴自弃，而是不论发生什么事，都一直支持着自己。即使身处痛苦之中，即使你觉得自己不值得被爱。

当你无条件地爱自己，你同时能体会到源源不绝的力量。这就意味着，你已经制定了适当的边界，并且愿意为自身爱之体验担负责任。这也将成为给予他人无私之爱的基础。

"爱之名人"心理学家阿特·阿伦博士就指出，缺乏自爱在人际关系中是很严重的缺陷。在采访阿伦博士的过程中，他引用了桑德拉·穆里博士以及约翰·赫尔墨斯博士的一项研究。该研究展示了缺乏自爱的人容易对于人际关系中出现的问题反应过度，比如总是感到被拒绝，由于自我防御机制贬低自己的伴侣，或降低两人之间的亲密感等等。而研究中自爱能力高的实验对象则对于拒绝表现得并不敏感，对于伴侣也更为欣赏，即使别人说他们的另一半，觉得这段关系出现了问题。

打开无私自爱之门，能够移除通往爱之道路上影响最为巨大的障碍。它为你开启心扉扫清了道路。

看好你内心的火焰

自爱之中心，一般又被称为第三个气卦或腹腔神经丛气卦，位于身体中心部位——胃部与肚脐之间。生理上它影响着消化系统、胰腺以及肝脏，它对我们的核心价值观起着举足轻重的作用：我是否够好了？我是否值得被爱？我是否有能力创造一种我想要的生活？

第三气卦和火这一元素紧密相连。如同太阳一般，它也能为你身心及精神的太阳系注入力量。当这一能量中心是强健的，你可以有效地消化吸收摄入的食物与水，将它们转化成能量和幸福感的基石。同时，你还能有效地消化吸收生命中的种种体验，将它们转化成对于自我清晰而又平衡的感知：自我肯定与自我关爱，同时获得一种宁静安定的力量，与自我意识建立起紧密的联系。

开启无私自爱之门：两把爱之密匙

所有的"爱之名人"都觉得无私自爱的品质是可以培养的。即使你像我一样，很多时候都不停地自我贬低。通过练习，你可以学到如何将振动频率更高的"无需理由之爱"注入自身，并且不论发生了多么糟糕的情况，都能对自身施以关爱、同情。

开启无私自爱之门并不仅仅是给予自身肯定，或是每天对自己说"我爱你"说上一百遍，因为就算这么做了，也不能让自己信服。它需要在信念、态度以及行为上"以新换旧"。当你进行有关自爱的练习，实际上你是在大脑中建立新的支持无私自爱的神经通路，假以时日，你就能时刻保持一个友善、温柔、强大的自我。

强健自爱中心对于壮大你的爱之体至关重要。如果你希望无条件地爱别人，首先你就要无条件地——持续、慷慨地——爱自己。这里有两把爱之密匙，能够释放出足以改变自身的自爱之洪流。

开 始 之 盒
开启无私自爱的爱之密匙

1. 学会爱你自身"不可爱"之处

2. 看到你自身的力量

结 尾 之 盒

自爱之密匙能够提升你自爱的能力——爱真正的自己，而非你理想中的模样——不论发生什么，都能够慈爱、同情、接受自己。

而力量之匙则能够通过帮助你获取内心深处的力量，增强自爱能力。拥有恰当的界限——不太紧也不太松——对自身的爱之体验负责任，让你身处在爱之中，稳如磐石。

两把爱之密匙双管齐下，化解阻碍"无需理由之爱"在你生命中流动的限制。

无私自爱之门的爱之密匙1：学会爱你自身的"不可爱"之处

要知道你自己就是完整、完美、美好的化身。学会栖息于心底深处真正的家园。要找到你追求的爱，就要先从唤醒自身之爱开始。

——斯瑞·拉维·香卡　精神导师、人道主义者

我们脑海中"你不够好"的声音是获得大爱最隐秘的敌人。这个声音（通常每个人都会听到，音量或大或小）通常来自于外界——家长、老师、兄弟姐妹或同学——不过一旦在我们内心扎根，我们习惯了这个声音，它就会无声无息地伤害我们。虽然下面的事件发生的时候，我已经习惯了内心自我批评的态度，但它还是让我在那一天听得真真切切。

那一年是1971年，"热裤"流行势头最旺盛的时节。如果你还不是很清楚这个"时尚宠儿"的话，我来描述一下"热裤"——就是三英寸长，刚刚盖过屁股的短裤，印有鲜艳迷离、五彩斑斓的图案。

那一年我十三岁。当时，虽然我绰号"胖妞"，我还是极力将自己挤进了亮粉色的热裤里。学校里所有的女生都这么穿，所以我也毫无悬念地想成

为其中的一员。

我"热裤秀"的第一天，我和我最好的朋友克里斯一起从学校走回来。到了我家以后，我们决定再叫上另一个朋友罗瑟琳，一起聊聊"谁喜欢谁，谁说什么"之类的八卦绯闻。克里斯用厨房电话给罗瑟琳打过去，我去了自己的卧室，拿起分机听筒，我听到罗瑟琳正在说："你相信吗，玛西今天竟然穿热裤哎——就她那两条腿！"

我的脸立即烧了起来，羞愤难当。默默地放下听筒，我脱下那条小小的粉红色热裤，将它塞在我衣柜的最里面，再也不想再见到这样东西。

虽然这么做了，可我仍然无法轻易摆脱罗瑟琳的声音。每次我照镜子的时候，仿佛都会听到这样的声音："你能相信自己有多胖吗？"后来，我十九岁了，可一个男朋友也没交过，心底那个同样的声音又在质问："你能相信自己是个多么彻底的失败者么？"很多年之后，当我在演讲的时候看到听众中有人面露无聊之色，那个声音仍在那儿："你能相信你是个多么糟糕的演讲者么？"

我用了很多年才真正挂断那通打给"内心坏女孩"的电话——这个术语是"爱之名人"自爱促进者克里斯汀·阿里罗发明出来，描述我们脑海中自我批评的声音的。我的"坏女孩"有一份稳定的工作，她可不想失业！她无时无刻不在勤奋工作，不停地向我指出自己每一处"不可爱的地方"，以及每一个我无法从外界获取爱的理由。

为了抑制这个坏女孩，我只能学习战胜她，战胜那句"你能相信……？"的陈词滥调。

改变内心，自我批评

不要理睬那些评论家的言论；没有一座雕像是为了他们而诞生的。

——吉恩·西贝里斯 二十世纪芬兰作曲家

内在自我评判的声音就像"坏女孩"那样最支持三样事物：比较、竞争和批评。它们总是虎视眈眈地试图将你和他人做比较——更聪明、更有魅力、更成功的人——这种态度无疑会导致心情郁闷，封锁内心。

接着，一旦它们发现了某种理想化的形象让你与之比较，它们就会怂恿你去竞争——因为知道你无法达到那么高的标准。于是你只能靠找别人的茬，或是贬低他人来弥补自己的"不足"，比如说："谁谁谁也不怎么样嘛"或是"那个人就是运气好罢了，他根本就不配拥有现在的名声/权利/财富"等等。这就让你遭受缺乏安全感以及憎恨之苦——这些当然都不是"无需理由之爱"的标志。

当然，你内心的批评家最擅长的就是：批评。而且这种恶意的声音只会做很多贬低性的评论。它最擅长滔滔不绝地给你灌输批评与意见，比如："你应该放聪明点"或是"你应该和别人不一样"。简单来说，因为它对你的所有弱点一清二楚，所以找你的茬才如此轻而易举。

你内心批评家的抨击行为对于你的身心如同毒药一般。不过幸好，我们的"爱之名人"给我们提供了"解药"来化解这种毒素。

给你的"批评家"起个名字。 我采访"爱之名人"克里斯汀的时候，她告诉我她和艾米·阿勒斯共同创办了一项名为"内心坏女孩改造学校"的项目，旨在帮助女性从严苛、自我批判的思想和行为中解放出来。（它对我也很管用。）而教学大纲上的第一课就是给你喋喋不休、口出恶言的"坏女孩/男孩"起个名字。像"坏帕蒂"、"无爱的露露"等就是这个学校的学员们想出来的。

以幽默的口吻给这个声音起个名字是可以让你远离这个声音的一种方法。它其实是你内心的一部分——蛮横人性的一部分——不过不是你内心深处真正的自我发出的声音。

当你和这个声音隔开一段距离，远到足以给它起绰号了，你会发现那一连串贬低的评论就更像"噪音"而不是"头条新闻"。你还是会注意到这些评论，却不再一味地跟从它走了。

学习如何无视你的"坏女孩/男孩"对于你情绪上的幸福感至关重要。并且对于自身失误与失败如果过分重视，就会不可避免地引起负面情绪及行为，比如抑郁、饮食紊乱以及焦虑等。

发现"批评家"更深层的信息。拒绝听从"坏女孩/男孩"的话是减弱她/他影响力的首要步骤。不过要想让她/他永远打道回府，你必须发现她/他为什么会存在。这就要求你好好地自我检视，带着善意与坦诚问："你想要为我做什么？"答案可能会让你大吃一惊。

我的朋友——演说家及"爱之名人"泰里·泰特告诉了我她自己的经验：

> 我母亲是个非常不快乐的女人。她的不快乐在今天看来，可以称为"抑郁"，而且她表达这份抑郁的各种方式让我脑海中的声音也学着它的样子，在我生命的大部分时间里不停地骚扰我、呵斥我。后来，我把这个声音称之为"楼上的女巫"。

> 每天早晨，这个女巫就坐在那儿等着我起床。还没等我睁开眼睛，她就开始数落我这一天可能出现的不足与失误，让我的肠胃因为焦虑缩成一团。而我童年时期所收到的不悦的、尖锐的批评给了"楼上的女巫"很多可以利用的绝好素材。

> 长大以后，女巫又让我明白无误地看到我是一个离过两次婚、性格有缺陷的女人；更糟的是，这种观念给我的两个儿子也造成了非常坏的影响。然后，在四十五岁那年，我被确诊患了口腔癌，并且只有2%的存活率。这可让女巫铆足了劲，不管我为了健康做出什么样的决定，她都会做出恶意的预测和质疑。她喋喋不休的唠叨简直要让我发疯了。

> 结果，有一天早上，我比女巫醒得早。当我躺在一片陌生的寂静之中，我突然领悟到了——我的女巫只是想帮忙而已。她希望我过得好，可是不知道除了这种方法还能怎样和我交流。所以她一直在以这种扭曲的、错误的方式，向我证明她有多么在乎我。

> 当女巫醒过来，正准备开始像往常一样向我灌输黑暗的预言，

我很快打断了她。首先，我感谢她这么多年来一直这么深深地关心着我，接着坚定地告诉她，如果她不能提供什么有建设性的建议，她还是闭嘴吧。

她气急败坏地想要抗议，可是她看得出我是动真格的。每次她又想要高谈阔论的时候，我只是强调，如果她有任何好的建议，我愿意洗耳恭听。所以在几次尝试失败之后，她说了句让我惊奇的话："哦，管他的，这是你的身体，你想做什么都行。医生什么都不懂。"

从那以后，我开始敢于和女巫抗争。我不再单纯地任由她摆布，或一味地相信她的恶言恶语——这种态度让她开始失势。随着时间的推移，我发现自己受女巫的"世界观"影响越来越小了。

最后，我知道该是让她彻底离开的时候了。我为她举办了一个想象中的退休派对，我送了她一块金表，作为她五十多年来忠心耿耿的酬谢，又给她在弗罗里达州的贝卡买了一栋公寓。她当然又踢又叫，可是她的哀叹已经不能再打动我了。

今天，没有了她，生活变得轻松多了。不过，即使这样，每当我面对压力、不堪重负或心情低落的时候，她总是会乘坐最早的红眼航班从弗罗里达州赶回来，试图占领我的内心，重拾过去的辉煌。可是，每当她跃跃欲试地回来，我总会提醒她，我内心的王国已经易主，现在已经有更好更友善的人在管理。我再次感谢她想要保护我的好意，然后友好却坚定地建议她还是去逛逛街买买东西，或是打打高尔夫——不管退休了的女巫都爱做什么。她怒视着我，摇摇晃晃地走开了——真是个可悲的人物啊。我们都知道她已经失去了往日的权利——我给她的权利，而且没有她，我真的过得很好。事实上，我过得好极了！

虽然她一直没承认，可我们俩都知道在她的恶毒与咆哮之下，其实她一直希望我能够幸福。

泰里找到的是"爱自己不可爱之处"最关键的要素——自我同情。当你不再听从内心那个恶毒的批评家，这种声音就会变得柔和、慈爱。而你的痛之体会逐渐缩小，你的爱之体会日渐强大。

当坏女孩或坏男孩遭遇自我同情

无私自爱就意味着要像对待至交好友一般地对待自己。派玛·查俊这位出生在美国的杰出佛教老师，将这种爱称作"慈悯"，指的是与自身之间无私的友谊。她说"慈悯"是一种练习，你可以通过仁爱与自我同情积极地培养这份态度。著有《通向自我同情的精神之路》一书的克里斯托夫·杰莫博士指出："慈悯就好比将友谊之手伸向你身体内常常被忽视的部分。"

自我同情是目前正面心理学最炙手可热的新兴研究领域。德克萨斯大学的克里斯蒂·奈芙博士甚至还发明了"自我同情尺度"来衡量人们自我肯定或自我批判的程度。根据奈芙博士的研究，"较高的自我同情程度与更高的心理幸福感紧密相连：它会减少抑郁、焦虑、阴沉以及思想压抑，并增加生活满足感与社会参与度"。在英国，德比大学临床心理学教授保罗·吉尔伯特做了许多创新型研究，结果表明自我同情能够减少自我批判和羞耻感。他猜测，自我同情也许与多种内啡肽以及荷尔蒙催产素的释放有关。

对自身施以同情并不就是说可以做出不负责任的言行或放纵自己随心所欲。事实上，杜克大学的心理学专家马克·莱瑞教授所做的研究显示，拥有自我同情的人恰恰为自己的言行负责，同时又不会自我贬低或对已经发生的事情雪上加霜。举例来说，在一项研究中，莱瑞教授发现，如果节食的人拥有很强的自我同情，那么在结束节食后，他们暴饮暴食的几率会比那些自我否定者更小。

当你对于自己采取批评的态度时，试试以下这种简单的过程——这是我和卡罗共同设计的"自爱三步走"：

1. 意识到你对于自身的负面态度。

2.允许这些情绪的存在。感受这些经历，但不要发泄或压抑它们。就让它们留在那儿，不要试图改变。

3.同情。像对待珍爱的朋友一样，以善意、同情之心对待自己。

想要培养自我同情，你就必须与自身建立起一种新的关系——特别是友善地对待内心，虽然过去你总是对自己非常严苛。下面的故事向我们展示了一位妇女从自我否定到无私自爱的心路历程。

我从一位朋友那儿听到了"爱之名人"莎莉·赛思和她丈夫罗勃的名字。这位我们共有的朋友告诉我，这对夫妇绝对洋溢着满满的爱。当我采访他们时，也真切地体会到了这一点。莎莉、罗勃夫妇是真正沉浸在"无需理由之爱"中生活的。莎莉告诉我，罗勃身上一直都散发着这份无私之爱——他天生如此，可是她却是在经历了一次巨大的危机考验之后，才清除了通往无私之爱的道路——这么做是为了她自己，也是为了身边的人。

* * * * *

莎 莉 的 故 事
在 爱 中 痊 愈

要是肝脏不正常工作了，你也就活不了多久了。就拿我来说，医生告诉我和我的家人，我只有三天可以活了。已经到第三天了，要是接下来几个小时再找不到合适的肝源，我必死无疑。

这件事发生在我五十岁生日前夕。我被十万火急地送进医院，胆汁吐尽、不省人事，医生只告诉我我的肝功能正在快速衰竭。我震惊万分。这怎么可能？我从不喝酒，自我记事以来，也从没得过肝脏方面的疾病。医生们也疑惑不解。在做了一天的全身检查之后，他们排除了癌症和肝炎的可能性。很明显，我身体出现了很严重、很严重的问题，可是到底问题出在哪里？

最后，他们把我的症状称为"无医学原因的肝衰竭"。因为我的情况十分危急，我在全国等待肝移植手术的名单上名列前茅，只有三个人的名字排在我之前。

我昏昏沉沉地躺在医院病床上，只靠输液维持生命。随着时间一点一滴地流逝，我存活的希望也渐渐熄灭。第三天将近尾声，可是没有一个电话告知我说找到器官捐赠者，我的家人和朋友都来到病床前和我告别。

可是，哈利路亚！只剩几个小时的时候，肝源找到了！我马上被送进了手术室。

替我动手术的医生告诉我说，我的肝脏是他见过的最糟糕的肝脏。他说，我的肝脏看起来"就好像被猫爪子抓过一样"。它被摧残得伤痕累累，并且为什么会这样，谁都无从得知。

手术以后我被送进了整层楼唯一一间可以看得到金门大桥美丽景色的房间。我记得自己望着窗外，心里无比感激。我惊讶于上帝竟然会让我奇迹般地活下来。我从来没有如此强烈地感受到沐浴在爱之中。

爱与人际关系的领域对于我来说，从来不是容易进入的。三年前，我和生活了二十五年的丈夫离婚了。我们有四个孩子，两个已经独立了，另外两个一个十六岁，一个十二岁，由我们共同监护。虽然我非常爱我的家人，可是对于其他人我因为害怕被拒绝、受伤害，所以总是心怀恐惧、缺乏信任。

在我的生活中，特别是童年时代，"拒绝"一直是生活的中心。我的哥哥姐姐都比我大很多，都不喜欢和我一起玩；我的父母都是酒鬼，基本上都无视我的存在。为了弥补这些情况，我变成了一个委曲逢迎的人，总是想别人之所想，希望可以得到爱，至少不被人讨厌。

现在，我想着："上帝啊，如果你可以在最后一个小时里赐予我合适的肝脏，又把我放在这么美丽的房间里，我一定要相信你。我不知道自己是怎么样的人，也确实不知道怎样爱自己、爱别人。所以请你派下什么人或任何东西来教我什么是爱。我希望身处在爱中、化身为爱，实践它。"

这种意愿可以说是漫长寻爱之旅的第一步——它教会了我爱，或者说缺乏爱，会多么强烈地影响我的生活。

几周之后，我出了院，回家休养。那时候，在器官移植以后，医生会给你开很多抑制免疫系统的药物，以防止身体对新器官的排异反应。可是这种做法会让身体非常容易受病菌感染侵袭。不过，我手术之后似乎非常适应新的肝脏，不像其他接受器官移植手术的患者，需要不停地进出医院。

不过当然，日子没有办法恢复到我以前所熟悉的"正常状态"了。我希望我的第二次生命，可以让我从手术前自己给自己打造的"安全但麻木情感"的牢笼中解脱出来。第二年，我试了很多不同的治疗方法，包括针灸、顺势疗法以及脊椎推拿疗法等，并且试着按照直觉做对自己有益的事情。我还非常努力地照顾自己的身体，给自己买花。只要我觉得是关爱自己的方式，我都愿意去尝试。虽然我能觉察到的变化是微小的、渐进的，但我认为我已经在慢慢进步了。

可是，手术一年以后，我的身体对于移植的肝脏出现了排斥，开始恶化。医生们也束手无策。除非我再接受一次肝脏移植，否则我很可能不久以后就会因为肝衰竭而死。医院给了我一个寻呼机，让我回家等着，要是有新肝源他们会和我联系的。

我走到哪儿都带着那个寻呼机，心里诧异极了，不明白这一切怎么会重演。日子一天天过去，眼看我的肝脏越来越吃力，我全身发黄，日渐衰弱。而且，我开始害怕。医生告诉我，吃不吃免疫系统抑制药物已经没有差别了。更糟的是，他们告诉我，就算是有新肝源，也不能保证我就一定能挺过来。换言之，我可能横竖都难逃一死。

我等了三个星期，可是寻呼机都没响。第三周快结束的时候，有一次我去医院检查的时候碰到了一位女士，她患病很多年了，刚刚接受了第三次肝移植手术。这位女士是我遇到过的最悲惨、最充满憎恨的人——喋喋不休地抱怨自己的老公、自己的健康状况，抱怨一切。看着她，我突然想起来曾经听说在中医理论里，五脏六腑都是和相应的情绪相关联——而肝脏的问题很可能和愤怒相关，不论表现出来与否。

我很清楚地看到，在这位女士摧毁性的愤怒面前，任何现代医学科技都于事无补。我不想变成她那样——不断地损害自己的肝脏，等待新肝脏的出现。现在，是该到了自己决定命运的时候了。医生已经对我放弃希望了，我只能自己进行"内部手术"。我必须检视思想与内心，到底是什么让我的肝脏一次次面临衰竭的危险。

回到家以后，我坐在沙发上，拿出一叠纸和一支钢笔。我坐定之后开始深入内心。（我以前从来没做过这样的举动。）我问自己："我相信什么？"当答案涌上心头，我一一将它们写在纸上。不做任何评论或删减。当我写完以后，我看着自己的答案，心里震惊极了：竟然有这么多观念藏在我心里这么多年，而我却毫无所觉。特别有一条分外醒目，上面白纸黑字地写着："我相信有一个惩罚我的上帝存在，我正在接受着惩罚，因为我是个非常糟糕的人。"

难怪我所有的自我关爱行为都没有奏效！如果你自己都觉得不值得被爱，那无论你怎么尝试关爱自身，都会像用筛子接水一样。这样的爱持续时间非常短暂，无法带给你实质的变化。

为了彻底消灭这种态度，我继续使用手中的思想手术刀来探索我为什么一直觉得自己很坏。答案出人意料的简单：在我小时候，做我自己，就意味着惩罚。

在我家，我的父母对于我们表达不满、哭泣或生气一点都不能容忍。事实上，任何情绪的表达都会遭到他们的拒绝，并且给我们带来严厉的呵斥与体罚。我意识到自己一直生活在这样的环境里：当父母因为你表达情绪而拒绝你、惩罚你，你对自己也会采取相同的态度。任何强烈的情感，特别是愤怒，都会完全地受到抑制，通常在我自己都还没意识到的时候。我生命中大部分时间都生活在一个悲惨的现实里，那就是我不知道自己有怎样的感觉，也不知道自己到底是个什么样的人——我甚至都不想知道。我深陷在内疚与耻辱感的泥潭里，不知道为什么，总觉得我要为家里发生的所有问题负责任。

我必须要学会时刻都以一种宽容、关爱的态度对待自己、爱自己，否则，内在的自我否定会继续伤害我的肝脏。

突然，我觉得有一种异样的情感涌上了心头，为仍然住在我内心深处，那个觉得不值得被爱、感受不到自身价值的孤独的小孩。我的身心都伸出双臂抱住那个曾经的我——那个小小的可怜的女孩子，对她说："宝贝，你没有做错什么事。我谅解你，我爱你。"这份怜爱与理解是真诚的、实实在在的——我感到内心涌动着温暖与光明。

这种内在的拥抱与接受就如同转折点一般。从那时候开始，我对心里的小女孩友善起来。我就像爱护自己的孩子一样爱护她。我晚上抱着她睡觉，一早用爱抚与亲吻唤醒她。在餐厅里，我也总是先问小女孩她想要什么。当我出去散步，我也会问："宝贝，你想去哪儿？"

我温柔地对待自己，让自己感受所有内心真实的情感，包括愤怒。我不再命令自己："你不应该这么想！"或是"别哭了！别像个孩子似的"。我变得耐心、体贴，我会告诉自己："没事的，宝贝，你可以拥有这些情绪。"

让我惊讶的是，这么做实际上让情绪化解得更快、更主动。我能够更快地回到内心深处的宁静之地，感受到接纳与肯定，能够更长时间地保持这种心境。

这个自爱的过程对于我的生理健康也有着非常显著的作用。自从移植手术后，我每周都要做两次胆红素（一种与肝脏功能密切相关的红血球）水平测试。如果胆红素水平太高就说明肝脏出问题了。我坐在沙发上做"内心手术"的那天，我的血红素水平高得惊人。结果在接下来九个月中，这一指标渐渐地降到了正常水平。医生们也无法解释——他们说是奇迹，我说是恩赐。

这些都是十八年前的事了，我也没再接受第二次移植手术。随着年月积累，我对于内心那个小女孩一直都是关爱备至的家长角色。而这也让我在面对自己真正的孩子的时候，能做得更好更称职。

在我的一生中，我不断地、徒劳地向外界寻求爱与肯定、喜欢与注意。可是，只有当我的内心首先充满了对自己真正的爱，接着充满对他人的关爱，我才能够像待挚爱的朋友那样，将不可思议的爱注满我的生活。

十年前，我认识了一个非常优秀的男士，并深深地爱上了他。如今，我们已经结为了夫妻。我的丈夫罗勃是怀着一颗坦诚之心面对生活的典范。我们之间的关系是我人生中最美妙的体验，让我体会到自由而快乐地播撒无私之爱——真正无需理由的爱的美妙。

虽然我不希望别人也像我那样经历过死亡挣扎，但在我心里，对于这次觉醒，我深怀感激。它教会了我也许一辈子都无法学会的一课：自爱不仅因为我们值得，事实上，如果做不到这一点，我们将无法生存。

* * * * *

自 我 原 谅

上帝写了一封爱、祝福与快乐的信，地址是真正的你，而不是你理想中的自己。

——斯杜尔特·穆尼　精神导师与治疗家

从莎莉的故事里，你可以看到，负罪感与羞耻感往往会阻碍无私自爱。和我们很多人一样，莎莉让自己相信，因为孩童时期的经历，她不值得被爱。如果是这样，那我们如何克服负罪感与自我惩罚，走上自爱之旅呢？

"爱之名人"弗莱德里克·赖斯金是斯坦福"原谅项目"的负责人，他对于后悔和负罪感做出了明确的界定，为我们提供了努力的方向。他说："后悔是我们的良心在告诉我们，我们的所作所为和自身的是非观出现了矛盾。这种悔恨的感觉驱使着我们去努力补偿：我们可能会道歉，或是想要弥补造成的损害。有了后悔，虽然我们对自己的言行感到惭愧，我们并不怀疑自身的价值。"

"负罪感却是一种负面的力量。和后悔一样，负罪感也会让人对于自己的某项特定行为感到不快。不过，它不会驱使我们努力弥补，反而会带来毁灭性的效果。我们怀疑的不仅仅是我们言行本身，也开始怀疑自身价值。这种自我攻击的行为会导致自爱不足、自我损害以及抑郁。处于这么一种低落的状态，我们很难有什么积极的弥补措施。而要想走出由内疚感引起的自我攻击状态，就要学会原谅自己。"

当你原谅了自己，也就与令自己羞愧的言行和解了。虽然这么做无法改变过去，你却能够坦诚地为自己的错误负责，可能的话采取弥补措施，并且用真诚的努力不让这种行为今后再次发生。

要想保持无私自爱之门畅通无阻，很重要的一点就是要将你的言行和你的基本价值区分开来。（这一点，你可以在第十章的"定位解构过程"学到。）即使你会犯错，也能够继续对自身施以关爱肯定。当你原谅了自我，你不再攻击自己、惩罚自己，而是坦然地让自身感受悲伤的感觉，这也是后悔这一情感的自然组成部分。自我原谅是建立在自我同情的基础上，它要求你正视内心真实的情感，并以一种善意的、鼓励的态度对待自身，而不是一味惩罚与呵斥。

将爱之振频带给万事万物

> 不管你做什么，因此而爱你自己；不管你感受到什么，因此而爱你自己。
>
> ——塞德斯·格拉斯　二十世纪作家及哲学家

能够爱你自身"不可爱之处"的最直接方法就是将爱之振频带给所感受、所经历的一切——即使面对挑战或不愉快的经历。如果你也和很多人一样对自己非常严苛，那么你可以先从爱上这样一个事实开始：你无法全心爱自己。

试一下这种方法：想一个你非常不喜欢自己的地方——太胖或太瘦，或是你入不敷出等等——先不要强迫自己去爱你的赘肉或瘦骨嶙峋的样子，或是懦弱地躲在蜗牛壳一般的屋子里的状态，而是看到你不喜欢自己这些特点，并且正努力与之斗争。将爱、同情以及理解之光照耀在那个经历挑战之人的身上：你自己！"爱之名人"盖·亨德里克斯著有《学习爱你自己》一书，整本书就在讨论这一话题。他说："立足当下，爱你自己。"

当你能够在所有情况下——不论成功、失败、快乐、郁闷、享受生活还是憎恨生活——都能一如既往地爱自己，你就已经将自爱提升到无私之爱的水平了。充满爱意的自我肯定是一种能力，将爱注入你的所思所想，没有任何选择、抗拒——即使是"不可爱"的部分也一样。你可以大声说："我爱自己。无需理由！"当你这么做的时候，你能感受到生理上的显著变化；你的心灵中心更加柔软开放——你甚至可能发觉自己情不自禁地泛起了微笑。

这种方法的益处是显而易见的。由保罗·吉尔伯特领导的一组英国研究人员的调查显示，训练人们对于自己的方方面面都施以宽容、同情——即使是自我批判的倾向也不例外，能够显著地减少痛苦的情绪，减少抑郁、焦虑、自我批评、羞耻感、自备感以及讨好屈从的行为等，同时他们自我安慰、自我镇定的能力得到了提高。

"爱之名人"澳大利亚裔作家伊莎著有《当你能飞翔的时候为何还要行走：超越恐惧自由飞翔，无私地爱你自己和他人》一书。她认为真正的自爱源于拥抱各种现实的体验——不论是好是坏。"你拥有的是现实的、常人的体验，而非理想的、圣人般的体验。你会觉得愤怒、伤心，你自私、慷慨，这些都应该被全然接受，并没有什么不对。这样的无私之爱拥有非常高的振频，可以迅速传播开来。很快，你就能坦然地说：'我不想变成其他人，我爱自己现在的样子。'讽刺的是，当我们这么说的时候，事实上我们已经变成了自己理想中的模样：当我们接纳拥抱不喜欢的事物，我们就已经超越了恐惧，突破了自身的极限。"

卡罗和我在一次周末研讨会上见到了伊莎，并且在采访她的时候我们觉得深受启发。当她说话的时候，我俩一直不停地使劲点头表示赞同。伊莎发明了一种"多面体"系统——用简单的表述描述深刻的真理，激发你体内巨大的爱之能量。当你将这一系统运用到自爱上，它能帮助你"拥抱你内在的完美"。

（想要了解更多这一系统的信息，参见本书后面的推荐资源部分。）

如果你和很多人一样，觉得不停地自我贬低才是改变自己的唯一出路，那你就错了。事实上，当你真正地接纳自己、爱你自己的时候，改变才有可能发生。"爱之名人"海尔·德沃斯金是"西多纳之法"的创始人，他告诉我说："通常人们把积极的肯定和对着镜子对自己微笑叫做自爱，但其实都只是浮于表面。就像将一层薄薄的积极情绪涂抹在一大堆问题之上一样。如果你真的能够爱你自身的一切品质，不管是好的还是所谓的坏处，你都已经拥有了改变它们的能力。可是如果你只希望通过简单的表面手段改变它们，反而会让问题愈演愈烈。"

多年以来，我都一直坚持使用并推荐"西多纳之法"。因为觉得这种方法确实非常管用，在《快乐无需理由》一书中用了一整个章节来介绍它。"西多纳之法"通过让你释放对于自己的苛责情绪，帮助你获得无私自爱的体验。

当你接触到内心深处"无需理由之爱"，真正的自爱暖流开始涌动。我每天都会做一个非常简单的自爱练习让我深入内心，提醒自己要宽容、善待自己。特别是在我压力很大，或是又开始用严厉批评的态度对待自己和他人的时候，这一方法显得特别管用。我不断地问自己："此时此刻，我能为自己做的最有益最有爱心的事是什么？"然后我开始寻找问题的答案。

有时，答案是对自己伤人的地方也施以同情；有时，答案是原谅自己所犯的错误或为自己鼓鼓劲。通常，答案很简单："爱你现在的样子"——接受真实的自己。（我第一次听到"爱真实的自己"这句话是从无私之爱的典型——拜伦·凯迪口中。他的同名著作《爱真实的自己》非常值得一读。）有时候，对自己最有益最有爱心的事情是洗个热水澡，出去散散步，或是跟好朋友打个电话聊聊天。不管是什么，当我能够关爱自己、照顾自己的时候，我身边的人也会同时受益。

"敲打"出通往自爱之路

你不必急着找榔头锤子，接下来要介绍的自爱之法和这些工具都没关系。我指的是一种情绪释放技巧。这个奇妙的过程只需抬起指尖，按一定顺序轻轻敲打身体特定的穴位，就能够释放体内阻滞的负面能量。

情绪释放技巧是由斯坦福大学工程学研究生、牧师盖里·克莱格发明的。它能够刺激身体的能量中心——这些穴位在数千年前就在中医实践中得到了证实。

情绪释放技巧能够释放痛苦情绪，在大脑的潜意识里创造一个更为开放、更容易接受新事物的环境。这样，新鲜的、强健的思想就能被接受，同时增加爱与幸福感的暖流在你身心涌动。这一技巧可以用来清楚一切负面情绪，比如恐惧、愤怒、焦虑以及创伤后应激障碍等其他各类问题。全世界范围内已有成千上万的人使用过这种方法，并因此而大大提高了生活品质。

第一次听到情绪释放技巧，我觉得这也太简单了吧，真的有效果吗？困扰了我四十多年的负面情绪怎么可能通过在脸上和身体上敲敲打打，几分钟之内就能轻松化解？这也太神奇了。

不过我还是试了一下，哦，天哪，效果真的很显著！我先选择了一个困扰自己多年的问题：对于自己太过苛刻，凡事要求完美。在"爱之名人"情绪释放技巧大师——帕米拉·布鲁纳的指导下，我试了一个"敲打"疗程，发觉自己能够更轻松地接纳自我了——包括一切不完美、一切缺点，我体验到了自由的感觉。

下面，帕米拉和大家分享的练习就能帮助你释放阻碍你"爱自己不可爱之处"的负面情绪。

开 始 之 盒

【练习】

情绪释放技巧"敲打之法"

这项练习能帮助你清除"自己不值得被爱"的观念。

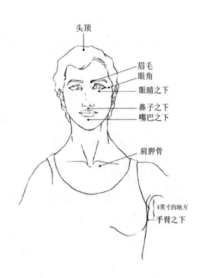

头顶

眉毛
眼角
眼睛之下

鼻子之下
嘴巴之下

肩胛骨

4英寸的地方
手臂之下

1．找一处你觉得自己"不可爱"的地方。（比如"我太胖了"或"我太失败了"或"我的另一半要和我分手"等。）

2．依照下面的图示，找到八个穴位，用你的食指和中指轻轻敲打。

3．从头部开始，边敲打每个穴位，边对自己说："虽然我因为（重复第一个步骤中填写的内容）觉得自己不值得被爱，但我想知道我是否能完全接纳自己。"

4．再次从头部开始，边敲打每个穴位，边对自己说："虽然我仍然因为觉得自己不值得被爱，但我愿意完全接纳自己。"

5．再次从头部开始，边敲打每个穴位，边对自己说："虽然我可能因为仍然觉得自己不值得被爱，但我选择完全接纳自己、爱自己。"

6．再次从头部开始，边敲打每个穴位，边对自己说："我深爱自己，并完全接受自己。"

7．做几次放松的深呼吸。再次将注意力放在问题上，你就能发现你已经能够更轻松地接纳自我了。

定期进行该练习，每次根据实际情况针对不同问题。假以时日，你就能体验到更多的自爱与自我肯定。

该练习的使用经过帕米拉·布鲁纳授权。关于这一练习的视频资料，请访问：www.MakeYourSuccessEasy.com

"情绪释放技巧"为盖里·H.克莱格注册商标

结 尾 之 盒

无私自爱之门的爱之密匙2：看到你自身的力量

意识到自身的力量是自爱中心的另一个方面。当这一能量中心强健而平衡，你就会明白，改变命运之权利掌握在自己手里。必要的时候，你会为自己挺身而出，并且意识到你自己才是命运的主宰者——包括对于爱的体验。

而当自爱之门关闭，你就以受害者的态度看待生活——觉得自己受制于你的环境、人际关系甚至你自身的思想。这是一种闭锁的存在方式，也不利于拥有一颗坦诚开放的心灵。

意识到自身的力量能够增加自爱程度。当你为自己挺身而出，你非常明白自己想接受什么、拒绝什么，这是在锻炼你自身爱之体的"自爱肌"并增强它们的力量。

当我在个人主页上发布"无需理由之爱"的调查，问人们通过怎样的举动在生活中体验到了无私之爱，我收到了一封来自新泽西州的邮件。一位名叫珍妮特·派菲的女子写了她经历过种种遭遇后，不仅变成了自己的"好朋友"，更开始关心争取自己的幸福。我们深受启发，和她取得了联系，发现珍妮特不仅是位可爱的女性，更是一名"爱之名人"。下面是她的故事，优美地向我们展示了自爱与认识自身力量是如何相依相携。

*　*　*　*　*

珍妮特的故事
尊 重

我和有些女孩子一样，和中学时代的青梅竹马走入了婚姻殿堂。当我十五岁时遇上了我的白马王子，叫我怎么抵抗？然后十三年的婚姻生活，我为他生了四个孩子以后，我的王子为了另一个女人离开了我。说我"受伤"了真是太轻描淡写。痛苦、挫败、背叛以及愤怒的愁云惨雾整个吞噬了我的生活。

除此之外，经济来源也成了我经常担忧的问题。为了四个孩子我成了全职家庭主妇，又因为身体不好成为医院的常客；我找不到工作，就在家里接接零活。靠着我前夫给孩子的抚养费以及我零零星星贴墙纸、涂油漆一类的手工活收入，日子勉强过了下去。可是钱和爱这两样东西，对我来说却成了稀缺资源。

离婚八年以后，我遇到了另一位男士，姑且就叫他乔伊吧。我们双双坠入了爱河，仅仅五个月后，我们就订婚了。可是当订婚戒指戴上了我手指之后，事情发生了改变。乔伊变得占有欲非常强烈，不喜欢我和其他人在一起。当我向他抱怨，他会道歉，解释说因为太爱我，只想让我属于他一个人。我心底某个地方知道这种情况值得警觉，但身体的另一部分又喜欢他的这份浪漫敏感。我想："好吧，现在我们才刚开始热恋。他想要时时刻刻和我在一起也是正常的。"

可是几个星期之后，事情变得不堪忍受。有一天我们沿着泽西岛海岸边的波因特普莱森特木板路散步，经过一个出售比利时松饼和冰激凌的小摊。那香味美妙极了。我感叹道："哦，闻起来好香啊！"

乔伊脸上放光，问我："你想要来一个吗？"

"不用了，"我说，"我不喜欢软冰激凌。"

然后我惊恐地看到乔伊转向我，大吼大叫："你他妈的有什么毛病？"接着他一把抓住我的胳膊，把我甩到一边，愤然离去。等他回来以后，两小时回程的车子里，是死一般的寂静。他也不解释为什么突然这么生气，说实话，我也很怕问这个问题。可是到了家以后，他显得非常抱歉。他哭着求我原谅，说他有多爱我，绝对无意伤害我。我被他的恳求打动，接受了他的道歉。

可是随着时间一点一点过去，他的暴力倾向逐渐升级。每次发完脾气，他都会满心愧疚自责，一遍遍地说有多爱我，多为自己的行为感到内疚。他去看了心理医生，祈求我对他有点耐心。我看到他真的在努力改进，于是决定陪在他身边支持他。

乔伊也不是一直都是个暴戾的人。大部分时候，他幽默可爱，总能逗我开心，而且体贴关怀。而我从一开始就知道他以前经历过很多。他是越战老兵，因此饱受外伤性神经失调症之苦，还受过离婚的创伤。我总认为他是一个"饱受折磨的灵魂"，并且对他所受的痛苦深感怜悯。

有些时候，他也似乎有了进步，我很受鼓励，觉得非常开心。可情况也会时常倒退恶化。最后，事情发展到我在每个房间都藏了刀子，并且在我腰间皮带里塞着榔头，好保护自己不受伤害。我不想伤害他，或是上帝原谅，想杀死他，可是我希望在他因暴怒失去理智的时候能够制止他。

我从没对我的家人提起这些问题，不停地为身上的瘀伤和伤口找借口。乔伊在孩子面前从来都很温和；他或许也知道这是我的最后一根稻草。我对于自己的现状羞于启齿，同时又想保护自己未婚夫的名声。

几年前，我开始看理疗师。我第一次告诉她乔伊的暴力倾向，我的医生就对我的安全表示担忧，并极力劝说我与乔伊分手。当她发现自己说服不了我，她转变方法，建议我接受为期三个月的愤怒控制课程。

我接受了她的提议，心想这样说不定能够学到如何控制乔伊的愤怒。而让我惊讶的是，在这个过程中，我发现原来自己心里竟然也藏了如此巨大的愤怒，煎熬着内心。我意识到我其实一直对自己愤恨不已，一生都在允许别人恶意地欺负自己。我让他们利用我、抛弃我、对我说残忍的言语——更别提我竟然忍受乔伊的暴力虐待——而我却从来没有反抗过。我把一切痛苦藏在心里，于是这些情绪统统变成了愤怒与憎恨。

有一晚，我们的课程导师埃莉诺给我们组介绍了一个概念："个人底线"。她告诉我们，作为一个人，我们有权利得到应有的待遇。这个概念让我兴奋极了——它意味着我不用再忍受别人对我的粗暴态度。我可以自问："我能够接受什么？不能接受什么？"我有权利得到有尊严的对待！

可是同时，我又感到怀疑："我真的能做到吗？"我从来没有那样的自信，为了自己和别人抗争。

那节课结束的时候，埃莉诺给了我们一个作业。"这不仅仅是一个概念，"她说道，"我希望你们回家以后，对你们生活中某个没有善待你们的人设一个个人底线。"

在开车回家的路上，我鼓起所有的勇气，想好了该怎么对乔伊说。回到家后，我坐在沙发上，告诉他："我不喜欢你打我，或是粗暴地对待我。这样的事不许再发生了。"乔伊同意了。我想着："哇哦，这其实不难，我完成了这项作业！"

下一周再回去上课的时候，我们讲了作业的情况。我告诉大家乔伊同意不再打我了。"很好！那接下来呢？"埃莉诺问道。

"嗯，他有几天挺好的，不过又控制不住发脾气动手打我了。不过这一次比起以往，他很快就道歉了，所以，我觉得没事。"

埃莉诺直视着我的眼睛，说道："不，怎么会没事？你没有给他设定惩罚性的后果。你是告诉了他你想要什么，但是他有什么理由改变呢？"

于是这一次我回到家，我告诉他："如果你再对我动手、伤害我，我就报警让他们把你抓起来。"他是怎么回应的？"我不知道你是怎么了，你以前很温柔的。"

我说："不是温柔，我以前太懦弱了。我不会再怕你了。"

几天后，当他再对我动粗，我拨了911报警。乔伊暴怒不已，把电话从墙上扯了下来，可是我已经对接线员喊出了"家庭暴力"并告诉了他我的家庭地址。警察很快就到了，把乔伊带走了。

我觉得振奋极了。我做到了。我制止了他。两周后，当我要求的拘留时间到期后，乔伊被警局释放，他来找我，感激涕零地说看到我变得如此坚强他很高兴。他觉得我这种新的态度能够真正地帮助他克服自身问题。

就这样，我又一次让他回到了我的生活中。

可是几周之后，当乔伊又一次失控将我狠狠推到墙上，我眯起双眼，坚决地告诉他："乔伊，滚出我家。再也别回来了。"他收拾了自己的东西愤然离开，而我也换了门锁。这一次是真的彻底结束了。我再也没见过乔伊。

在接下来的几天、几周、几个月的时间里，我好好反思了一下生活中我所做的种种选择。对于选择做什么、接受什么人到我的生活中来，我变得更加谨慎仔细。遇到事情的时候，我会先问自己："这在目前和长远来看，都能对我有所裨益吗？"或是"这件事有没有可能在以后某个时刻对我造成伤害？"如果有害，我便拒绝接受它们。这听起来再明白不过，可对我来说却是巨大的突破。

我知道还有很多女性也和以前的我一样，深陷在家庭暴力的泥潭里。所以在乔伊离开几年之后，我成为了一个激励演讲人，专门讲授愤怒控制。我也开始教授这门课程，同时在我家附近的"受虐女性收容所"教与女性自尊相关的课程。对于这些女性来说，暴力是生活的常态。而且特别是孩童时期受到的虐待让她们失去了自我尊严，不再顾惜自己。而我希望教会她们自爱。

我告诉她们："当你爱自己，你不会忍受暴力对待或是陷在暴力虐待的关系里，你不会想和瘾君子或是酒鬼扯上关系。你会让自己从这样的情况中解脱出来，你只会希望用滋养的、健康有益的生活方式善待自己。"而且因为我也经历过她们正在经历的遭遇，并且"自救"成功，她们相信我说的一切。

我刚开始在收容所工作的时候，其中一个女子告诉我："你知道我可以做你最好的朋友，也可以成为你最可怕的敌人。"她试图告诉我她有多强势——相当于在告诫我："不要惹我。"不过我回答说："不，你做不到。"她惊诧地看着我。我继续解释道："如果你有可能变成我最可怕的敌人，那我永远也不会允许你成为我最好的朋友。"

因为我现在懂得关爱自己，我只会做对自己有益的事。如今，那些出现在我的生活圈中的人都是善良、真诚、值得信赖的人，他们正直诚恳。而我的孩子也一直做得很好。我家族里也有一些亲戚让我觉得非常不舒服，不过我尽量控制和他们在一起的时间。而令我惊奇的是，现在即使面对这些人，我也能做到更有爱心更宽容。我不允许自己心怀怨愤或嫉妒憎恨，因为这些情绪对我无益。我已经学会了对他人的缺点过错，以及他们的痛苦经历报以宽容谅解。我对于自己的同情之心，也同时让我能够以相同的态度对待他人。

大约十三年前，我认识了一位善良正直的男士，我们步入了婚姻的殿堂。这是一段幸福而健康的关系。当他向我表达爱意的时候，我非常快乐，但我已经"不需要"他人给我爱了。我已经在内心建起了自爱之宝库，我懂得了：当内心充满爱意，也能有更多的爱与人分享。

＊　＊　＊　＊　＊

门垫和控制者

虽然珍妮特的经历堪称戏剧化，不过我们大多数人至少还是可以从中找到一些自己的影子。在日常生活中，我们也会不自觉地、有意无意地放弃自己的权益。最常见的两种表现形式就是变成"门垫或控制者"。

"门垫"是被动的，没有建立并保持个人底线的能力。这些人通常没有受到应有的对待和尊重。门垫们总是认为自己的难过受伤是别人造成的，他们满心怨愤，花了很多力气一遍遍和自己、和任何愿意听的人讲述他们的悲惨遭遇。他们无法给予自身充分的爱与尊重。

要是你不懂得如何拒绝或是无法顺畅地表达自己真正的意愿需求，那么你就是个"门垫"。门垫其他的表现症状还有：为了他人的意愿，就算知道对自己无益，也还是选择放弃自己的权益；或是为了"不引起波澜"对于问题默不做声等。

而控制者则正好相反。他们看起来很强势，实际上却很缺乏安全感。他们希望通过控制别人来填补内心对爱的渴求。他们不尊重他人的个人底线，常常显示出以自我为中心的一面，并且不知道他们的言行会给他人带来怎样的困扰。他们迫切地想要感受到爱，甚至用掠夺的方式把周围的人吓跑，这样的结果进一步加重了他们得不到爱的感受。

如果你想要通过掌控他人来补偿你的"无力感"，或是态度特别轻蔑、不耐烦，或是不允许别人有什么需求，那么你就是个"掌控者"。你认为想要获得渴望的东西，比如亲密、关心与爱，只有通过牢牢掌控某段关系或情况来实现。

对于门垫来说，意识到自己的力量就意味着建立健康的个人底线，抵御憎恨的侵袭。我采访的"爱之名人"，《独一无二》一书的作者凯瑟琳·霍德伍德·汤玛斯告诉我："当我们不爱自己，却试图爱别人，我们就有可能放弃自己，把他人的快乐放在自身之前。通常，我们会以损害自身利益为代价，这种行为又会让我们心怀憎恨——这恰恰与我们爱人的初衷背道而驰。"

而如果你属于"门垫"一类，你可能会和珍妮特一样，发现"个人底线"对你来说是个新鲜的概念。你们往往因为总是任人摆布，没有意识到自己也有能力设置个人底线。其实要让别人知道该如何善待你，决定权在你手里。在第八章中，你会学习到一种沟通交流技巧，帮助你在恋爱关系、工作以及和家人朋友相处中，弄清自己真正想要什么。

当你觉得自己牺牲太多，要勇敢地说出来，不要等待负面情绪堆积得越来越高。如果你不建立起必要的个人底线，那么很有可能在某个时刻你压抑的情绪一下子爆发，引发更激烈的矛盾——这是门垫们的噩梦——以及对双方造成的不必要伤害。通过早期的、明确的行动，你能将自己优雅地从毫无掌控力的境地中解救出来，不受憎恨与敌意的侵蚀。

设立明确的个人底线也能帮助你更好地应对他人的压迫。斯坦福大学管理科学教授鲍勃·萨顿建议说，如果可能的话，我们应该尽量避开那些卑劣的、爱诋毁人的、横行霸道的人。他说："和这些人在一起，不仅你会承担很大的情绪上的风险，你还很可能渐渐染上这些恶习，如同得了传染病一般。"如果你躲不了这些"有毒"的攻击者——可能你必须要和他们一起工作，而你特别需要这份工作之类的——那么尽量减少和他们在一起的时间，并且坚持自己的立场，让自己得到应有的尊重。

控制者则滥用自身力量，试图掌控别人。如果你属于这一类型，意识到自身力量就要求你深入内心，然后发现你真正拥有的唯一的力量就是改变自己。你无法强迫任何人做任何事——特别是强迫他们给予你爱。

对我来说，有一项技巧挺管用的——好吧，我承认，有时我可以归到控制者一类——那就是认识到，当我开始启动"掌控操纵模式"，事实上，我是觉得害怕或需要帮助了。于是我成了"坏女孩"——"不受欢迎女孩"的孪生姐妹。

我的应对方法则是深入内心，以温柔同情的态度找到自己真正想要或需要的东西。如果可能，我会把这些情绪和别人分享，但不让自己被他们的反应和行为所左右。我担负起注满自己心灵酒杯的责任。

对于门垫和控制者来说，当你检视内心，并认识到你才是爱之体验的主宰，你就已经意识到了自身的力量。

镜 中 人

不管是门垫还是控制者，过分关注他人的行为是他们的共同点，最终都会让人失去自身力量。和别人的错误较劲，或是纠缠于别人的言行如何造成了你的问题，只会误事，让你无法坦诚地看到自己的症结所在。

卡罗的精神导师将这一问题叫做被"场景"分散了注意力——关注于到底发生了什么，谁对谁做了什么之类的细节。将目光放在"场景"上是典型的受害者的行为。这么做，你忘记了改变的力量其实掌握在手里，你就是先知——那个观察场景、体验场景的人。

想要改变任何行为，第一步就是要意识到问题所在。下次当你又开始被场景吸引了注意力，放下你的高倍望远镜，别再想看清楚场景中的一草一木了。问问自己："我是在关注场景还是关注心内的先知？"不断尝试将注意力放回自己身上，看到自己选择正确反应的能力，这样很快就能在大脑建立相应的神经通路，强化这一习惯。

我使用过的、能够抽离场景的最有效方法我把它称之为"镜中人时刻"。每当我开始觉得别人的态度伤害到我了，让我不舒服了，我在脑海中便竖起一面镜子，想象自己也在对自己或他人做同样的事。举例来说，如果我觉得被别人拒绝了，我就看看镜中的自己是怎样拒绝自己或别人的。这么做可以瞬间将我从受害者模式中解放出来，软化我的心。于是我不再怒气冲冲、抱怨不已，而是又能够对自己和在潜意识里被我拒绝的人充满爱和同情了。

远离"触发之境"

另外一种常见的放弃自身力量的表现形式为"被按下了开关"。你应该能体会到——某个人说了什么话，做了什么事，在你还未明白发生了什么以前你就已经做出了反应，而这种反应通常不会是充满爱意的。

我采访过"爱之名人"精神医疗师以及《创伤与身体》一书的作者之一——凯库尼·明顿博士，他告诉我，这种类似膝跳反射的情绪反应的触发点在大脑边缘系统。明顿博士称之为"马之脑"，因为马这种动物就是对于周围环境极端敏感。你的这部分大脑记录了过去所有导致压力与痛苦的细小触发事件。并且不停地寻找着现有环境中类似的"征兆"，一有风吹草动，就会让身体产生不必要的恐惧、愤怒以及压力。这可不是通往"无需理由之爱"的正确途径，不过幸运的是，你能够解除这种过度反应的倾向。

明顿博士说，当你的"马之脑"开始做出反应的时候，你可以明显感到："你开始采用防御性的肢体语言，肌肉紧张，思想闭塞。显示出害怕或不快的感觉。"如果你不采取措施限制你的这部分大脑，那么下一站就将是"触发之境"——你将会做出直觉反应，而不是理智地应对。

相反，如果你意识到自己的开关被按下，赶紧停下来，问问自己是否由于过去的经历让你产生这种反应。这样做能够阻止你最本能的反应。然后你就能以更平静的心态去看待整件事。你老板交叠着双臂并不一定表示她和你的前任上司一样，对你有所不满。说不定她只是专心地听你讲话而已。或者当你的另一半又忘记问你今天过得怎么样——可能只是他/她太累了，并不是以自我为中心的表现。这倒不是说这些事情不会再对你造成困扰，只不过你不会再用同样戏剧化的情绪，以及恐惧和严苛的态度应对它们。

"爱之名人"作家罗素·毕少普创立了"内视研讨会"——世界上规模最大、效果最为明显的个人转变项目之一。下面关于巴克·明斯特·福勒的故事就是他给我讲述的。我一直非常仰慕这位改革家，他是位具有远见卓识，能够跳出框架思考的人。除了很多显而易见的才能之外，巴克也深谙"理智应对，不过度反应"之道。

　　七十年代后期，我有幸见到了巴克·明斯特·福勒这位二十世纪的传奇改革家。当时，他在圣弗朗西斯科作演讲。演讲结束后，观众们有机会通过麦克风向他提问。

　　一位男士拿起麦克风，然后告诉巴克他简直一头雾水，不知道巴克在讲什么鬼东西，所有的论点也完全没有依据。巴克顿了一下，看向这位观众，回答说："谢谢您。"

　　然后他转向另外发言的观众，而之前的男士提高了音量，又一次指责巴克和他的想法，这一次语气更重了。巴克又停了一下，正视着说话的男士，回答说："谢谢您。"

　　然后巴克又转向了其他听众，而那位男士高声重复了自己的观点，并且说话的时候带着怒意，质问巴克为什么轻描淡写地就把他打发了。

　　这一次，巴克回答说："你没有注意到我停顿了一下，思考你所说的话了吗？我审视自己的内心，看看我有没有对你的话做出过度反应，特别是看看我内心有没有觉得生气，想要反击，还是受了其他影响。我发现只要陷入那样的反应，我对自身就还有学习提高的必要。不过在这一刻，我并没有发现这种倾向。所以呢，你只是在和大家分享你的观点，你也完全有权利这么做，而我对此并无异议。这么看的话，我觉得回答'谢谢您'是最为恰当的。"

从那时起，罗素就一直以巴克为榜样。他说，学着观察内心对于自身的反应，而不是只关注对别人的反应的确是一件非常困难的事，却给他的生活带来了可喜的转变。"当我更关注自己对于生活的感悟，我就能注意到自己的反应，将其他人都当成一面镜子——反射出我在对待自我上没有做好的方面。换言之，当我发现自己生气或觉得被冒犯的时候，问自己这些问题就特别有价值：'我如果这样会怎样？我在自己身上看到别人这些行为的影子了吗？'"

当你渐渐地学会如何控制自己的"触发点"，你就越能掌控自己，决定自己的人生是充满爱意还是缺乏爱意。你可以决定一直身处"触发之境"还是经过深思熟虑后，做出理解、宽容的回应。

*　*　*　*　*

可以看到，想要掌控对于生活与爱的体验，第一步就是要意识到这一点。当你遇到问题或困难，特别是困扰自己多时的"顽疾"，很重要的一点就是问自己："我做了什么不利于自己脱离困境，为什么会这样？"

当我寻找这把密匙相应的联系，我很自然地就想到了我的导师——"爱之名人"杰克·坎菲尔德。三十多年来，他教导了包括我在内的很多人如何找到自我力量。杰克列出了下面的一系列问题，帮助你弄清楚到底你做了什么让自己在生活中无法获得爱之体验，并且你可以通过哪些步骤来改善这一情形。

开始之盒

【练习】

提升自我力量之问题

意识到自身的力量，就需要你担负起责任，自己创造生活中的一切体验。下面的这些问题能够帮助你看到表象背后的东西。

1. 花点时间独自一个人呆着，准备好纸和笔。

2. 问问自己下面的问题，并写下答案：

- 我生活中碰到的困难或令人困扰的处境有什么？

- 处于这种状态的收获或益处是什么？

- 处于这种状态我需要付出的代价是什么？

- 我做了什么导致这种情形发生，为什么我一直容忍它？

- 有什么是我一直视而不见的？

- 我想要什么？

- 我采取了哪些行动，提出了哪些要求去追求心中所想？

- 我什么时候开始努力？

3. 把你想到的能够采取的行动写到日历上，照着它去做。或者对信任的朋友吐露你的决心，并赢得他们的支持。

该练习的使用经过杰克·坎菲尔德的允许授权 www.JackCanfield.com

结 尾 之 盒
该练习将使你受益良多。

开 始 之 盒
本章小结及"无需理由之爱"步骤

爱你自身不可爱之处，以及意识到自身力量，是开启"无私自爱"之门户的两把密匙。通过下面的步骤来提升爱之暖流在这一能量中心的流动。

1. 当你发觉自己变得尖锐苛刻，或是太过黏人缺乏安全感，静下来问问自己："此时此刻，我能为自己做的最有益最充满爱意的举动是什么？"或是"此时此刻，最善待自己的言行是什么？"倾听心灵的答案，并照着做。你会发现，当你对自己施以同情与关怀，你内在的批评家的态度就会软化下来。

2. 给你内心的"坏女孩/坏男孩"起个名字。下次要是再觉得心里的批评家又开始找你的茬，叫她/他的名字，问问她/他这么做想为你带来什么益处，然后取其精华，去其糟粕。

3．运用"自爱三部曲"（意识到问题，检视内心以及自我同情）来消除自我否定。

4．每当你觉得没有办法全心爱自己的时候，运用情绪释放技巧，敲打你全身的各个穴位来提高自我接受程度。

5．及时发现自己是否陷入了"门垫"或"控制者"模式。如果是门垫，则首先要清清楚楚地弄懂你具体想要什么，然后勇敢地表达它们。如果是控制者，则深入内心，找到自己真正想要、需要的东西。如果可以的话，把这份感觉和他人分享，但不要依赖于他人的反应。

6．下次再陷入某种困境的时候，问问自己："我关注的是表象环境，还是内心的先知？"使用"镜中人"的练习把你的注意力拉回到自己身上，负起责任，创造属于自己的爱之体验。

7．为了意识到自己的力量，并负起责任创造自己的爱之体验，你可以使用"提升自我力量问题"练习。

结 尾 之 盒
该练习将使你受益良多。

第七章　坦诚之门：用一颗坦诚的心面对生活

有一道光，闪耀在世界之上、万事万物之上，在最高的天宇之上。这道光，在你心灵闪耀。

——商多亚·尤潘尼沙德

哈哈，我们终于谈到心灵了，特别是一颗坦诚之心温暖、充实而又美妙的体验。

当"爱之名人"德布拉·伯尼曼——我的朋友，也是我第一位精神导师，告诉了我她儿子丹尼尔的经历，我感动得潸然泪下。

丹尼尔十三岁的时候，他学校整个八年级策划准备去华盛顿旅游庆祝新年。丹尼尔和他的朋友们特别盼望这趟旅行。好几个星期，他们都在兴奋地讨论着乘飞机、带游泳池的豪华旅馆和在国会大厦礼堂里和女孩子们照相。

离旅行还有两天的晚上，我参加了一个家长会。会上，老师们分发了行程明细，并且宣布了在旅馆里谁与谁住一个房间。我仔细听着，想知道丹尼尔的室友是谁。可是老师读到了所有人的名字就是没有他的。我正在纳闷，想要指出来我儿子的名字漏了。这时，老师补充道："哦对了，丹尼尔·伯尼曼会和里奇（不是真名）还有里奇的护理员住一起。"

我的心一沉。丹尼尔被分到的室友是个自闭症患儿，还有他的护理员，一个三十出头的大男人。我的第一反应是：丹尼尔和他朋友期待的那些"有意思"的事情都和我儿子绝缘了。我该怎么开口和他说这个坏消息呢？

我一直以来都觉得自己是个有爱心、有同情心的人，不过这一次却有点困难。我特别害怕丹尼尔会失望，所以进入了"母熊式的"保护模式；我决定，如果有必要我会打电话去学校，看看能不能有别的安排。

开完会回到家，我对丹尼尔讲了所有关于旅行的细节，直到最后，才鼓起勇气告诉了他关于室友的安排。"丹尼尔，"我说道，"会上还宣布了关于旅馆室友的安排。我要你知道，要是你真的非常不开心的话，我明天去学校看看能不能让他们改一下：他们让你和里奇，还有他的护理员住一起。"

儿子不解地看了我一会儿，好像觉得我是在开玩笑似的。然后简单地解释道："妈妈，他们没有安排我和里奇住一起，是我主动要求的。我想要是我不和他在一块儿的话，他可能会落单的——你也知道，这也是他的八年级旅行呀。"

我看着丹尼尔，心里满得好像要涨裂开来。我的确因为很多事而为儿子感到骄傲，可是这一刻，是我骄傲的顶峰。

是什么让人变得充满爱心、乐于付出，像丹尼尔一样，而有些人却无法做到？根据世界上很多古老的传统以及"爱之名人"的说法，这取决于你是否有一颗开放坦诚的心。

这里的心灵不是指X光射线或核磁共振成像上可以看到的心脏，我们指的是心灵的力量。我们能量之心灵是我们体验纯粹之爱的地方。这一点"爱之名人"反复提到，我也因此将它列为爱之主题三：心灵是通往爱的门户。

当你怀着一颗坦诚之心生活，你就能很容易地散发爱之光芒，因为将你自身连接到爱之核心的渠道是畅通无阻的。你能够自由地、自然而然地给予、收获爱，就如呼吸一样轻松。当善意、同情、宽容与感恩变成第二天性，敌意、伤害、冷漠与孤独就能随之化解。

坦诚之中心是通往"无需理由之爱"目的地的枢纽。其他六个能量中心必须保持良好的状态来保持心灵的通畅，但他们在这出特别的戏剧中都只是配角而已。而要是能量中心的主角无法上场，那演出就进行不下去了。心灵，这一演出的"明星"，是真正体验爱、收获爱、表达爱的所在。如果心灵中心不通畅，爱之暖流便无法自由流动。

强健爱之体的心灵中心能够为你铺平道路，让你与他人和世界用爱紧密相连。这是一条通往真正意义上的仁爱、真心服务以及健全人际关系的道路。

为了让坦诚之门户保持通畅，你必须清除一切阻塞心灵的障碍物。

爱 之 中 心

坦诚之门也被称为第四气卦或心灵之气卦。生理上，这一中心会影响你的胸腔，包括心、肺、肋骨、乳房并放射到肩膀、胳膊以及双手。

根据气卦瑜伽科学，心灵中心同时也和胸腺功能密切相关，而这一腺体是免疫系统的一部分，分泌抵御病原体的T细胞。当心灵气卦阻塞或遭受压力的时候，你的胸腺功能很可能受影响，从而削弱对于感染、癌症以及慢性疾病的抵抗力。所以"心痛而死"这种说法也不是天方夜谭。如果我们拥有一本心灵手册的话，上面肯定要写上一句警示：一颗闭塞的心脏有害健康。

当我第一次听到心灵中心也和胳膊双手有关的时候，觉得挺惊讶的。不过事实上也非常有道理：我们用胳膊和双手收获爱、表达爱——拥抱、抚摸、鼓掌、向他人伸出援手……爱通常经过我们的双手流向周围世界——绘画、做饭、写信，甚至写电子邮件。

我父亲就是个用手表达爱意的高手。他是位牙医，并且全心投入这份事业。不管是修补牙洞还是安装牙套，他都以友善、关爱的态度对待每一位患者。在二战中，他被分配到南太平洋战区。当他不需要以战地牙医的身份工作时，他就会动手给母亲制作礼物，将满满的爱意注入这些物件中。其中一件非常美丽的礼物是一条珍珠母做的心形项链。母亲非常珍爱这份礼物，在他们共同度过的六十三年的岁月里，母亲一直戴在身上。现在，那条项链戴在了我的脖子上，时时提醒着我要用一颗坦诚之心生活，不管做什么都要带着一颗爱心。

"爱之名人"珍妮特·萨斯曼说过，心灵气卦是我们最珍贵的宝藏，因为它管辖着整个气卦的爱之力量。它对于我们内心深处的感受最为敏感，是承载着明晰的真理及智慧之宝座。

身为七个气卦中的第四个，心灵中心位于气卦系统的中间位置。所以它起着桥梁和枢纽的作用：身心结合之处，或是精神与物质交汇之所。这是地之气卦（下部的三个气卦）和天之气卦（上部的三个气卦）交融处。当你的心灵气卦开启的时候，生命之动力就能在你体内汇集。你可以很好地处理物质方面的事情（金钱、工作、健康等），以及精神方面的事情（你生活的意义、智慧以及与上帝的交流等），与此同时，牢牢地根植于爱之能量。

易 碎 的 心

> 我们所有的爱之障碍都几乎是在无意识中造成的。我们以此来保护心灵受伤的部分，我们试图为心灵建起一座堡垒，不让自己收受冷酷的伤害。可是，唯一的问题是，根据《奇迹课程》一书，我们所抵御的，正是自身所创造的。
>
> ——玛丽安·威廉姆森　作家、精神导师

二十九岁的时候，我遭遇了一次心碎的经历。不过很幸运地，我找到了"爱之名人"阿里·那加菲的办公室——他是位有名的心理治疗师和身心健康医师。我在阿里娴熟的指引下得以将受伤的心灵治愈。所以，当我开始研究无私之爱与心灵之间的关系时，第一个就想到了阿里。在采访中，他告诉我，在三十多年行医生涯中，他发现心灵是记录我们所受创伤疼痛的主要场所——为我们的痛之体提供丰盛的食物。

这就是为什么越是亲密的关系越能给人带来伤痛：当我们彼此敞开心扉，

我们也会触碰到已有的痛苦情绪，这些情绪将浮出水面，希望得到治愈。不过可惜的是，很多时候我们都没有想办法去治愈它们，而是筑起围墙，穿上盔甲极力逃避这些痛苦的感觉。我们以为这会保护自己今后不受同样的伤害，但其实这只会让情况越来越糟，最终我们的心灵中心将被堵塞或紧紧锁上。

根据"爱之名人"，著名印度传统医学家凡迪亚·R.K.米舍拉的说法，心灵中心的阻塞是我们生理、心理出现问题的主要原因。在交谈中，米舍拉医生解释说他把心灵中心叫做"心莲"，这是一个非常敏感的能量交汇点，随着我们情绪反应的强烈程度开启、闭合，如同莲花随着太阳的起落绽放、合拢一样。

传统印度医学典籍认为，"心莲"是连接灵魂与肉体之通道。如果心莲开启，米舍拉医生表示："灵魂之光——你也可以称之为意识——将被毫无阻碍地传输到大脑，让大脑接收到爱、幸福以及智慧之光。"在这样的情况下，你能保持健康、有活力的状态，能够顺畅地吐露无私之爱——这就是米舍拉博士所定义的真正的健康。如果心莲关闭，则你的身心都会受到影响，让你只能体验到有条件的爱。

米舍拉博士所说的"聆听"心灵的跳动并不是指使用听诊器，而是使用古老的"诊脉"方法倾听更微妙的心灵振动。他说，二十年前来到美国，开始医治美国病人的时候，他觉得非常震惊，有这么多人的心莲是关闭的。他认为造成这一情况的罪魁祸首可能是巨大的压力、崩解的家庭结构、泛滥的功利主义以及社会中随处可见的媒体暴力。同时，米舍拉博士认为长时间坐在电脑面前，使用手机以及暴露在其他对身体有害的电磁场中也是原因之一。

听到这些，我想到最近看到的一组关于心脏疾病的数据（现在想想真是让人惊心）：每天有2600个美国人死于心血管疾病——就是说每33秒就有一人死亡——心脏疾病已经超越了乳腺癌成为夺取女性生命的第一杀手。在我看来，我们心灵的闭塞和这一疾病的蔓延有很大关系：也许我们真的死于"心碎"，这不是危言耸听！不过你可以使用本章推荐的方法，治愈你的心灵，这也是让你拥有强健身心的一剂"强心针"。

谁是爱之主宰？

我的皇冠在我心里，不在我脑中……它看不见摸不着；我的皇冠叫做知足。

——威廉·莎士比亚

我和卡罗有幸采访到了"爱之名人"神经外科医师詹姆士·多特博士。他也是斯坦福大学新成立的"同情与利他主义研究及教育中心"院长。我们讨论了大脑与心灵的关系，讨论在爱与同情的体验中，两个器官哪一个更重要。几千年来，心灵一直都被认为是感知爱与同情的处所。可是现代科技否定了这一论调，认为这只是一种诗意的说法而非事实，大脑才是主宰我们爱之体验的唯一器官。很多科学家都认为心灵的确担负着一项至关重要的任务，那就是充当水泵的功能，为我们全身输送血液与氧气。

不过多特博士给我们讲的一个例子为心灵的功能增添了不同的色彩。他说在对于同情心的早期研究中，著名的大脑研究员弗兰西斯科·瓦利拉博士以及理查德·达维德森博士和来自西藏的僧人一起合作，这些僧人一生都在培养、播撒同情心。当科学家们第一次使用脑电波扫描器做测试时，他们照着一贯的方法，将电极贴在他们头皮上测量大脑的电流活动——并告诉他们这么做是为了研究爱与同情心。

听到这些话，僧人们笑了起来。研究人员以为他们是被自己的样子逗乐了：从脑袋上伸出来的电线晃在空中，像是戴了假发的太空人。不过当研究人员问他们什么这么好笑，僧人们回答说他们不明白，为什么科学家要把电极贴到他们脑袋上，同情心明明是心灵的产物！

基于各项研究证明，现代科学也许在大脑/心灵的谜题上需要改变看法了。多特博士告诉我们："我和我们领域里最权威的科学家讨论过，他们都很相信，迷走神经对于爱与同情心有着重要的影响。它是连接大脑与心脏的颅神经，控制着副交感神经系统做出安抚的、镇定的反应。"有趣的是，刺激迷走神经能够控制抑郁程度。为什么会这样？也许这都是心灵的关系！

在谈话结尾的时候我们都同意，大脑和心灵对于我们爱与同情的体验都起着不可或缺的作用。不过随着最新研究结果的出现，心灵在情绪以及精神、生理健康方面的作用正在受到越来越多的关注。

爱之生理学

位于美国加利福尼亚博尔德克里克的心脏数理研究院是研究心灵智慧领域的领头机构之一。从1991年开始，研究院一直在研究心灵与大脑如何沟通，并且这种关系如何影响我们的意识和感知。我开始写这本书的时候，我就知道自己很想采访研究院的院长——"爱之名人"罗林·麦克科莱提。研究院创立之初，麦克科莱提博士就和另外一位创始人彻尔德（另一位"爱之名人"）在研究爱与积极情绪方面（通常被认为是软科学）又加上了"数学"或定量研究这一"硬科学"研究方式。

麦克科莱提博士和他的心脏数理研究团队，经常与科学、医药以及教育机构合作，如斯坦福大学、弗罗里达心脏研究院等，致力于推广一种理念，那就是爱是一种可以被测量的生理状态——不仅仅是一种心境——它能产生积极的物理及生物学效果。

在采访中，麦克科莱提博士告诉我们在心脏数理中心他们所进行的研究，以及我们如何通过这些研究成果改善日常生活质量。下面我列举了一些我们讨论的重点所在：

连贯的"心波"。大家都知道心跳很重要，不过你知不知道，心脏的"跳法"也很重要？不知道你是否还记得第二章中莫莉·玛提博士的故事。当我们处在积极的情感状态时，我们的心跳节律是连贯平稳的，让我们身体的其他系统——包括大脑、免疫系统以及内分泌系统，都能更高效、协调地工作。

这种现象被称之为连贯的"心波"，也是我们心脏理想的存在状态。心脏数理研究院的研究显示，经常能拥有连贯的"心波"可以提高健康水平，减缓衰老程度。

相反，负面的情绪状态，如愤怒、恐惧以及伤心会导致心跳节律紊乱（不连贯的"心波"），这就会给身体造成负担，降低身体的工作效率，承受不必要的压力。这种情形的后果就是健康水平下降，免疫力低下，有损大脑功能，缩短寿命等。

不过提醒一下：想要拥有连贯的"心波"，光靠想着爱或感恩是不够的；你必须要真切地感受到心中的那份爱，这样心波才能和谐起来。很多证据都表明西藏僧人的话确有道理：情感更多的是由"心生"，而非在大脑里产生。

卡尔·普利布曼博士被很多人认为是现代认知神经学的创始人，他也认为大脑主要是存储行为方式的认知系统——而非我们情感的来源。大脑能够解读从心灵与身体内传输过来的信号，并为我们的情绪标记分类，但情感却不是从那儿诞生的。这就像收电子邮件一样：你的电脑收到信号，在屏幕上显示出信息，但信息本身却不是由电脑产生的，邮件是别人写好发出的。研究显示在心灵和大脑之间也存在着类似的关系：大脑只不过显示出了心灵发出的信息。

心灵对于大脑与身体的影响。直到近二十年来，神经心血管学领域的研究才证实了，心脏是一个感觉器官，并且心脏很大一部分是由承载信息的神经细胞构成，精巧程度足以担负起"心之大脑"的称呼。安德鲁·阿莫博士在1991年第一次引入了"具有大脑功能的心脏"这一概念。阿莫博士和他的同事们发现，心之大脑是一个由几种不同的神经元细胞、神经递质、蛋白质以及辅助细胞组成的，和头部大脑的组成非常相似。心之大脑神经回路的精巧程度让它有能力独立于大脑运作——学习、记忆，甚至感觉。今天，初步研究显示，心脏中独立存在着非常重要的神经递质，如儿茶酚胺类——这种荷尔蒙与"战斗或逃跑"反应有着密切关系——还有爱之荷尔蒙催产素，它很长时间以来都被认为只存在于大脑中。这一发现意义非凡，因为研究人员发现，利用建立连贯"心波"的练习与技巧能够增加我们体内催产素的水平（相关练习见本章）。

事实证明，心灵与大脑主要通过四种方式相互沟通：神经上（通过传输神经冲动），生物化学上（通过释放荷尔蒙及神经递质），生物物理上（通过脉搏跳动测出的压力波动）以及能量上（通过电磁场的互相作用）。

心灵与大脑之间一整天都在交换着信息。虽然我们已经习惯了将大脑当做全部身心体验的CEO，其实事实却不尽如此。新的研究表明，似乎更多的信息是从心灵传向大脑的，这一点非常令人惊讶。

连贯的"心波"能够让大脑更好地工作，从而增加精神与情绪方面的稳定。同时也能激发大脑新皮层这一主管创新、解决问题及洞察力的高级区域。

不过，当我们体验到压力或负面的情绪，我们的"心波"不再连贯，变得飘忽不定，紊乱无节律，这也阻碍了我们的智力水平。我采访过"爱之名人"舍娃·卡尔——心脏数理研究所注册的培训师和东方医学医师，她的故事你也会在本章读到——她这样解释："当人们感到焦虑或恐惧，他们会表现出一种科学上叫做'皮质性抑制'的现象。这就让整形医生、肉毒杆菌有用武之地了。'皱眉症状'这一对于焦虑或愤怒的面部反应不仅仅是额头上的一道皱纹；是你脑部的额叶紧缩，阻塞了信息传输和血液流动。"而相反的现象——"皮质性促进"则是体验"无需理由之爱"的诀窍之一，它由积极的情绪状态以及连贯的"心波"所激发。

心灵对于他人的影响。跳动的心脏向外释放出的电磁波在三英尺之外就能被感受到，比大脑的电磁波传播范围远得多。这种心灵磁场所承载的情绪信息能让你身边的人也感知到，甚至能够影响他人的心跳频率。在一项研究中，麦克科莱提博士观察了六对结婚多年的夫妇在睡眠中的心跳状态。心律检测仪显示，在夜晚的睡眠状态中，这些夫妇的心跳节律是同步的——心跳起落分毫不差。

另外，"两颗心拥有相同的频率"这一效果也能对生活产生积极的影响。在马萨诸塞州有一对早产三个月的女婴，她们一出生就被放入了恒温箱。其中一个情况比较稳定，另一个则存活的机会很渺茫。

有一天，虚弱的女婴情况恶化——心律紊乱、呼吸困难——不管护士做什么都没有用。绝望中，大家不顾医院的规定，采取了最后的措施，将强壮

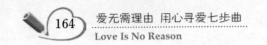

一些的女婴放入了相同的恒温箱。

健康的女婴立即靠向虚弱的姐妹，用胳膊抱住她小小的身体。几秒钟之内，虚弱的女婴心跳频率立即稳定了下来，她的体温恢复到了正常水平，呼吸也变顺畅了。之后，这对姐妹就一直被放在一起，而身体虚弱的女婴健康状况也日渐好转，最后两姐妹都健健康康地出院回到父母身边。

两颗心之间的电磁感应指的是，当你身处于爱中，拥有连贯的"心波"，你就是在自动地让身边人的"心波"也更加连贯。这也是你为什么会被心胸坦诚的人所吸引：在他们身边，让你觉得神清气爽。在第十二章中，你将会接触到更多这一富有感染性的作用——人们互相影响，趋于一致的现象——以及这种效果对于环境所产生的深远影响。

这项前沿心脏研究显示了生活在爱中，不仅仅是一个诗意的说法。这也是一个生理学上的状态，对于身心健康和谐有着重大影响。这样看来，学习拥有一颗开放坦诚之心是最伟大的心血管健康计划。

开启坦诚之门：两把爱之密匙

打开你胸口中心的窗户，让灵魂自由进出。

——卢米　十三世纪苏菲派诗人

根据生理构造来说，心脏存在的意义就是为了给予和收获。它经过一个心室从身体获得血液，再输送到另一个心室，进而输送到全身各处。一个健全的心灵中心对于爱也有相同的功能。它向外界播撒爱，同时也从外界获取爱，从而保持爱之循环。

这也是为什么保持坦诚之心畅通对于提升给予爱、收获爱的能力如此重要。而本章列出的两把爱之密匙将向你展示这些有效的方法。

开 始 之 盒

开启坦诚之门的爱之密匙

1．用一颗充实的心给予

2．让爱驻进内心

结 尾 之 盒

给予之密匙帮助你清除障碍，让你能够自由、勇敢地爱人，不用担心掏空自己或对于别人有所求。这就为真正的同情、善意、宽容以及慷慨打下了基础。

收获之密匙邀请你练习如何打开心灵之门户，自由地、无障碍地收获爱。它帮助你消解陈旧的观念，让爱之流动畅通无阻。

这两把密匙双管齐下，能够保证通向"无需理由之爱"的门户保持通畅，让你所有强健其他六个能量中心、保持爱之体活力的练习都能够发挥作用。

坦诚之门的爱之密匙1：用一颗充实的心给予

真爱是永不枯竭的；你付出的越多，拥有的就越多。因为如果你找到了真正的源头，你汲取的水越多，水流就越汹涌。

——安东尼·圣埃克苏佩里　二十世纪法国作家、飞行家

在上一章你看到了通过自我同情、自我原谅以及自我肯定培养对自己的爱。现在该是将这份自爱拿出来分享的时候了。当你自由地对别人施以同情与爱，你也在充实自己的心灵。事实上，不管是同情、关爱还是善意之举，对于拥有一颗坦诚之心来说，"给予"是最有效的开端。

当你能以健康的方式给予爱的时候，你已经接触到了内心深不可测的爱之海洋。你从丰沛的内心给予得越多——倾倒你自己的爱之储罐——你就越能保持心中的这份无私之爱。

走进同情宽容

> 如果我们能读到每个敌人最私密的个人经历，我们会发现每个人的生命中都有这么多悲伤与痛苦，足以消除我们所有的敌意。
>
> ——亨利·华兹华斯·朗费罗　十九世纪美国诗人

对于同情，我的理解是它是"无需理由之爱"满溢的结果：将你内心的温暖关心延伸到此时此刻需要的地方，不管是对人还是对整个世界。

同情不是指为别人感到可惜或怜悯，也不是指被别人的痛苦冲击得无法反应或一定要解决这些问题。同情是指一种共鸣——换位思考、感同身受——以及希望减轻他人痛苦的愿望。

在世界各地的精神传统中，对他人施予爱、施予同情往往是其中心价值所在。犹太－基督教要求人们"爱邻人如爱己"，《古兰经》则强调善意与恩赐，印度教关心的是万事万物的福祉，而几千年来，佛教通过冥想这种方式提升我们的同情理解之心。

同情冥想需要反复强调想要实现的目的：感受对他人广博的无私之爱。这么做不仅能培养一种关爱的态度、促进善行，也能对于冥想者的大脑产生持久的生理作用。

在提到和西藏僧人一起研究同情心的时候，多特博士说起过理查德·戴维德森博士，他是这一研究领域最前沿的科学家，并且多年来一直致力于研究冥想的作用。在和僧人们一起研究的过程中，他是首次发现同情这一情感有清晰的神经信号的科学家之一：在左脑前额皮质区域、脑岛以及太阳穴壁腔连接点的活动增加——这些区域都与爱、同情以及其他积极的情感相关，以及刺激释放伽马射线的脑部突刺。不过更令人兴奋的是，研究人员发现这些僧人在花了很多时间沉浸在充满同情的状态里后，即使不处于冥想状态，大脑关于这些区域的功能也一直处于非常高的水平。戴维德森博士表示："培养同情心能够引起大脑实实在在、可以测量到的变化。这就说明这种积极的状态是可以被训练、被培养的。"

采访"爱之名人"里克·汉森博士——第四章中提到过的脑部专家——的时候，他就指出另一项关于同情冥想研究的有趣发现。当这些僧人处于充满同情谅解的状态，即使他们躺在核磁共振仪中，双眼紧闭，他们大脑的电流回路也会被激活——大脑的这个部分能够让人振奋精神并且采取行动。这就显示了，帮助服务他人的冲动是根植于对同情的体验之中的。里克说道："这就是为什么当你感受到这份无私之爱，你就有帮助他人的愿望。你已经向前迈进，跨入爱之领域。"有强有力的证据能够表明感受到内心中的同情理解能够让我们做出善意之举。

利他主义与善行

> 人的生命里有三件事最为重要：一是善良，二是善良，三还是善良。
>
> ——亨利·詹姆斯　二十世纪作家

通过利他思想以及善行进入同情之状态，是快速启动内心爱之引擎的上佳途径。

"爱之名人"鲍勃·沃特鲁巴就非常认同善举这一概念，并身体力行。2009年，他变卖家产——车子、公司以及房子——买了一辆校车，带着他的狗"博加特"，为了一项特殊的任务周游全国。不论到哪儿，他都向遇到的人提出要求，希望他们承诺能在一生中做上一百万件好事。鲍勃此举的灵感来源于一个简单的数学公式：如果每个人每天做五十件"善事"，那么五十五年后，他们就会完成一百万件的善事。

鲍勃对于"善行"的定义就是：我们为彼此做的每一件小事，比如为某人拉开门，说一声"早安"，微笑，或者在乘车的时候让别人先上等。不过就算只是单纯地从心底里对他人怀有善意也是一种善行：对你身边接触或想到的每一个人，你都衷心地希望他们过得好。鲍勃解释道："如果你能够把心中感受到的这份善意和实际行为结合起来，在一生中做到一百万件善事绝对是能够实现的。"

鲍勃的这项举动在大学校园里收到了非常好的反响，不过他也发现，不管是哪个年龄层的人，即使人到中年，需要"加倍"时间来完成这一目标，都显示出对于善行善意的热情。为我们"善良的意愿"设定一个具体的目标会让我们更坚持地实践善行。

并且善良、乐于付出都是非常好的习惯。据研究表明，付出对我们的生理健康也非常有益：它能提高我们的免疫功能，减少生理疼痛，并对哮喘与失眠有良好的效果——甚至能帮助我们成功减肥。

开始善举永远也不嫌早。当我采访"爱之名人"，企业家布莱恩·西里尔德时，他告诉我，帮助无家可归之人的愿望在他还是孩童时代就萌生了。那时他还住在俄勒冈州的波特兰市。布莱恩和妈妈经常开车去看望他奶奶，途中会经过市里的贫民窟，所有无家可归的人都聚集在那儿。布莱恩说他六岁的时候，每当妈妈看到红灯停下来，他都会打开车门，邀请那些流浪汉进来。不止一次，有人上车后，布莱恩的妈妈就开车把他送到他想去的地方。儿子的这种举动把妈妈吓坏了，可是布莱恩就是改不了。即使在这么小的年纪，他已经对于那些无家可归的流浪汉感到深深的同情与共鸣。如今，布莱恩每周都要花上几个小时帮助他所在地方的流浪汉，和他们成为朋友，为其提供帮助。他充沛的精力、明澈的眼神以及脸上的光彩都证明了，给予，对他来说是再好不过的事。

有研究表明，青少年时期通过付出这种行为收获的积极的生理、情绪上的益处，直到五十年后还依然显著。付出能让人长寿：伯克利加利福尼亚大学的研究人员对2000名五十五岁的实验对象进行了长达五年的跟踪研究。那些为两个或更多机构提供义工服务的对象在这段时间的死亡率比其他人低44%。并且志愿者工作也和减少抑郁、降低心脏疾病发病率不无关系。

付出的另外一项好处就是能保持良好的自身情绪，这也和身体内分泌的内啡肽以及其他使人心情愉悦的神经递质有关。"爱之名人"斯蒂芬·G.波斯特告诉我："乐于付出的情感在神经学、免疫学以及内分泌学上都有非常重要的意义，并且拥有强大的治愈力。所以，付出这种行为不仅对于我们服务的对象有好处，也是一种对我们非常有益的生活方式。"

波斯特博士的话的确可信。2001年，在慈善家约翰·坦博立顿爵士的资助下创立了"无限之爱研究所"，为利他主义之爱的科学研究提供资金。如今，研究所已在超过80所大学资助多项研究。所有的研究发现都指向同一个结论：行善有益！做一个乐于付出的人，能过上一种更健康、快乐的生活。

充满爱意的关注

你不用等到一个特别的场合再"付出"。任何时间任何地点你都能自由地付出。你付出的对象甚至不用知道你在这么做。光是将你的关怀关注投向别人就是一种爱的行为。

卡罗和我一起进行本章写作的时候，做了一个关于"爱的关注"的有趣实验：

> 我早上骑自行车锻炼的时候，总会经过一群走路锻炼、晨跑锻炼和其他骑自行车的人。我一直都是个友善的人，很喜欢对每一个经过我的人微笑、说"早安"。不过有时候我觉得气氛挺安静的，又不想打扰人家，所以对于遇到的人，不管有没有和他们打招呼，我都施以"爱的光芒"。有些人会向我报以微笑，有些则没有反应。（不过有趣的是我遇到的99%的人都似乎能够感受到我的"爱之光芒"，总是饶有兴趣地将目光转向我。）
>
> 有一天，我读到一篇关于拥抱有益健康的报导后，我决定改进一下。我不再用"爱的光芒"，而是对于每个遇到的人都在脑海里给予他们一个拥抱。我想象着将这些人，不论男女老少，都拥在怀里，给

他们一个温暖真诚的拥抱。这种体验真是很神奇。每一天，我都能够感受到我体内的能量更强大，更明亮，也更充满爱意了。

"臆想拥抱"拥有开启心灵的力量是因为下面两个简单的事实：

1. 拥抱这种行为本身有益健康。研究表明，如果拥抱他人超过六秒钟，身体就能产生使人心情愉悦的化学物质，让你和他人的关系更亲密，比如后叶催产素、血清素。拥抱还能降低血压，增加身体的免疫力，并且减少生理上的疼痛。

2. 想象中的拥抱和真实的拥抱一样，能够带给你很多益处。当我们想象做某事时，和实际上做这件事一样，能激活大脑相应的部分。所以在"臆想的拥抱"中，我们的"奖励中心"就会忙着在细胞中分泌出使人心情愉悦的化学物质，并且脑岛这一与体验相关的大脑结构也会同时被激活。你就能享受到与真正拥抱某人相同的美妙感受。

心脏数理中心研究院关于心灵电磁场的研究表明， 我们进行"臆想的拥抱"对于被幻想拥抱的人也是有益的——他们走进了（或是滑进了）你积极正面的心灵磁场中。当你在脑海中拥抱他人，爱随之快乐地翩翩起舞！这就是为什么卡罗每次晨练回来都开心得想要飞起来。

注满心灵之杯！

空洞的心灵如此沉重，丰沛的心灵如此轻盈。

——贝斯·尼尔森·查普曼　歌手、音乐人

你有没有这样的经历：你已经"掏空自己"了，却还要拼命付出？如果有，很可能你已经踏入了"牺牲者/共存"地带。虽然你的出发点可能是好的，但如果你所付出的已经超过了你拥有的，结果就会是把自己弄得精疲力竭，最终对谁都没有好处。

用一颗充实的心灵去给予就好像是"量入为出"一般。这么做你就不会承受过重的压力或做过多实现不了的承诺。当你经常性地体验到"无需理由之爱"，你付出的能力也会得到提高。

"爱之名人"舍娃·卡尔就曾经历过从"掏空自我"到"用一颗充实之心给予"的过程。二十年前，她怀揣着所谓的"理想光明之火炬"，来到饱受战火摧残的尼加拉瓜，希望可以帮助这个国家的人民。虽然那时她还只是个十几岁的女孩，却已经明白了对别人付出是自己重要的心愿。

下面是我采访到的舍娃的故事，它深深地打动了我。这个故事告诉我们，当我们真心关爱彼此，会对对方产生多么强烈的效果。它也让我想起了我的第一个精神导师，马哈里希·马伊什·约吉说过的话，这句话也伴随了我三十多年："没有一点爱，会被浪费。"

*　　*　　*　　*　　*

舍娃的故事

每一点爱都弥足珍贵

走下飞机，踏上尼加拉瓜的土地，我简直可以看到背后飘动的超人斗篷。那时，我满脑子都是"拯救世界"的狂热理想。作为一个年方十九，来自加拿大新斯科舍市的交换生，我是要前往尼加拉瓜的一个戏剧公司，参与一项提高首都马那瓜文化程度的项目。

不过我的计划因为我疯狂地迷上了街头流浪儿而发生了改变。渐渐地，我把所有的时间精力——以及随身带着的珍贵钞票都奉献给了那些在尼加拉瓜大街上生存、死去的可怜可爱的孩子们。

1989年，尼加拉瓜还是西半球仅次于海地的最贫穷国家之一。起初我被眼前贫困的景象惊呆了，我有些吓住了，破败的棚屋，到处一片脏乱，还有数量如此惊人的街头流浪儿——有些和家人一起住在街上，有些是无依无靠的孤儿。那时，尼加拉瓜的内战已经打了九年多了，战争期间，大约有60万儿童无家可归或失去双亲。孩子们所处的脏乱环境令人心碎，可是一旦接触他们，我立即被他们内心闪耀的明亮不熄的纯洁灵魂所深深吸引。

这种快乐似乎和他们贫困的处境很不符，可是当我走近这些孩子，却发现他们虽然一无所有，却热爱着身边每一样事物。当我坐下来和他们一起吃饭，他们会要走我的盘子，我想象着他们把盘子拿回去舔干净，就当又是一顿美餐。生活本身对于他们来说就是美妙的。

虽然那段日子里我被很多小孩子所吸引，但给我印象最深的有三个孩子：阿娜·拉奎尔、朱利欧以及乔治。我最先认识的是阿娜·拉奎尔。

我来之后不久的一天下午，我正在一家餐厅吃饭，有一个九岁的小女孩走到了我餐桌旁，问我能不能给她一支钢笔。我听说过尼加拉瓜的孩子必须自己拿文具去学校，所以我带了一大包钢笔在身上。看着我把包打开的时候，女孩子的脸都亮了起来。可是那些钢笔在加拿大还好好的，这会儿却流不出墨水了！

这并没有让阿娜·拉奎尔泄气。几秒钟之内，她召集了一排五岁左右的孩子，一起把钢笔拆开，用嘴吮吸着墨水管，然后把钢笔装好。不一会儿，我的袋子里就装满了完好如初的钢笔了。我奖励给阿娜和她的小助手们每人一支钢笔，孩子们高兴极了。

阿娜·拉奎尔和她十二岁的哥哥朱利欧与妈妈继父以及五个弟弟妹妹一起住。作为最大的孩子，她和朱利欧上街贩卖糖果与香烟，帮助父母照顾弟弟妹妹。这一家九口和当时很多尼加拉瓜人一样，挤在破旧的锡棚屋里。

不久之后我认识了乔治。当时，我看见这个十二岁小男孩怯生生地走到我身边，问我能不能买他的花生。我和他聊了起来，了解到他是个无依无靠的孤儿。他妈妈以前靠卖淫为生，在他还是婴儿的时候就把他遗弃在街上，靠别的年纪大一点的孩子喂养他。大一点以后，乔治在很多餐厅出卖劳力换取食物。乔治自己学会了读书写字，他的课本是从垃圾桶里捡来的，钢笔笔头则是街上捡的。现在，他努力卖花生想凑够上学的费用（包括买校服、书本、文具以及学费）。我能怎么做呢？我当场就买下了他所有的花生。

就这样，我开始了帮助这三个孩子和其他更多孩子的"神圣使命"。我给他们买文具、生活用品、药品，消耗着我有限的积蓄——从我祖父那儿继承的一小笔遗产，用来资助这次的尼加拉瓜之旅。我知道这种行为无法持久，不过我依然充满热情，目标坚定——我觉得我无所畏惧。

我把所有的爱和支持都毫无保留地奉献给了我的这群新朋友。日复一日，我穿梭在脏兮兮的街道上，后面熙熙攘攘地跟了十几个小朋友。所有的人都看着这个神采奕奕的红头发外国少女帮助孩子们卖东西，给他们买食物填饱肚子，同时让快乐溢满整个心房。如同游荡在马那瓜吹风笛的街头艺人，有越来越多的孩子跟在了我身后。

我对于孩子们的爱超过了对于自身安危及健康的担心。近在咫尺的枪声并没有把我吓倒，我默默忍受着各种威胁，虽然我早就不应该对此熟视无睹。可是尼加拉瓜的情势恶化得很快，外国人呆在那儿已经越来越危险了。加上我白皙的肤色和一头抢眼的红发，我到哪儿都很引人注目。在一片黝黑、被太阳暴晒过的肌肤之中，我仿佛一枚青翠的果子。

结果，有一天下午，我被绑架了12个小时，还差点被一个自称政府机关人员的男人强暴了。虽然最后我说服了他让我走，但我再也没办法无视近在咫尺的危险。这个国家一片战火纷飞，而我则是再显眼不过的目标。

所以在来到这个国家六周之后，我被迫离开了尼加拉瓜——离开了我心爱的小朋友们。

离开的那天我真是肝肠寸断。绝望的感觉占据了内心，因为我知道自己再也见不到这群孩子，而他们对我是这么重要。破烂的锡棚屋和贫民窟没有邮箱地址，也没有电话号码。所以再见即永别。

我给了每个孩子一小片纸片，上面用粗体清楚地写着我在加拿大的联系方式，可是我心里却不抱什么希望，这张纸不会在他们身上留多久的。更糟的是，我知道我一走，有怎样的未来在等着孩子们：贫穷、传染病、犯罪、卖淫、战火……他们孤立无依地处于一个飓风和地震肆虐的国度。

在这样的情况下，让我怎么说再见？临别的时候，我交给孩子们一包没有拆封的向日葵种子，告诉他们把花种种在阳光充足的地方，每天浇水。我说："每次你给种子浇水的时候，我希望你们记得，有个人在远方默默地关心着你们，即使我们以后再也见不了面。记住，要想开花，你就必须悉心照料你的种子——你们也要这样好好照顾自己。"

回到加拿大，我觉得自己真是个彻头彻尾的失败者。我觉得自己没有做成一件真正有意义的事情，能够永远改变这些被我"遗弃"的孩子们的命运。一方面饱受着"幸存者的负罪感"，一方面为离开不停地自责，我对孩子们的爱变成了痛苦的自我折磨。

病在心头，我好几个月时间都瘫倒在爸爸妈妈的沙发上起不了身，并且多次因为痉挛和剧痛被送进医院。医生试图找到我这种怪病的根源，却一无所获。我得了很严重的关节炎，并且在二十岁的时候就停经了。

随着时间的流逝，我开始努力希望治愈自己虚弱的身体和受伤的心灵，并且努力克服疼痛正常生活。我开始学习医药方面的知识，不管是西方现代医学还是其他治疗方式，包括针灸、中药以及磁极疗法等等。只要是有一丝治愈的希望，我都愿意去学，期盼有一天能够重获健康，并把这些经验知识与他人分享。

就在这段期间，奇迹出现了，我通过一个在马那瓜进行慈善活动的教会机构又与乔治联系上了。通过这个机构，我们互通书信，我给他寄去钱和礼物，其中包括一把瑞士军刀，上面刻着他名字的首字母，是他十三岁生日的礼物——也是他生命中的第一份礼物。在信中，我告诉乔治我深爱他，并且希望他幸福、快乐。就这样我们写了六年的信，可后来又失去了联系。

1995年，我在研究医学的时候参加了一项压力控制研究机构举办的课程，是由北加利福尼亚一所名叫心脏数理研究所的机构组织的。我们的老师罗伯特一出现，我就立即感到他散发出的宁静祥和的气质。"不管这位老兄从宇宙的'厨房里'点了什么好东西，我也想要一点！"

因为对于他们所研究的东西兴奋又好奇，我趁着寒假的当儿来到了研究所门前，自告奋勇地提供帮助。

他们给了我一份打字的工作，把所有的研究成果输入电脑。有了我的医学背景，这份工作简直棒极了。坐在电脑前，我惊讶得下巴都要掉下来了。我在过去八年中苦苦与之作斗争的所有症状都在这儿得到了清晰具体的解答。

结论是？压力。当医生们考虑大脑寄生虫、热带病毒或是细菌原因，他们忽视了我在战火硝烟中的这段经历：枪炮声、被绑架，最重要的是——抛弃我深爱的孩子们。没人曾想到我所有的症状都是由压力引起的：压力导致心律紊乱，进而让身体的每个部分都处于失衡状态。

我在心脏数理研究所的朋友告诉我，想要痊愈的第一步就是要消除我因为"抛弃"了孩子们所受的负罪感，将其转化成一种感恩的心情：能够认识他们这件事本身就值得感激。我对于孩子们的关爱已经超出了界限，变成了"关心过度"。让自己处于抑郁、充满内疚，甚至已经到了疾病的状态这并不是真正的爱——而是扭曲的爱。为了治愈自己，我必须找到扭曲背后真正的、健康的爱。在研究所，研究人员教给了我集中简便而有效的方法让我实现这一目的。

一开始的时候，我并没有意识到使用了这些技巧以后，我的健康状况有很多显著的变化。不过两周之后情况完全得到了改善。在经过十四天的努力，将心中的愧疚与悲伤通过每天的冥想转化成感激与爱后，我所有的生理症状都消失了——几乎是一夜之间——并且再也没有复发过。我终于摆脱了"关心过度"的重压，重获健康与自由——我的生命又一次开始绽放。

*　　*　　*

在我离开尼加拉瓜十二年以后，我住在加利福尼亚的圣塔莫尼卡。有一天，我公寓的电话响了。我接起来，有个男人的声音问我："你记得朱利欧、阿娜·拉奎尔和乔治吗？"

我在震惊中有好一会儿说不出话来，然后泪奔涌而下："记得他们吗？当然记得！"

接着男子又说："你想和阿娜·拉奎尔说话吗？"

在我还没来得及回答前，她已经在电话的那一头了，我们又哭又笑，都抢着说话。他们通过互联网搜索找到了我！这么多年来，他们竟然想方设法地将我当初给他们的那张小纸片保存了下来，上面写着我的电话和名字，即使当时他们在尼加拉瓜露宿街头。

这时，乔治已经是二十五岁的小伙子了。他用我寄给他的钱上了高中、大学，最终成为了一名心理医生。他告诉我他办了一个孤儿院，收容了30多名孩子。他也已经结了婚，并且为他的大女儿起了一个和我一样的中名：克里斯蒂娜。

一年后，我又一次来到了尼加拉瓜，去看望我的"街头孩子"。乔治在边境处等我。我扑进了他怀里，我们久久地拥抱着彼此，喜极而泣。乔治望着我咧开嘴笑了起来。在最初的激动过后，乔治从街头小贩处买了一个芒果给我。他从口袋里拿出一把瑞士军刀切开水果，我一眼就认出了那把刀——这正是十三年前我送给他的礼物。乔治注意到我正在看着那把刀，停下了手中的动作。

"舍娃，"他说道，"有很多次我都想沉溺在毒品、犯罪或色情生意中，以此求生，可是我想到了口袋里的这把刀，还有从你送给我的种子中开出的美丽的花朵。我就告诉自己：'不！我在加拿大还有位母亲，一直默默地关心着我，有一天我会再见到她，让她为我骄傲。'"

我什么话都说不出来。我只能不可置信地摇着头，泪水又一次在脸上纵横。

现在我明白了，每一个关心的举动、每一个爱的表达都会产生涟漪般的效果，让我们无法预知。我们可能看不到结果，不过如果聪明的话，我们会竭尽所能地付出，并且知道这样就够了。因为不管我们有多么想成为超人英雄，多么希望一瞬间能解决所有的问题，事实就是，我们只是人类，只能付出一切可以付出的东西，并且以此为乐。这就是爱最真的礼物，不管是对我们爱的人，还是对我们自己。

*　　*　　*　　*　　*

有多少次你把爱视为理所当然，没有考虑过自己有怎样的影响力？而我从"爱之名人"那里一次次听到关于给予爱的力量——不管量有多少，都有改变人生的巨大能量。

在采访"爱之名人"大卫·斯宾勒时他告诉我："只要我们付出，不论是再小的行为，都能开辟一条新的路径。看看大峡谷，我花了几年时间才真正意识到这么宏伟的景观，它的源头竟然是一条小溪。只要你记住这一点，随时随地都记得多一点善意，尽自己的一份力去帮助别人，不管你做了什么。"

过重的心：当关心变成"过度关心"

太阳从不说

即使 过了这么多时间太阳从不对大地说

"你欠我"

看看发生了什么

有这样的爱

天空都被点亮

——海菲兹 十四世纪神秘派诗人

正像舍娃学到的那样，要是你不关注自身的健康幸福，发自内心的关爱很有可能变成过度关心。如今，舍娃在心脏数理研究所全职任教，管理着自己的压力应对机构，并且和乔治一起创立并管理着"菲拉基础项目"以及"向日葵阳光动力儿童项目"，帮助尼加拉瓜以及世界各地的流浪儿童。舍娃已经成为了一个付出的"能者"（同时也是收获的"能者"）因为她看清楚了过度关心和以一颗充实的心付出的区别，并且让自己走上了一条健康的付出之路。

下面列了三种简便的方法，让你避免掉入过度关心的陷阱：

1. 避免过于执着某个具体的结果。当你不再执着一个特定的结果，你就能自由地付出，享受到更多，更有活力。当我付出的时候，我总是提醒自己记住一条有用的方程式："动机崇高，不问结果。"尽情地给予，然后让老天去处理结果吧。

2．不要期待回报。斯蒂芬·波斯特成告诉我，在这么多年对于充满同情心人士的采访中他学到了非常宝贵的一课："要是一直想着付出回报的比例，那我们就完了，这样会限制我们的行动，让我们无法尽情自由、不计回报地付出爱。我们其实只要像一位意大利老妈妈对她儿子说的那样：'去爱，然后忘记结果。'"

3．确定这样的付出不会让你备受压力、筋疲力尽，或削弱自身。健康的付出让你身心愉悦。病态的付出是指当你给予他人太多关爱，会造成心律紊乱现象，长此以往，过度关心最终会让关心枯竭。而根据心脏数理研究院的研究表明，关心枯竭的症状有精疲力竭、抑郁、放弃或愤世嫉俗等。关注你身体的各种表现能够帮助你在恶化之前，认识到，并且逆转这些症状。

当良好的意愿走得太远，它们就会影响你本来想做的善事。不过如果关心是出自无私的爱，则你是在以一种健康的方式付出。

我很抱歉，请原谅我，谢谢你，我爱你。

世上最神圣的地方莫过于长久的宿怨化成心底的爱。

——摘自《奇迹课程》

另一项让爱进入冬眠的"触发事件"是觉得被他人伤害。当我们觉得受伤了，我们就会自我封闭，筑起防御想避免再次受伤害。这么做会封锁心灵，关闭付出之门（收获之门），有时候这种状态会持续很长的时间。

几乎所有人都带着过去的伤口，都有一些不能完全原谅的人。不管我们所受的委屈有多大，为了能自由地付出，我们首先必须学会"原谅"。

南非前总统纳尔逊·曼德拉在狱中度过了二十七年，他也成为了我学会原谅的启示。我听说过他是如何将爱带给看守的狱卒们，因为他知道如果不设法去爱人爱物，铁窗生涯一定会摧毁自己的精神。曼德拉试着去原谅他的监狱看守，即使有些看守对他非常残忍。这种行为对于曼德拉和他的看守人都产生了巨大的影响。看守人只能不断地被换掉，因为曼德拉的爱会让人不由自主地心软，融化他们坚硬的外壳。在曼德拉成为南非第一位黑人总统的就职仪式上，其中一位以前看守过曼德拉的看守人还坐在了第一排。

我从来没有遇到过这么大的挑战，不过在大大小小的事件里，"原谅"也在我生命中帮助了我很多次。其实谁对谁错已不再重要——牢牢抓着怨恨不放只会关闭自己的心灵，给我造成更大的伤害。而牢记原谅并不意味着我对他们的所作所为采取了姑息的态度，这使得我更容易原谅他人。原谅，是因为我放开了憎恨，释放了心底的爱与同情，不管他们做了什么。

几年前，我接触到一种名叫"霍普诺普诺"的简便技巧，它是一种古老的夏威夷祭祀用来接受和解及原谅的方法。这种方法只需要静静地坐下来，在脑海里一遍遍重复："我很抱歉，请原谅我，谢谢你，我爱你。"它的原则就是，对于发生在自己身上的所有事，都负起全部的责任；当你转换心底能量的同时，也转换了人际关系的能量。霍普诺普诺能够让你不论身处何种境遇，都能保持纯粹的原谅之振频。

"爱之名人"乔伊·维特尔写过很多本畅销书，其中一本名为《零限制：通往富裕、健康、宁静及更多的夏威夷秘密体系》。该书是和霍普诺普诺大师——依哈利卡拉·休伦博士合著的，也让这种古老的治愈体系进入了成千上万人的视野。我问他这种方法是怎样起作用的，他说："霍普诺普诺作用于你的内心，以此改变你所感受的外在世界。这四句简单的句子能够清除既定的观念、想法以及妨碍你敞开心扉的回忆，可能这些连你自己都意识不到——然后将你带入爱之境，这一宇宙与上帝最本真的状态。"

在写这本书的时候，我也有了一次良好的机会使用霍普诺普诺。我有个非常好的朋友，叫翠西，她由于某些原因生我的气，并拒绝和我说话。我觉得愤慨极了，我并没有觉得自己做错了什么让我受到了这样的误解和对待。在几个月互不说话之后，我们有个共同的朋友搬家，一群人都准备去帮忙，翠西也会去。我很担心这种沉默的态度会让彼此都觉得在一起工作很尴尬。不过我可不愿先打破沉默，毕竟，我觉得自己才是"受委屈"的人。

可以预想，我们一开始挺不愉快的。前两个小时里，我们都继续扮演着"冰雪女皇"的角色，我一气之下跑进了车里，觉得又气又受伤，气馁极了。可是曼德拉的故事跃入了脑海，我就想："要是他面对监狱和折磨都能去爱、去原谅，我也一定能做到。"

于是我坐在车里，开始练习霍普诺普诺，为整个情况注入爱与原谅。15分钟以后，我的心慢慢软化，我意识到翠西并不是单单因为几个月前发生的事情而生气，我同时看到自己在过去的岁月里，有意无意地对她造成的伤害。我的怨恨融解了，深深的同情充满了心灵。

等我再回到公寓的时候，心里满是自由温暖的感觉。而进门不到两分钟，翠西毫无预兆地走近我，说："我们一起去厨房开包裹吧。"我惊讶极了，因为之前我都没和她说过什么，可是她对我的态度就好像什么事都没发生过一样。吃完午饭不一会儿，她拿着一片新鲜的芒果片给我。我知道她很喜欢芒果，可她说："玛西，我知道你和我一样，都很喜欢吃这个。"气氛简直天差地别。

后来，我悄悄把另一位朋友拉到一边，她知道事情的前因后果，问她在我走开的时候是不是她对翠西说了什么，改变了她的态度。她却说："玛西，没人说过什么呀，是你自己做了什么吧？"

原谅，解开了我们的心结，让我们又一次能够为彼此付出。

谢天谢地我们和解了。不到一年，我们共同的朋友就在一场车祸中失去了生命。我和翠西又一次来到了朋友的公寓——只是这一次我们站在同一个厨房里，收拾我们共同放起来的橱柜。我真不敢想象如果一直放不下愤怒憎恨，会是什么情况。生命太短暂，封锁心灵太可惜。

过去十年间，大量研究表明原谅能提升我们的健康状况。它能减少慢性疾病的疼痛、降低血压和心跳，降低酒精和药物上瘾的风险以及减轻焦虑抑郁的症状。

幸运的是，原谅是一种可以训练的技巧。根据原谅技巧专家弗莱德·路斯金博士的介绍，今天在这一领域最为令人振奋的研究就包括对不同深感绝望，觉得自己是受害者的人群教授原谅技巧，衡量它的作用。他告诉我有一项研究是帮助受战争和种族屠杀摧残的孩子学习原谅，让他们重新接受生活。

当你心怀怨恨或滋生憎恨责备，你就为你爱人的能力设定了框架。而原谅能让你从这些束缚中解脱出来，自由地付出。

* * * * *

付出爱，是我们很重要的任务（爱之主题二）。事实上，很多人都觉得这是我们在这个世界上最崇高、最宝贵的财富——"爱之名人"，格莱美奖得奖歌手、曲作者贝斯·尼尔森·查普曼就是这么认为的。我和卡罗对于能采访到她，聆听她众多关于"无需理由之爱"的体验而感到无限欣喜。她告诉我们，爱——不管以何种形式出现——都是她创作的灵感。她最新的作品《我们如何爱》就完美地总结了我对于付出的想法：

> 我们离去后最重要的东西，
> 一路走来最宝贵的经历，
> 我们肩负的全部使命
> 就是如何去爱。

开 始 之 盒
【练习】
心脏数理研究院内心放松技巧
练习内心放松技巧能够让你获得和谐的"心波"，并通过平衡心灵、大脑以及情绪的关系与合作，让爱之暖流自由涌动。这项练习能够启动"无需理由之爱"的闸门。

1. 当你感受到压力，或觉得心灵被封锁，一旦出现这些症状（如觉得挫败、失去耐心、焦虑、负荷过重、愤怒或挑剔的时候）要及时正视自己的感觉。

2. 花点时间，做一下"心灵呼吸"：把手放在心脏区域，想象你正通过心灵呼吸。轻柔缓慢地呼吸，直到你的呼吸变得流畅、平稳，不用刻意强求。（事实证明，这么做能够帮助心跳恢复平衡。）

3. 在做心灵呼吸的时候，想象一下你正在吸入一种内在的平静，然后将心灵散发出的宁静、自爱，充满你的大脑和情绪。（心脏数理研究院的研究表明，释放爱与自我关怀能够刺激你的身体释放有益的荷尔蒙，增加免疫力。）

4. 当紧绷的情感得到舒缓，再坚定做出真心承诺：你希望在再重新面对工作、挑战或日常生活的时候，持续保持这种轻松的状态。

该练习的使用经心脏数理研究所同意 www.heartmath.org

结 尾 之 盒
该练习使您受益良多

坦诚之门的爱之密匙2：让爱长驻内心

不知你还记不记得六十年代摇滚乐队"头发"（我是不是透露自己的真实年龄了……）有首歌叫《让阳光照进来》。每当我想起让爱驻进内心，这首歌的曲调就在我脑海中回响。让爱进驻内心，就像让阳光照进屋子一样至关重要。没有爱，生命将黑暗阴郁。

前不久，我和布莱恩·维斯博士——耶鲁毕业的内科医生，《众多生命，众多大师》一书的作者——一起作了一个演讲。在他的发言中，维斯博士与大家分享了一个伊丽莎白·库伯勒·罗斯博士的故事。这位出色的精神科医师在研究死亡与垂死状态方面最为著名：

伊丽莎白是芝加哥大学的一名教授，也是位非常出色的女性。她曾告诉我关于她妈妈的一段故事。有一年夏天，伊丽莎白利用假期回到家乡瑞士探望还很健康的妈妈艾米。艾米一直是个精力充沛、一刻也停不下来的人，又非常博爱无私、乐于付出——简直到了令人吃惊的地步。她愿意给予任何人任何东西，还不要任何回报。她什么都不需要：她是个完全独立的女性。

在家的时候，艾米把伊丽莎白拉到一边，说："伊丽莎白，要是我变成了植物人，让我安乐死吧，帮助我解除痛苦。"

伊丽莎白吓住了，说："妈妈，我不能这么做。"

母亲止住了她："你能的。你是医生，你有药物。"

伊丽莎白摇摇头："不，不行。不过别担心，你才不会变植物人呢，像你这么健康的女人肯定能活到一百岁。"

不过好像她妈妈能预见似的，伊丽莎白回到芝加哥一个月以后，艾米严重中风。她变成了她口中的"植物人"。她失去了自理能力，却没有失去思考能力。

对于自强独立的艾米来说，这种生活太艰难了。她不喜欢靠别人照顾她的饮食起居需求。吃饭、上厕所、洗澡都要靠护士、朋友、护工以及家人，艾米就这样过了四年，状况一直没有明显的提高，然后离开了人世。

伊丽莎白对于母亲的状况非常痛心，也为她的离世难过不已。在早几年医治身患重病儿童的时候，她学会了冥想。所以一天下午，在母亲过世后不久，她坐下来开始冥想。她闭上双眼，平静下来，突然，有个强有力的声音在她脑海中震荡。伊丽莎白并没有真的听到声音，但她说有种从宇宙传来的声音震动了她整个身体，问她："伊丽莎白！你为何如此愤怒？"

她在脑海中回答道："因为我的母亲——我美丽善良的母亲，我只懂付出、不求回报的母亲，在临走前，在痛苦的、绝望的状态中活了四年。我无法理解！"

那个声音回答道："这四年对你母亲而言是一份礼物——一种恩赐——因为爱是平衡的。伊丽莎白，如果没有人收获爱，谁又愿意给予？"

艾米一直没有学会收获爱，而在那四年中，她学到了。明白了这一点，伊丽莎白就能放下因为母亲的命运而激发的愤怒。

从别人那儿收获爱也是一种爱与理解的表现，能够开启心灵，身体也会受益。研究显示当你收获爱的时候，你的血清素水平——这一和幸福感与愉悦感相关的神经递质——也会随之增加，就像你付出时那样。为了自由地收获，你必须放下防备，解除一切戒备武装，不让爱之暖流停滞。

拆 除 城 墙

在第六章里，我们说到收获爱的最大障碍是觉得没有意识到自身价值。不过，除此之外还有一些其他障碍也会妨碍爱的涌入——特别是我们狭隘的观念以及恐惧感。

大多数人在孩童时期就受到这样的教育：付出比收获崇高。所以我们因为不想显得自己自我、自私，所以总是避免接受别人的恩惠。

这种普遍的，几乎是不自觉的观念需要得到调整。的确，付出是很崇高，但不意味着你就不应该收获。（毕竟，付出者也要有接受的对象才行啊！）这不是非此即彼的等式，拥有一颗坦诚开放的心，人们能够自由地付出与收获。

恐惧是另一大阻碍收获的顽石。你也许害怕背负人情债，想着要怎么回报别人的好意。又或许和艾米一样，你害怕变得依赖别人，显得软弱、需要帮助。

为了消除这些根植在你脑海中的观念与恐惧，首先就要意识到它们的存在。这就给了你更多的空间可以让你有不同的选择。

歌手梅丽莎·艾斯里奇就是体现收获之强大的鲜明例子。我多年来一直很喜欢梅丽莎的音乐，所以去年，当我有机会听到她在全球娱乐转型联盟就职大会上作演讲，我兴奋极了。在出色地演唱了几首歌后，梅丽莎讲述了下面的故事，而我听完，就觉得一定要采访她。她很明显是位"爱之名人"，传递着"无需理由之爱"的讯息。

在我们的采访中，梅丽莎的每一个字都让我回味——我甚至听得起了鸡皮疙瘩——她讲述了自己对于爱之觉醒所经历的心路历程。而我，为她的人生经历深受启发，就如她的音乐一样。

*　*　*　*　*

梅丽莎的故事
无 畏 的 爱

我们中有些人一直在等待闪电般觉醒的那一刻——滴答！上一秒我们还在沉睡，下一秒我们就完全清醒了，不过事情往往不是这样的。我的觉醒是一次漫长的旅程；不是一蹴而就的。这需要时间，一天一天，一月一月，打破我最大的恐惧——我无法自由地感受到对自己和万事万物的爱。

旅程的起点是2004年的一个晚上，我正在加拿大渥太华的一家赌场演出。当时我坐在后台准备表演，和我的鼓手、吉他手百无聊赖地在休息室里，等着上台。

我觉得自己好像迷失了一样，记得对旁边的人说："我不知道这是怎么了。我已经到过顶峰，我名利双收，也赚了不少钱，可是一切都似乎是空白的、黑暗的、空洞的。"我抬起头看着天花板，说道："好吧，宇宙啊，你到底希望我怎样？这一切的意义何在？虽然我不知道有什么等着我，可我准备好了。"

就在那一晚过后的第二天早上，我摸到自己乳房上有个肿块。我突然明白这是宇宙在对我说："好吧，梅丽莎，你准备好了，那就出发吧。"

被确诊为乳腺癌的一刻我仿佛穿墙而过。我想着："我要崩溃了！一定心痛如绞！"接着，砰的一声，我已经走了过去，高墙消失不见，我已置身墙的另一端——一个癌症患者。我心里仍然留有旧日自己的影子，我一直都是这样，可是周围的人对我的态度却发生了改变。随着时间的推移，我开始觉察到这种不同——但却不是令我害怕的改变；我并没有迷失自己，相反，我开始觉醒。

在接下来的几个月里，我成功地放开了很多东西，有些我都没有意识到自己一直紧抓着不放。最重要的是，我清楚了脑海里喋喋不休的"批评家"。在化疗的时候，我被迫躺着一动不动，什么都不能做，因为一动就疼痛难忍。

起初，在一片寂静里，我身体虽然躺着，思想却以每分钟一千英里的速度飞驰着。可是，当我在脑海中回顾自己的一生两三遍之后，这卷磁带终于断带了。我停下了思考，我的大脑安静了下来。在这份宁静中，有不可思议的光芒、能量、精神与爱，我知道，这是更崇高的自己。当我与之相遇，一切恐惧悄然退去。

在那份静默中，我明白了得癌症、做化疗都是有原因的——为了再次找到爱，找到更崇高的自我，接着我再一次走进爱里，然后，从那儿继续出发。我体会到，爱与恐惧不能同时共存。它们如同磁极的两端。而爱，将所有的恐惧都驱散，一旦远离，我就能看见，这些恐惧原来是多么渺小。我曾担心自己的容貌、年龄，担心钱不够——所有用来衡量我们物质生活的度量——这些担心都被打破，在内心深处，我感到"足够了"。我想："我可以安静地坐在这儿，满足安稳。我不再需要其他东西。"

这种"成为爱"的经历改变了我身边的一切——包括我的人际关系，我对深爱的人、陌生人、同事、孩子以及自己的态度。事实上，这样的改变是先从自身开始的：我早晨醒来，第一个念头就是"我爱自己"。我看着镜子，看到自己是美丽的、诱人的、坚强的、善良的。一切从那里开始。

　　我的大脑不停地做着选择，而我更崇高的自我则帮助我的大脑，做什么事都是出于爱而选择，而不是出于恐惧——不管我吃什么、去哪儿、穿什么衣服，我都不断地和自己对话。

　　当我从爱中出发，我明白了不管我交往的人遇到什么样的事，向我施加什么影响，都和我没有关系。我并不和他们计较，而是用一种爱的眼光看待一切，这种做法改变了我生活中的一切。

　　就在我清楚自己要在爱中生活不久以后，更崇高的自我就给了我一个机会实践这一选择。一天，我接到格莱美组织者的电话，要请我在颁奖典礼上演唱珍妮丝·杰普林的《我心一片》——这当然很棒，只是演出时间是在我化疗之后。这就是说，我要光着头在全世界数以千万的观众面前演唱！

　　我已经下定决心，不再出于恐惧而选择，所以宇宙向我发问："你是说真的吗？因为我们要给你证明自己的机会。"

　　我说："是的！我不再害怕自己的容貌，或是害怕别人看我的眼光。"我答应下来，因为这是我对自己的承诺——"从这里开始，一切都关乎爱，一切都需要说好。"

　　所以我说好，我登上了那个舞台，光着头，唱出了我的心声。而现在已经过了五年多，我得到的回报与共鸣仍然不断地向我涌来。人们不断地告诉我："哦，那次你在格莱美典礼上的表演改变了我们的人生。我的妈妈也是乳腺癌患者（或是我的妹妹，或是我自己……）可是当我们看着你，我们意识到：'嘿，如果她能做到，我们也能。'"直到今天，这种充满爱意的回馈仍不断地从我的朋友，或是陌生人身上向我涌来。

　　这样的体验，在用爱战胜恐惧之后，帮助我经历了人生第二次转折性的觉醒：我意识到，应该坦然接受他人的爱与支持。

　　经历了癌症以及五个疗程的化疗和放疗让我学习到怎样接受别人的照顾，这在以前看来，可能会让自己觉得是软弱的表现。我在中西部城市长大，那儿的氛围就是大家要努力工作，友善待人，照顾其他人。我十一二岁的时候就开始独立——我总是能够很好地照顾自己，而且总是显得"很好"。

可是当癌症袭来，化疗袭来，我看到让他人照顾我其实比起"哦，不用不用，我能照顾好自己"要有益得多。这种做法对我有益，对他们也有益。接受他们善意的关怀加深了我和身边人的感情，因为我终于可以说："你知道吗？我需要帮助，请让爱注入心灵。"

这个选择直到今天我仍然坚持着。接受爱不是件小事，特别是对于女人来说。有时，以前的内疚感、羞愧感也会涌上心头，不过如果我能够选择无视这些陈旧的观念，爱之暖流又能自由地进出了。

以最本真的状态生活——光明与爱的化身，而非恐惧——每时每刻，都为自己做一个简单的承诺，一个简单的选择。正如我的歌曲《无畏的爱》中唱的那样：

> 我渴望我的生活
> 追求幸福
> 我渴望无畏的爱
> 别无他求

* * * * *

感 恩 的 心

每天清晨，以一颗轻盈的心醒来，然后感谢，又是充满爱的一天。

——纪伯伦 二十世纪黎巴嫩裔美籍作家

和梅丽莎一样，当你能够全然敞开心扉收获爱的时候就能体验到这份"无畏的爱"。而要想做到这一点，最有效的方法就是通过感恩与欣赏。

而我在我妈妈身上学到了很多关于感恩与欣赏的东西。虽然她并不是一开始就是充满感恩的人，不过随着年岁的增长，妈妈成了我学习的榜样。妈妈的大半生都属于"半瓶子晃荡"的状态，可是在她过世前的五年里，妈妈彻底地转变成了一个非常积极，心怀感恩的人。不论遇到什么情况，她都能看到好的一面；从她嘴里说出的每一个字眼，都满含感谢与欣赏；她总是说自己的生活是多么美好，能拥有这一切是多么幸运。和她在一起真是件令人享受的事。

过世前一年，妈妈接受了一次重大的、高风险的手术。在病房里，各种管子插遍了她身体：胳膊、嘴、鼻子。当妈妈醒过来的时候，我和哥哥姐姐站在病床边，我俯下身，轻声问她："妈妈，你觉得怎么样？"她睁开眼睛看着我，绽开一个灿烂的笑容，隔着输液器管子，回答道："哦，宝贝，我很快乐，没有理由。"

妈妈，您说的真对！我是多么骄傲高兴啊，您成功地经受住了世界上最困难的考验：面对生活的各种挑战，依然能找到爱与幸福。

想要开始你的感恩之旅，就从有意识地发现、体验你当下所拥有的一切开始。这就能对你的大脑进行"重新编写"，让你注意到生命中众多的礼物与恩赐。

对于感恩益处的科学研究已经可以写成一本书了——这方面的著作也已很多。感恩能够触动副交感神经系统反应——这种反应正好与压力相反——并使心率平衡连贯，产生出一系列有益身心的效果。保持感恩的心能够提升健康水平，提高睡眠质量，降低血液中压力荷尔蒙的水平，修复压力对你的心脏产生的损伤等等。

我总是说感恩是通往爱的捷径。二十多年前，我开始了一项每日感恩练习：在一天快结束的时候，写出今天值得感恩的五件事。这种做法让我的生活发生了积极的转变，在心痛难过的时候仍能敞开心扉。直到今天我还坚持着这种做法。

写作本书的时候，除了决定每日做感恩练习，我又增加了一个40天收获练习。有这个想法是因为有一天，我打电话给我的朋友克里斯蒂娜·阿里罗，她简直是自爱之女皇。她告诉我，她准备接下来的40天都有意识地探索如何让自己更自由地接受爱。

"我也加入！"我告诉她，然后我们一起开始了这次的收获之旅。克里斯蒂娜和我约定我们定期交换笔记，这就让我更有动力走下去。

对我来说，这项练习主要就是如何积极地允许他人为我做事情——比如让别人为我开门，接受邀请和友人共进午餐，允许同事们竭尽所能地帮助我等等。一开始，这显得挺困难的；我已经太习惯了说："不用麻烦，我自己能行。"

后来我意识到，自己这么做是躲在防护墙后面，拒绝他人为我付出——甚至连付出的提议也一并拒绝。我是那么坚持什么事情都亲力亲为，因为我并不想打扰其他人或占用他人时间。我的"搞定一切女超人"心理其实是内心"不受欢迎的女孩"的表现形式。

当我再次发现自己开始落入老思想老习惯，我做个深呼吸，微笑着说："谢谢。"然后坦然接受他们的付出，并报以真心感激。40天的练习早就过去了，可是坦然接受他人的爱与支持已经成为了我的生活方式。

毛茸茸的爱之名人

另外一项练习收获爱的方法就是和那些深谙此道的"高手"在一起。我所说的高手指的是我们毛茸茸的动物朋友们。宠物是世界级的接受者。你看见过小狗会拒绝你的爱抚因为它不想打扰你？还是小猫从有阳光的沙发一角挪开了，害怕别人觉得它自私？宠物一刻不停地接受着爱，一派天真、兴致勃勃，真值得我们效仿。

而宠物散发出的爱就是纯粹的"无需理由之爱"。很多人第一次体验到无私之爱就是在我们的宠物身上。这些小家伙就是爱你没道理。不管你今天心情好不好；不管你是刚刚跑完波士顿马拉松还是弄砸了你的节食计划。（不过可能在喂食时间会更爱你多一点点吧。）而这些无私的爱能够帮助你更好地练习付出。

就算只是靠近它们都能让你敞开心扉。"爱之名人"丽莎·凯尔博士是个生命创意教练，也是《幸福在等待你》一书的作者。在采访中，丽莎告诉我当她和丈夫吉恩·盖自愿领养了导盲犬"科迪"之后，所体验到的"无需理由之爱"的转变。

　　遇到科迪之前，我一直是个戒备心很强的人，对于人性美好很是怀疑，除了很小的朋友家人圈子，我的爱与情感几乎不对外人流露。

　　年轻的时候，我也是个活泼外向的人，不过成人之后生活在竞争激烈的学术圈里，然后又踏入了你死我活的生意圈，这一切都让我觉得震惊、幻灭。

　　那些在个人生活与事业上受到的背后恶意的中伤与谎言都深深地伤害了我。我的心开始变得坚硬，而我的防御也日趋尖锐。我不再看到人们好的一面——却时时准备面对人性最丑陋的一面。虽然我和丈夫吉恩·盖的婚姻非常幸福，彼此信赖，可外面的世界却充满了背叛。

　　当我们收养了第一只宠物狗科迪，我清晰地记得抚摸它柔软的金黄色皮毛，爱抚它小象一般的耳朵的感觉。当我感受到它小小的心脏在我胸口跳动，一种强烈的情感充满了内心，这种感受这么多年来，除了吉恩，我都没有在其他人身上找到。这就是牵挂的感觉吗？感觉真好啊。

　　我和吉恩组成了"科迪之队"，料理我们的小宠物各方面的状况。这可不是轻松的活，不过有意思极了，很快，我们全身上下都充满了对科迪的爱。科迪简直是天生的喜剧演员，活在当下，不停地散发着无私之爱。和人类不同，小狗们可不会撒谎，不会背叛。只要把它们的笼子锁好，它们还是非常值得尊敬的。

　　我们的宠物之爱并不令人意外，却有着意想不到的效果。

　　当你牵着一只幼小的导盲犬的时候，人们会自动涌向你，仿佛你正不停散播着自由与快乐一般，点亮了人们的面孔。陌生人会停下脚步想和你的狗狗说话，和你说话。他们问你各种问题，或和你分享最喜爱的狗狗故事。而我也会做出友好的回应。而和科迪的"爱慕者"们闲话家常，也让我看到了在内心深处，人性的温暖友善。

　　在获得了对于人性的新看法后，我原谅了那些曾经伤害过我的人。因为我意识到，不论他们做了什么，都是出于痛苦。客观地来看，他们都已经尽力了。

如今，我比起之前，对于他人的看法已经变得大为友善。这并不是像年轻时期那样天真的信任，它更为深沉：我敞开了心扉，让生活变得无限甜美。

而科迪呢？它现在已经是只上了年纪的导盲犬啦——却仍然无时无刻都散播着爱之温暖。

养宠物并不能一定保证你就会变得充满爱心，不过对于我们大多数人而言，有动物的陪伴似乎确实能够让心变得柔软。不过你也不需要真的去领养一只动物来感受它们敞开心扉的力量。即使只是看着它们的照片也能激发起内在的"无需理由之爱"，这也解释了为什么Youtube上最受欢迎的视频及传播最广的电子邮件通常都是以动物为主题的。卡罗最爱的激发"无需理由之爱"的网站名叫"可爱泛滥"。上面有各种让你忍不住感叹的可爱照片和视频——小猫、小狗、仓鼠、马——你明白了吧。

当然，不是所有人都对动物有强烈反应。对于不同的人，激发你内心爱之体，让爱之频率驻入内心的可能是自然风光或雄伟的建筑，是名人名言或振奋人心的音乐等。是什么并不重要。只要是能让你的心歌唱的事物，都可以用来练习敞开心扉，自由地收获爱。

寻找金子般的心

有些文化里，强调坦诚开放之心胜于其他一切。这些文化明白敞开心扉是多么重要——与金子一样贵重。

我从按摩治疗师，"爱之名人"凯西·克森那儿学到了一个特别的方法来敞开心灵，治愈创伤。凯西是个美籍尼姑，她花了半年时间住在缅甸高山上的一座修道院里，学习缅甸古老的用金子治愈心灵的方法。

有一天在按摩疗程中，凯西在我胸口放了两片2平方英寸、非常精细的金叶子，然后轻轻地按进我的皮肤，一边用缅甸语说着爱与善的祝祷。她告诉我，这些金箔是经过高僧祝祷过的，在缅甸，这种传统疗法据说能够让金叶子通过皮肤吸收，帮助开启心室，增加血液循环。

在采访过程中，凯西告诉我："除了有治疗的功效，将金子放在心口也具有强烈的象征意味。它提醒着我们，心也像金子一样，纯洁无暇。"

她继续说道："无需理由之爱是我们最本真的状态，只不过是被我们的贪念、愤怒以及妄念遮挡住了，为了能够无私地去爱，就要解放你的心——这是通往完美的必经之路。"

我非常享受金子心灵疗法，便请求凯西下次再去缅甸的时候给我带些金叶子来。现在，我使用这些金叶子至少每周一次，享受它给我心灵带来的甜蜜、柔软与温暖。（更多信息参见推荐资源部分房。）

后来，我的朋友，莉莉·波切利向我介绍了另一种心灵开启法。莉莉在次能量治疗领域是位先驱研究者。有一次，在讨论"无需理由之爱"的时候，莉莉让我尝试了一种矿物质补充剂，她说这种药物能让我的细胞水平适应爱之频率。这些补充剂是在水晶成形的过程中形成的，那些水晶被放在金、银和铜的悬挂架里，接受着不同能量频率的辐射，而这些能量频率也是基于特定的音调形成的。从特定数学比率中衍生出的古老音调能够产生某些特定的作用。（莉莉说罗马天主教堂里的格列高利圣咏也是基于这些音调。）莉莉把这种补充剂称之为"调频528"，也就是"爱之频率"。在喝下补充剂几分钟后，我就感到心灵正在轻软而温柔地膨胀着，而爱之暖流从我体内涌出。又是一种让爱之体闪亮的好方法！（想要了解调频528补充剂的更多信息，参见推荐资源部分。）

爱之转变：正当理由之爱至无需理由之爱

不管思想走得多远，你的旅程走向何方，都会回到心灵的光明之所。一次又一次，回到呼吸交汇、交融、融为一体之处。这么做的同时，将你的注意力集中到你内在美好的核心，你将不断地在新世界的欣喜中重生。

——佛教怖畏密教经

正如你看到的，学习接受爱可以先从"正当理由之爱"起步：对于特定的人或宠物，你喜欢的地方或某项有成就感的活动体会欣赏与感恩的心情；在自然之美景或无法抵御的可爱情景中陶醉；关注每天来到你生命中的礼物与恩赐。所有这一切都能刺激心灵因为某种特定的原因而爱意涌动，并激发爱之能量的振频。

为了能够将这种有目的的爱，或者说"正当理由之爱"转变成"无需理由之爱"，只要把自己的注意力从外物上解脱出来，转向爱本身，你就能够乘着爱之流追溯到它的源头。正如"爱之名人"大卫·斯宾勒描述的那样："一旦爱从我心中涌出，我就能顺着水流，找到它源泉。"然后你就能体验到爱在心中激荡回响——一种状态，很多"爱之名人"把它称为"爱的汪洋"。

在第一章里，你就已经知道该怎样练习，区别"正当理由之爱"与"无需理由之爱"。后者不依赖于除了内心之外的任何外物。你的心灵完全敞开——没有理由。然后无私之爱涌入了你的身心，再通过你的心灵，涌向外面的世界。

* * * * *

心灵冥想方法有很多种。我最喜欢的是下面一种。它改编自我从"爱之名人"提赞娜·黛拉·洛夫里处学到的"阿多拉他冥想法"。提赞娜设计了一种非常棒的方法，让你直接获得无私之爱的体验。我和提赞娜有过非常密切的合作，也非常喜欢她"将神圣的女性之美与男性之美在心灵的圣地融合"的练习。这种冥想法可以帮助你敞开心扉，让爱涌入。

开 始 之 盒

【练习】

天与地在心灵交汇冥想法

1. 找个舒服的地方坐下，闭上双眼，做几次放松的深呼吸。放开纷扰的思绪，将你的注意力集中到呼吸上。

2．想象一下有一股岩浆似的滚烫的明亮液体，这是大地母亲的生命能量。

3．想象一下这股液体的爱之能量从大地中心涌入你脚下的土地。想象它通过脚底板涌入你身体。感受能量从你的双腿、盆骨、胃，涌入你的心灵。让这股大地的生命力停留在心中，滋润你的心灵。

4．做几次深呼吸，再花一点时间感受心灵，感受到能量注满内心，在内心膨胀。

5．现在，想象一下有一束金色的、明亮的光，如同太阳一般。这是天空父亲的生命能量。

6．想象一下这股充满爱意、恩赐的光芒从天而降，从你的头顶进入身体。感受这股太阳般的生命能量从你的头、颈、肩膀、胳膊涌入你的心灵。让这股光明的天空能量在心中停留，滋养你的心灵。

7．做几次深呼吸，再花一点时间感受心灵，感受到能量注满内心，在内心膨胀。

8．想象一下这两股能量同时在你心灵停驻，交融为一体，创造出一个光辉的金黄色爱之能量球。感受大地与天空交汇的能量让你的心灵放松下来，开启心灵之门户。让这个金黄色的爱之能量体在你体内膨胀。

9．现在，想象一下你的心灵是一个金黄色的碗，敞开着，准备接受此刻涌入你身体的所有爱与祝福。坐着花几分钟体验这份坦诚与爱。

10．慢慢地将你的注意力重新集中到你的身体上，抖动你的手指与脚趾，然后慢慢地睁开眼睛。Marci Shimoff 2010

结 尾 之 盒
该练习将使你受益良多

开 始 之 盒
本章小结及"无需理由之爱"步骤
用一颗充实的心付出，让爱毫无阻碍地驻进内心，是开启坦诚之门的钥匙所在。利用以下步骤提升爱之暖流在这个最为关键的能量中心的流动：

1. 每天做五件善事。不管是衷心美好的愿望还是具体行动。对他人付出能够改善健康状况，帮助开启心扉。

2. 释放爱意，或者对一天内你遇到的人在脑海中给予拥抱。注意到这种做法所带来的爱、能量与快乐。

3. 如果你还有放不下的憎恨或怨念——过去或现在——它们都会阻碍你爱的能力。利用霍普诺普诺之法去释放这些情绪，懂得原谅。（我很抱歉，请原谅我，谢谢你，我爱你。）

4. 为了不让你的爱之容器因为过度付出而枯竭，时刻关注过度关注的各种症状。当因为病态付出的压力出现最初的症状，重新滋养、关爱你自身。

5. 当你感受到压力，或是觉得心灵闭塞，使用心脏数理研究院内心放松技巧来获得连贯的"心波"，并让更多的爱意涌入你的生活。

6. 运用三种方法保持心灵开启，培养感恩。有意识地欣赏生活中的礼物与恩赐，来训练你的大脑对于美好事物的敏感度。

7. 练习敞开心扉，自由获取。下一次有人给你"赐予"——不管是礼物，还是赞美，还是帮助——都以感恩的心接受它。不妨向我们四条腿的朋友寻找启示，让爱涌入心灵。

8. 为了开启心灵，治愈创伤，利用"金子心灵治愈过程"或"调频528补充剂"。

9. 跟随着爱的感觉追源溯本，将有条件之爱转变为"无需理由之爱"。在你心中那一片纯粹之爱的海洋中畅游。

10. 用"天与地心灵交汇冥想法"体验爱之充实，培养接受爱的能力。

结　尾　之　盒

该练习将使你受益良多。

第八章 沟通之门：一切源于同情

> 世上有些人，一旦开口交谈，便会迅速爱上对方；因为当他们一开口就会发现，他们的灵魂只不过被阴影与幻想分隔而已。
>
> ——欧内斯特·海罗　十九世纪作家、批评家

想象一下：现在是晚间7点，我吃饭正吃了一半，电话响了，原来又是躲不掉的电话推销员。

多年来，我习惯了气恼对待。要不咬紧牙关，不去理会吵闹的铃声，要不就是没好气地接起电话，让对方知道我很生气——你打断我吃饭了，然后很没礼貌地挂断电话。不过这么做经常让我心情郁闷，因为不喜欢自己这么粗鲁的态度。

所以当可以设置电话黑名单时，我立即申请了，可是我还是一直会接到那些会让我无法呆在爱之领域的电话。接着有一天，我开始想着电话那头，那些打电话给我推销东西的人。我想象着他们其实也和其他人一样，也有家人，也需要养家糊口。这样想着，心就变得柔软起来了——我决定改变自己的方法。

现在，只要电话那头开始滔滔不绝地推销某样产品时，我会温和地打断他们，说："谢谢，我对这个产品没有兴趣，不过我祝你今晚好运。"

这是真心话——我真的希望他们今晚能顺利。我发现这招真的很有用。他们不会再试图坚持："可是，可是，可是……"或是再发动下一波攻击。他们就此停了下来，因为意识到有人对他们友善，希望他们好运，并且对他们坦诚相待。他们总会说一句："非常感谢你。"然后我们都放下电话，觉

得心情很好。

这种新方法让我保持了心灵的通畅，也开启了电话推销员的心，并且让我如愿地挂下了电话，还保持了自己的爱之能量。

说出心声并不是说你就一定要什么时候都和颜悦色的，即使你其实内心怒火冲天，如火山爆发。你并不需要压抑自己的愤怒或试图掩饰。相反，你可以"选择让心情更愉悦的说话方式"，这其实是"选择让心情更愉悦的想法"的变体。

"选择让心情更愉悦的想法"就是指将更多注意力集中到能够增加你爱之体验的想法上来。举例来说，当你身处某种情境生出负面的想法，不妨找一个"一样正确"的想法，让自己感觉好一些，并有意强化这种想法。这种概念就是积极心理学先驱马丁·萨利门所说的——"有意为之的积极观念"。虽然杯子空了一半，可是还有一半是满的。养成习惯，有意选择更富有爱意的想法能够让你的心灵保持开启。

说话也是一样。当你选择一样真实，却更富有爱心的话语，你就在传达爱。如今，在接到推销员的电话以后，我是面带微笑回到餐桌上。我觉得自己和电话那头的人也有了心灵的交流，而不是将他们当成我用餐时间的敌人。

* * * * *

有很多倾诉、聆听的方法能够开启心灵，有一些则不能。呵斥、吼叫、挑剔的言词会收缩我们的能量，让我们无法说出真心话，变得虚伪，回避内心真实的需求。戒备地听——或根本充耳不闻——也会让心门关闭。

当沟通之门是开启的，你的听与说都能增加内心同情、理解的感受。你真诚地与人分享自己的所思所想，而不是为了获得别人的赞同说一些言不由衷的话。不管别人说什么，你都能专心地聆听，听到言语背后的感受与需求。

当这个中心阻塞的时候，你就会感到沮丧、被误解；你不能流畅地表达心里真实的想法，并且也很难听进去别人说的真话。当你并没有怀着一颗爱之心表达，或倾听自己的心声，和周围人的矛盾也会随之增多。

当这个中心是开启的，你就是无时无刻都流动着"无需理由之爱"。我记得小时候最喜欢的电影场景——茱莉·安德鲁在奥地利青翠的草地上转着圈，唱到："音乐声响起，青山也醒来！"就和茱莉饰演的玛利亚一样，当你心里的爱满得溢出来，你会想要把爱的讯息传播给身边的每一个人。

心灵的烟囱

沟通之中心又被称为"第五气卦"或"喉咙气卦"，和喉、嘴、颈、耳密切相关。这个能量中心影响着你自由表达心声以及坦诚倾听他人的能力。我们的心通过这个中心与外界交流，所以这也是为什么有时它也被称为"心灵的烟囱"。这是一个再恰当不过的比喻。当烟囱通畅的时候，烟从里面冒出来，通向外界，让新鲜氧气通过烟道进来。这种气体的双向交换能够让火熊熊燃烧。

同样地，当你的喉咙气卦这根"烟囱"是畅通的，你心灵的火焰就能畅快地燃烧，让你真实地表达心中感受，用同情理解的态度聆听他人的话语。

不过你要是压抑自己真实的情感，你堵住了爱与沟通的心灵通道。想象一下把一捆湿布塞在烟囱里——火苗几分钟就会熄灭了！

沟通中心是我们内在思想及情感世界与外在的经历、人际关系世界交流的渠道。为了保持渠道的通畅，你必须诚实地说出心中感受，并且有一对客观公平的耳朵。

架起桥梁

我们的沟通常常会加大彼此的距离，而不是拉近距离。当我们的对话由痛之体——由恐惧与伤害组成的——驱使着，我们不可避免地创造着更多恐惧与伤害。我们被困在批评、抱怨或误解的恶性怪圈里，难以挣脱。

我在采访"爱之名人"盖·亨德里克斯的时候，他对我讲起了他第一次意识到和妻子凯蒂的沟通是由痛苦与恐惧所驱使，而不是爱的经历。如今，盖与凯蒂已经是教导夫妻相处之道的行家，两人通力合作，教导如何在两人之间架起沟通的桥梁，而不是在河里放满鳄鱼。不过，他们也是通过意识到言辞背后更深层的东西才一步步走到了现在。下面是盖的讲述：

　　差不多二十年前——我们三十多年婚姻生活的第一个十年里——凯蒂和我大吵了一架，然后我就想："哇哦，这可不是我们的第500次争吵，这是我们在同一个问题上的第500次争吵！"我意识到我们矛盾的一大来源就是没有诚实地面对彼此内心真实的感受，却一味指责对方让自己生气。

　　几周后，我有机会看清了这些冲突是如何发生的。那是周五晚上，凯蒂比她自己说的时间迟了45分钟回家。我开门的时候看到她怀里抱着的两大袋东西，其实这就足以说明凯蒂迟到的原因，可是从我嘴里说出的第一句话就是责备："你说过7点半回家的，你去哪儿了？"

　　不出所料，争吵又爆发了。在吵架的时候，我突然意识到，虽然表面看来我很生气，在挑凯蒂的错，实际上都是因为我害怕。我害怕极了，害怕自己一停下来就要承受这份恐惧。

　　当我试着感受这份恐惧，我发现，在我很小的时候，妈妈常常会忘记接我放学回家，或是迟到很久，那时，我就和现在一样感到害怕恐惧。而现在，我责怪凯蒂回家太迟，正是在向她影射这份害怕被抛弃的心情。不过，这并不是凯蒂的错，是我没有安全感，一直没有放下担心被抛弃的恐惧。

　　我脱口而出："我知道自己在怪你，可那并不是你的错，我不是真的生气，我只是害怕。"那一晚，我们把两大袋东西放在一边，坐在地板上谈了很久。我们都意识到，如果能够更多地关注这些深层次的问题，我们欣赏彼此、关爱彼此的能力将会得到极大的提升。从那以后，我们约定，如果再遇到类似的情况，以最快的速度检视内心，问自己："我害怕的是……"而不是一味指责："你做错了……"这种坦诚的态度让我们更能够敞开心扉，比起把责任推到对方身上，说对方应该怎样改进有益得多。

当盖试着了解内心深处的感受，他就能坦诚地进行沟通，真实地描述心灵中心发生的一切。这就为理解沟通创造了通道，帮助他与凯蒂一点一点弥合彼此的缝隙。

凯蒂和盖很多年前就彼此约定，要用源源不断的欣赏与爱完全取代两人关系中的批评指责。他们花了几年来实践这一诺言，不过盖说，他和凯蒂已经十五年没有向对方说过一句责备的话了！

你是爱之代言人，还是恐惧之代言人？

要掌握理解沟通之道，需要时间与精力，不过即使是很小的关注也能产生长远的积极效果。我从众多"爱之名人"身上学到的核心价值就是每次我们与人交流——不管是伴侣、陌生人还是面对数以千计的听众——我们要不就是爱之代言人，在每次交流中播撒着理解与关爱；要不就是恐惧之代言人，用疏离、尖锐、防御制造着距离与裂痕。

如果你是爱之代言人，当你表达自己心中感受，你的心随之柔软，同时也会软化旁人的心。要是你是恐惧的代言人，那所有人的心都会像石头一般坚硬。你倾听、表达的方式决定了你是爱之代言人，抑或是恐惧之代言人。爱之代言人仍然会表达难过、受伤或沮丧的情绪，但他们表达得很有技巧，并且牢记这样的表达是为了创造更多的爱。

下面的爱之密匙能教导你如何用爱代替由恐惧驱使的表达、聆听习惯，开启沟通之门，促进生命中的理解与亲密度。

开 始 之 盒
开启沟通之门的爱之密匙

1. 运用爱之语言
2. 聆听心底的声音

结 尾 之 盒

表达之密匙能让你以一颗坦诚、敏感之心表达自我，同时保持内心强大。

聆听之密匙教导你以一颗同情理解之心倾听，创造更深切的爱之联系。

双管齐下，它们能架起一座通向"无需理由之爱"的桥梁，让你心底的无私之爱能够直接地与外界互动。

沟通之门的爱之密匙1：运用爱之语言

诗人塞穆尔·柯勒律治写道："从心灵而来，奔向心灵而去。"当我们通过心底的无私之爱直接地表达自己，我们同时也触碰到了听众的内心之爱。

从表面上来看，我们的言语是传情达意，承载着我们希望传递给他人的信息。不过从更深层、更重要的层面来说，它们同时也是通过产生的声音以及言词背后的意义传递一种振动、一种能量。为了让你的爱之体充满电量，向周围的世界传递最为积极的影响，请使用传递着爱之振频的语言——而非恐惧。

"爱之名人"弗莱德·约翰森就是声音疗法领域的专家。他告诉我："呼吸是上天赐予我们的爱之精髓。上帝让我们学会吸气，而如何运用呼气制造声音则是我们的责任。我们带到这个世界上来的种种声音要不体现了爱之能量，要不体现了恐惧之能量。这就是为什么我们一定要很注意对自己，以及对我们周围世界说话的方式。"

从我父母身上，我第一次了解到语言的力量。在我小时候，父母禁止我说："我做不了……"以及"我讨厌……"这样的话。我的父母知道这些话语所带的振频对爱不利。

后来我找到了父母这么做的科学依据。在过去二十五年中，我一直在我的演讲中设置了一个很有意思的环节：一项根据教育运动机能学设置的"肌肉实验"。我们知道，宇宙中所有的一切都是一种振动：食物、人、情景以及我们的话语。利用这项肌肉实验，我们可以判断哪些振动对身体有增强作用，哪些则有削弱作用。

它是这样的：我让一位听众自愿上前来，伸直一侧的手臂。接着，我轻轻地按着他的手腕，要求他保持胳膊直立——这一点是完全可以做到的。然后，我让他说一句消极的话，比如"我不能……""我讨厌……"或"我是个糟糕的人"等。他的肌肉立即失去了力量，无法保持胳膊直立。而只要他说出肯定的话，比如"我能……""我爱……"或"我是个好人"，他们的胳膊便重新获得了力量。

这个练习展示了言语的力量——如果我们要保持沟通之门通畅，我们就必须注意那些削弱自身力量的陈旧习惯和无意识的言词。注意有多少次你会说"我讨厌"——不管是"我讨厌交通堵塞""我讨厌甘蓝"还是"我讨厌政客"（是的，这个也要算）。这些话语——连同背后蕴藏的负面的能量——对于我们的身心来说都如同毒药，消耗着我们，甚至还能造成疾病。

在《心之语言》这一开拓性的著作中，心理学家詹姆士·J.林奇指出，语言对我们的心血管有着巨大的影响。该项创新的研究始于二十世纪八十年代，显示了语言对于血压有着直接影响，并且，那些持续使用负面言词的人患心脏病的几率也更高。所以，你的语言真的会伤害到你哦——不过，如果运用得当，伤害也是可以避免的。要做到这点，第一步就是要注意自己说话的方式。

要特别注意这两个字"我是"，这在很多古老哲学智慧中都被描述成最强大的两个字眼。任何东西只要跟在这两个字之后，效力就会放大很多倍，所以选择爱与和平的词汇显得分外重要，如"我很耀眼""我很富足"或"我很博爱"等。注意避免强化负面言论与情绪；因为不管我们说什么，我们的潜意识都会信以为真。当我们在说"我是……"的时候，我们唤起无尽的创造力，整个宇宙都会响应我们的话。就如同《星际迷航》中皮卡德船长命令船员们"一定要这样！"

让心灵闪耀

说出爱之语言的途径之一就是欣赏他人说出的爱之语言。这能强健你的爱之体，也能把爱带给你身边的人。有个故事，这么多年来我一直会在演讲中提到。海利斯·布里奇斯创办了"改变世界国际组织"，这一机构设计了一种蓝丝带，上面写着"我的存在能改变世界"。他们的目标是在2020年底，让全球范围内超过三亿人收到这条丝带。

这个故事说的是纽约市有位老师听说了蓝丝带的事，决定为她高三的学生们举行一个"欣赏仪式"，使用这些丝带。她给每个人都颁发一条蓝丝带，告诉他们自己最欣赏他们身上哪些品质。

然后她再给每位学生三条丝带，让他们分发给合适的对象，看看会对所在的社区产生怎样的影响。有位学生将丝带送给了他的上司，最后丝带一直传递下去，落到了公司老总手里。这位总裁平时日理万机，而他准备将丝带送给他十四岁的儿子。那天晚上，他让儿子坐在沙发上，对他说："我的生活一直都忙忙碌碌的，回家的时候也不太关心你在做什么。有时候，因为各种小事还会朝你大吼大叫。可是今晚，我只想让你知道你对我来说真的很重要。除了你母亲以外，你是我生命中最重要的人。你是个好孩子，我爱你！"

听到这一席话，儿子哭了起来。他走到一个抽屉旁边，打开来取出一把手枪，哭着对父亲说道："爸爸，我本来准备明天就自杀，因为我以为你不爱我。现在我不需要了，请把枪拿走吧。"

这个故事我已经讲了不下一千遍了，可是每一次都还让我感动得落泪。表达爱与欣赏的力量是这么伟大。想象一下，在这个世界上，如果人们都能够更经常地使用欣赏与肯定的言语，该有多么美好。

亲身体验一下吧！我和卡罗在写作本书的时候就每天一直坚持"欣赏练习"。我们会告诉彼此对方身上有哪三点让自己觉得欣赏。而这么做的效果就是彼此合作更加心无杂念，更加坦诚以对。你也可以对你的家人、同事、朋友做这项练习。即使是在百货商店结账的时候对收银员说一句简单的赞许："你笑起来很好看！"也会让他人心情愉快一整天。

"爱之名人"劳拉·W.墨菲就有一颗敏感而坦诚的心灵，她是表达欣赏的大师。作为"美国公民自由协会"华盛顿法制办公室主任，她习惯了每天不管走到哪儿，都向政界注入爱与欣赏的暖流。

在采访中，她告诉我，即使是我们认为的"公平的交换"也蕴藏着散播爱的机会。"我经常从华盛顿乘火车去纽约，列车乘务员过来收火车票的时候，我就可以选择：把票扔给他。在递给他的时候低下头不看他。或是放在面前的桌子上，不和乘务员有任何接触。又或者，我可以有意识地将票放在他手中，说一些友好感谢的话。"

"生活中到处都是表达爱的机会，如同一波一波向你奔涌而来的浪潮：一个微笑，一记点头，一声招呼'你好吗？'看着对方的眼睛，从心底关心对方。真心诚意地表达自己，并且养成这一良好的习惯，这一点非常重要。而当我回到家，就能更轻松地和家人相处，彼此关爱——因为我已经有一整天的练习了，我已经准备好了。"

"爱之名人"强尼·巴恩斯是证明爱之语言强大效力的另一位闪光人物。我是在半年一举办的"革新领导力咨询会"上不经意间听说强尼的。该咨询会的参与者有演说家、作家、知名教练以及其他富有远见的知名人士；而能够参加这个咨询会也是我的荣幸。我们在一起的时候，就会分享自己的心得体会，商讨如何支持彼此改变世界，让世界变得更美好。

2009年，我们的春季咨询会在百慕大群岛首府哈密尔顿举行。在那里，我听到了一个动人的故事。一位名叫强尼·巴恩斯的黑人长者以他特别的方式成为了家喻户晓的全民偶像：在二十五年里，他坚持站在城市一条繁忙的交通主干道上，向每一个经过的路人挥手，说"我爱你"。这真是"爱之名人"的典型！我觉得为了这本书，一定要采访到他。

强尼是"无需理由之爱"再合适不过的代言人。在采访中，透过电话线我们都能感受到他自然散发出的真爱与快乐！下面就是强尼的故事：如何使用爱之语言。

*　*　*　*　*

强尼的故事
这个世界，为爱而生

"早上好！祝您今天心情愉快！上帝保佑你！"

我都数不清这些话我说了多少遍。

我已经八十七岁了，在过去二十七年中，我四分之一清醒的时间都站在百慕大一条人来人往的马路上，向经过的路人挥手问好，有时我甚至奉送飞吻。

乍一听到你可能觉得挺疯狂的，不过经过这么长时间，这已经变成了我生命中再自然不过的一部分了。

你瞧，我爱所有人，我也喜欢告诉他们这一点。每天早晨，天还没亮的时候，我就戴上我的大草帽，拿好我亲爱的老伴给我准备的午餐袋，向我在的乌鸦道环形路口的位置出发——这是哈密尔顿市中心的环形交叉地带。

我到了那儿以后，放下袋子，举起双臂准备开始。从心底绽放出的微笑洋溢在我脸上，我挥手、飞吻，说出我的问候："早上好！上帝保佑你！你知道我爱你，宝贝！祝你今天好心情！"

大部分经过的人会笑着也向我挥手。很多人告诉我他们也爱我。有些人甚至停下来给我献花！

我觉得我生活的意义就是播撒爱与欢乐，不管何时何地，不管以何种方式。这颗爱的种子是八十多年前我的母亲给我种下的。那时候我还只是个五六岁的小男孩。

有一天，妈妈让我办件事，让我捎个口信给住在附近的一位邻居。在路上，我路过一位住在隔壁的老妇人。我看着她，她也看着我，可是我们俩谁也没说话。我继续走我的路完成我的任务。

回家以后，母亲确认了我把口信带到了，然后问我："强尼，你在路上有没有看到谁？"

我告诉她碰到了隔壁的老太太。

"你有没有和她说话？"

"没。"

妈妈可一点都不喜欢这个回答。她严厉地训了我，她说："强尼，你要和遇到的每个人说话！和人亲近接触——我们都是一体的。我们每个人都有上帝的影子。"

从那以后我遇到谁都会说上几句——不管是谁。

站在路边朝人挥手的念头是后来才有的。那是二十世纪四十年代初，我还是个年轻小伙子，在铁路局当电工。有一天吃午饭的时候，脑海里突然跳出这个冲动。我坐在铁路站场前的墙上吃三明治，然后我把手高举到空中，开始向每个经过的人挥手——车里的人，骑自行车的人，人行道上的行人——每个人。这种感觉太美妙了，以后我每天都会提前半个小时上班，用来做这件事。我就坐在墙上，向上班的伙计们问好。有些人觉得我疯了，不过我可不在乎。我这么做大家挺高兴的。

几年后，我开始站在现在的环形路口，每天早晨半个小时的挥手也延长至一小时。三十年来，我每天上班前都会这么做。1983年我退休了，我还是每天早晨就去那儿和路过的人打招呼，不过这下呆的时间长了一点，后来又长了一点，再后来又长了一点。现在，我凌晨三点半从家里出发，四点二十左右到达环形路口，十点才走，每周五天，每天六小时用来播撒爱。我想不出还有别的更好的方法来打发时间。

你会惊奇地发现原来清晨的街道上有这么多人：卡车司机、上班族、医院工作人员、慢跑和骑自行车晨练的人。我特别喜欢看孩子们的脸，他们坐在车上去上学，在车里冲我挥手，大声说："嘿，强尼，我爱你。"有时候，正巧他们经过的时候我背对着他们对别人挥手，孩子们还会让父母特意再开过来，好让我们能冲彼此挥手致意。

当然，有些人会皱眉，冲我挥拳头，可我并不在意，继续微笑挥手。有一天，有个男人走过来，对我说想把我从路口赶走。我说："我爱你，兄弟，我还是爱你。"几天后他又来了，还是说同样的话，说不想看见我。我还是告诉他不管怎样我都爱他。他再一次经过我身边的时候，他说："你知道不，你是个挺不错的家伙。"现在我还能常常见到他。

经常经过我身边的还有乘游船的游客们。他们会停下来和我说话，给我照相，我就问他们什么时候走。如果他们说今明两天就走，我就在走之前和他们一起做一段祈祷。他们似乎很喜欢这种做法。有很多人走了以后，过了一年，或一段时间再回来，告诉我说："哦，上次我来的时候你和我一起祈祷，我想谢谢你。那样真的让我好受多了，当时我心情其实真的是在低谷期。"

上帝给了我们每一个人特别的任务。如果你能够为他人带去欢乐幸福，为什么要停下来？人们似乎喜欢我站在那儿，我日复一日、年复一年地站在那儿——人们好像对此有所期待了。事实上，前不久，市里还竖起了一座我的雕像——戴着宽边草帽，挥舞着双手！

我从来没想过能看到自己的雕像。从来没想过。不过它就站在那儿——真人大小的铜像，就在环形路口我所站位置的对面。我回家以后，它也能持续播撒爱的种子。

在环形路口的使命完成后，我在花园里伺弄花花草草。我喜欢和土地打交道，种些什么东西。傍晚时分我吃完晚餐，也不看电视，早早就上床了。

我和老婆贝尔维纳结婚五十多年了。我给了她很多的爱，让她一直觉得甜甜蜜蜜的。她倒是不介意与别人分享我的爱，虽然有时候也挺担心我的健康的。我就提醒她，虽然我看起来是个老头子了，可还觉得自己像小伙子一样呢。做我现在的工作感觉棒极了！累？我可不知道什么是累。

在我看来，这个世界就是为爱而生的。当仁慈的主每天清晨叫醒我的时候，把歌放进了我的心灵，把欢乐放进了我的灵魂，把微笑放在了我脸上，我所做的，只是与人分享。

＊　　＊　　＊　　＊　　＊

采访完强尼的同一天，我主持了一项小组讨论练习。有一位参加的妇女正好提起她从百慕大群岛来。（我爱死了这些"巧合"。）"哦，"我问道，"你认识强尼·巴恩斯吗？"

"当然，"她回答道，"他今天早晨还向我挥手了呢！"

我们大家都一致感叹竟然这么巧。

这位女士每天早上骑自行车上班途中都会看到强尼。她说："我真的相信每个经过的人都能感受到他的存在感——并且我很肯定我们的生活也因此变得更美好。强尼提醒了我，我真心地被人关爱着——不论何时何地，不管我是否知道这份爱。"

以爱之代言人说出真实心声

另一项重要的，让你的沟通中心保持通畅的方法就是说真话——对于不同事物你真正的感受是什么。你可能会疑惑："当我真实的感觉并不是很宽容很有爱心，我怎么作为爱之代言人说出心声呢？"

在这种情况下，我们很多人都会压抑自己的情感，咬紧牙关，或者出于礼貌说一些别人爱听的场面话——这么做无疑关闭了沟通中心，闭塞了心门。

不过，任何时候都直言不讳也不是正确答案。说出真实的感受不是说你就可以有借口乱发脾气，或迁怒他人。这些做法对你的心脏同样有害。

所以，当你再觉得沮丧生气，要怎么做呢？冷静一下——等待一段时间，再交流真心感受的爱意。

要等你情绪上的"爆发点"过去了，而不要冲动之下脱口而出让你后悔的话。做一次深呼吸，提醒自己你的痛之体又故技重施了——鼓动你去侮辱别人、责备别人、呵斥别人，以制造更多的痛苦，因为痛苦是它的美食。不妨让自己抽离出来，直到痛之体平静下来。利用你之前学到的技巧——感受真实的感受，了解自己的触发点，关爱同情自己等。然后等过一段时间，你就能坦然面对自己心底的需要，而不会引起更多痛苦。

举例来说，我最近收到了一封邮件，真的按到了我的"触发开关"。我立刻怒气冲冲地写了回信，可是我又意识到这种反应只是单纯的"膝跳反射"，不会给任何人带来好处——至少对我自己没好处——我制止了自己按下发送键。过了几个小时，我重新写了一遍回信，这一次不带任何恶毒的言词或情绪化的指控。第二天上午，我家的门铃响了，开门一看，快递员捧着一瓶美丽的玫瑰，而送花的人？猜一猜——正是那封"触发"邮件的发送人！

冷静并不是要你压抑情感；特定的时候你可以表达自己真实的感受。只不过等到你能够减少话语中的负面因素，你将有更多的机会，以更宽容的方式与他人真心交流。

神奇的"非暴力沟通"

冷静下来，好传达心中之爱意是一个很好的开始，不过除了以充满爱意的方式表达自己，我们还需要知道如何让自己的需求得到满足。这两者是可以同时做到的——利用一种神奇的、世界闻名的沟通方法："非暴力沟通"即可。

"非暴力沟通"是由马歇尔·罗森博格博士发明的，它包含了四个简单的步骤：观察、感受、辨别需求以及提出要求。这种方法能够帮助你以一种体面的、同情的态度，诚实地表达自己的需求与感受，避免指责、批评以及命令的方式。

"非暴力沟通"的原理在于，所有负面的情绪都是需求没有得到满足的征兆。如果你生气、受伤或焦虑，很可能在你内心深处，你觉得有某种需求没有得到满足。"非暴力沟通"将教会你如何透过表面情绪看清自己的需求，并提出合理要求。这样，你就能心平气和地表达心中所想了。

这种方法始于观察。遇到事情，避免像平时那样急于做出反应，而是把注意力集中到目前的情况，看有什么让你不舒服的地方。关注事实本身。

下一步，感受眼下情景触发的感受：觉得受伤？失望？说出你当前的心情。

然后问问自己，为什么会有这种感觉？你自己的哪一种需求没有被满足？

而在完成了这一步后，下一步也不那么困难了——提出明确要求，采取具体行动。基于前三步得到的信息提出相应的要求。举例来说，要是我是个有工作的母亲，晚饭后我走进厨房，发现碟子都没有洗，我可以不乱发脾气，或是勉强自己洗碗，觉得受了委屈；我可以告诉丈夫和孩子："我看见这些盘子没洗，觉得很生气，因为我一直很努力工作，并且需要感受到我们是互相支持的。今晚你们可以洗这些盘子吗？"

他们是否同意你的要求不是重点。当你通过这种方法弄清楚自己的真实感受，并且以一种无害的方式表达出来，你就保持了沟通中心的开启。

本章末的"非暴力沟通"练习能够让你一步一步完成这个过程。

歌唱、音乐与声音

而沟通也不仅仅发生在语言层面。虽然我们到目前为止都关注在言语方面，不过除了言语，还有其他有效的途径能够开启沟通之门户。长久以来，音乐、唱歌以及吟诵都在各种文化中得到广泛应用。从格列高利圣咏到印度的祈祷歌，到西伯利亚的"图凡"吟唱法，声音能够帮助人们治愈身心，修复灵魂。

对我来说，唱歌是最能开启心扉的活动。好吧，对我身边的人来说可能不是——因为我基本找不着调。不过即使如此，我也会把虚荣心放在一边，只要有机会就唱：洗澡、开车、清洁厨房……只要开口一唱，我就感受到自由、充满活力的感觉，触动了内心的欢乐。

我采访过"爱之名人"，世界知名音乐家黛娃·普莱曼。这位女性天使般的存在与歌声总能让我仿佛置身世外桃源。我曾问她歌唱与心灵的关系。她说："一颗闭塞的心是没有办法歌唱的。没有办法。当你开始尝试，只要一开口，你的心灵就会自然地舒展开来。"歌唱与心灵古老神秘的联系一直存在。在很多土著文化中，如果群体里某个成员心情不好，萨满（有医治能力的男人或女人）就会让他们唱歌。这些萨满知道，要想把歌放入你内心，最好的方法就是先释放出来。

而身处集体之中与其他成员一起吟唱，开启心灵的功效特别明显。童年时代，我每个暑假都会花上两周时间参加"女子童子军"夏令营。我记忆最深刻的就是每天晚上，大家坐在星空下，围着篝火一起唱歌的情形。现在，我则喜欢和大家一起唱圣诞颂歌，或是在晚上参加集会，一起唱歌吟诵。

所有的声音与音乐——包括歌唱都是一种振动，而所有的振动都会对我们的爱之体产生影响。有些声音会让心门闭塞——试想一下听到指甲划过黑板刺耳的声音你会不自觉地皱着眉头，缩紧身体。现在，再试想一下听到美丽的交响乐或是大海温柔浪涌的声音，你觉得多么的舒展、辽阔。

"爱之名人"、研究音乐与身心联系的专家大卫·伊森说："可以用特定的音乐来打开心灵的门户，来改变身心。每个气卦，也就是能量中心都有特定的'专属'频率。当你聆听的音乐正好和气卦的专属频率相符，就能与气卦产生共鸣，打开这一能量中心。"

大卫发明了一系列名叫"乐之体"的治疗方法，结合声音、振动、冥想以及优美的音乐。而美国国立卫生研究院发现，该振动疗法能够平缓脉搏跳动、降低血压，并显著减轻许多生理症状，如紧张、疲劳、头痛以及抑郁等。

广泛研究表明，音乐能激发放松舒缓的反应——这种心灵深处的宁静状态能让我们从容应对压力。这就使得我们更开放，更容易接受其他事物。黛娃曾说："音乐是一项奇妙的工具，让我们与广博而无形的爱之能量相连。可是听音乐就像吃东西一样——有些食物对身体有益，有些则有害。负面的、愤怒的音乐只会让我们更紧张，更封闭。而能够让我们振奋的音乐则总能够让我们敞开心扉，对我们的身心灵魂都有积极的作用。"

能够证明不同音乐不同效果的著名例子就是日本学者江本胜博士关于水结晶的照片。江本胜博士将水置于不同种类的音乐声中，有古典乐，也有重金属音乐，然后将水冻结起来，拍摄下结晶形状。在巴赫的《哥德堡变奏曲》音乐声中形成的结晶美丽对称，令人惊叹（这些形状，就和在爱与欣赏情感中形成的水结晶非常相似）。

可是，在重金属音乐声中冻结的水无法形成结晶。凌乱无章的形状和在反复说"你这个蠢蛋！"情况下形成的结晶也非常相似。（对于上面一组类比你可以有自己的结论，不过我是知道该选择怎样的CD了。）

根据传统的气卦体系理论，每个气卦都有特定的声音，能够与能量中心的振频发生共鸣。比如，心灵气卦对应的声音就是"啊"和"哈"。嗯，还真是挺有意思的——想想要是看到一个可爱的婴儿，我们觉得心都要融化了，情不自禁地说：哎呀。当我们开怀大笑，我们发出怎样的声音？哈哈哈。还有那喜悦的呼声：哈利路亚！下次你要是希望快速提升心中爱的浓度，试试大笑一声，或是大喊出来：啊——你的心灵会感谢你。

微笑——相同的语言

微笑这一同样影响沟通中心的举动却自成一派。虽然既不是声音也不是言语，它却能直接抵达我们的心灵。斯齐纳哈是位越南和尚，也是位精神导师，《真爱》一书的作者。他就提到微笑对于体验爱与幸福的重要性。他说："有时候，微笑是因为开心；也有时候，微笑是你欢乐的源泉。"

并且微笑也能让别人快乐。它太有感染力了。要是说有哪种全世界通用的语言——那么微笑比起任何东西都能更好地开启心扉，表达真爱。

有很多研究都证明了微笑能够让你身心更加愉悦健康。当你微笑的时候，身体内的积极神经化学因素也跟着水涨船高，比如内啡肽、血清素以及"爱之荷尔蒙"——催产素等。研究表明即使有意微笑也能和真心微笑一样有很多积极效果。这也是为什么当"爱之名人"气功大师林春意告诉我，"微笑"就是"启动内心爱之引擎"时我不得不微笑了。女生们先生们，快来启动你的引擎吧！

＊　　＊　　＊　　＊

第一次接触到"非暴力沟通"技巧是通过"爱之名人"佩吉·欧内尔的介绍。这个身高不足一米的小个子是位激励演说家，也是《高大地行走：不管身形大小，克服内在渺小》一书的作者。我觉得佩吉是用心沟通的高手，所以当看到她对"非暴力沟通"赞不绝口，我恳求她教我。而她与我分享了下面的练习。

开 始 之 盒
【练习】
非暴力沟通——说话的艺术

"非暴力沟通"又常常被称为"心灵的语言"，因为它能唤起你对自身和对他人的理解同情。下次你再和某人生气的时候，利用这四步走的"非暴力沟通"过程，明确描述自己的观察、感受、需要和要求。这种方法能够帮助你平静、清楚而诚实地表达自我。

1. 观察：开口说话前先做一个深呼吸平静自己的情绪。以清楚可闻的声音，利用简短明确的语言，说"我……"来描述你观察到的情景——就像你在看录像或听磁带一样（"我看到"或"我听到"），实事求是。比如，你可能会说："我看到你进门后把大衣丢在了地上"，或是"我无意中听到你对丹说，月底要炒了我"等等。

别把描述建立在你的感觉、臆想或揣测上。忽略呵斥或指责。比如，千万别说："你这个肮脏鬼，总是把这儿弄得一团糟。"

2. 感受：将你观察到的情景所触发的反应情绪与他人分享。比如，你可以说："我看见你进门，把衣服丢在地板上，觉得很不高兴，你没有尊重我。"关注最直接的情绪，如恐惧、伤心、愤怒、受伤或绝望等。避免那些会让你有攻击、指责或侮辱他人欲望的情绪，比如说，"我看见你进门，把衣服丢在地板上，真想揍你。"

3. 需要：现在说出情绪背后的需要。以下就是说出需要的两个例子："我希望我们共享的空间井井有条"或"我想知道你是不是打算很快就开除我"。

4. 要求：现在提出明确要求。当这些要求是现实的、明确的，它们就最有可能实现。比如，"我想请你回来以后把衣服挂起来，把东西收好"或"你是否能考虑降薪，别开除我？"

如果是模棱两可、开放式或不明确的要求，效果就会大打折扣，比如"我希望你一直能保持这里的整洁"之类的。因为"一直"太过宽泛，而"整洁"的标准也可能因人而异。

5. 当你能够熟练运用这一过程，你可以将四个步骤归结成两句话：当我观察到（看到/听到等）＿＿＿＿＿，我觉得（情绪或情感）＿＿＿＿＿。因为我希望（我觉得重要的东西）＿＿＿＿＿，所以你能够（具体希望看到的行动）＿＿＿＿＿吗？

恭喜！你已经学会避免伤害或暴力，用心沟通的方法啦。非常值得庆祝。
www.NonviolentCommunication.com

结 尾 之 盒
该练习将使你受益良多。

沟通之门的爱之密匙2：聆听心底的声音

> 爱的首要任务，就是聆听。
>
> ——保罗·提切里　神学家、哲学家

表达真实心声的另一面，当然就是倾听心底的声音。你有没有试过和某些人讲话的时候，觉得在这些人眼里，听只不过是下次开口说话前一段难以忍受的间隙？这些人就没有"用心"在听。用心倾听能够化解你与他人之间的一切壁垒，让听者和说话的人都能感受爱之能量。

在《非暴力沟通：生命之语言》一书中，"非暴力沟通"的创始人马歇尔·罗森博格与我们分享了下面的故事，能够说明不管所处的情形让你多么情绪化，用心倾听都拥有强大的力量。

有一次，我在伯利恒一座避难所里，向170名巴勒斯坦穆斯林教徒宣传"非暴力沟通技巧"。那时候，阿拉伯世界对于美国人的态度普遍很不友好。我一开口，听众中就起了一阵骚动，一名男子突然跳了起来，正对着我，声嘶力竭地喊道："杀人犯！"顿时，十几个声音加入了他的叫喊之中，形成一片呼声："谋杀者！""杀害儿童的刽子手！"以及"杀人犯！"

我没有立即做出反应，我把注意力集中到眼前男子的感受与需要上来。在这种情况下，我很快有了头绪。在来到这座清真寺的途中，我看见有几枚空的催泪瓦斯弹壳散落在地上。前一晚，这些催泪弹就被射进了避难所里。而弹壳上面，清晰地印着"美国制造"的字样。我知道这个房间里的这些人对于美国竟然对以色列使用催泪瓦斯和其他武器心中愤懑难言。

我问站在面前的男子："你是不是对于我的政府这样使用它的资源感到愤怒？"

男子说当然是。"我们的国家不需要你们的炸弹和催泪瓦斯。我们需要的是住房，是教育。"

我承认男子的愤怒以及他想要改善生活环境的愿望都是可以理解的，可他还是一直冲我怒吼："你知不知道，眼看自己的孩子应去学校上学，却没有一本课本是什么滋味？我的儿子，因为在臭水沟里玩耍都生病了，就是因为没有操场让他可以玩！你能否想象我们过得是怎样的生活？"

我告诉他我能理解在这种情形下，把孩子抚养长大有多么困难。"听起来，你希望更多美国人都能意识到你和你家人正在承受的痛苦，对吗？"

"是的，"他怒气冲冲地回答道，"我希望拥有你们美国人一直念叨的人权。为什么你们不多派些人到这儿来，看看你们所谓的人权给我们带来了什么！"

像这样的对话来来去去又持续了20多分钟——那位巴勒斯坦男子谈论着他的痛苦，而我则倾听他每句话背后的情感与需要。我并没有表示赞同或反对，我只是平静地接受他的每一个字，不是作为攻击的武器，而是看成来自一个同伴的礼物——愿意与我分享他的灵魂与心底深处脆弱一面的同伴。当男人感受到了我的理解，他便能够静下来，听我解释来这儿的目的。

一小时以后，同一个男人——刚刚在大庭广众之下叫我"杀人犯"的男人邀请我去他家共享一顿斋月（伊斯兰教历九月）餐。

*　　*　　*　　*　　*

说出真实的心声需要看清自己的情感。倾听心底的声音则需要看清他人的感情。

如果我们能在谈话中读出弦外之音，分辨出他人真正的意思，这岂不是更好？可能说出来的话是："你应该给我打电话的！"而真正想说的却是："我担心死你了。"

如果你只听表面，忽略了背后的意义，你可能会觉得自己受了责备，受了攻击。这就触发了你自然的防御反应，或者更糟一点，让你采取攻击的态度："你谁啊？我妈吗？我必须每十分钟给你打个电话告诉你我在哪儿吗？"这样一来，事态就升级了，用心沟通的可能性也随之一落千丈。

不过，一旦学会如何听出言语背后的意思，你可能会采取不同的方式回应——不是针对言语本身，而是针对言语之外的东西。你可能会说："你听起来很担心，宝贝。"

想象一下这样的回答会让沟通走上一条多么迥异的道路！我采访过"爱

之名人"杰姆及琼里·曼斯克夫妇三个人，他们发起了一项基于"非暴力沟通"技巧，名为"完全同情"的项目。他们告诉我："当我们意识到旁人只是尽力想让自己的需求得到满足，我们就能保持爱的状态。"

在下面的故事中，杰姆讲述了他和父亲关系中一个至关重要的时刻，同情的倾听挽救了他们之间的关系，让爱继续生长。

* * * * *

杰 姆 的 故 事
用 爱 聆 听

学会适当"闭嘴"挽救了很多我和他人的关系——可能甚至挽救了我的生活。至少是我的生活质量。我可以确定的是，学会倾听而不是冲动地做出反应，帮助我和父亲拥有了前所未有的美好关系。

年轻的时候，我的沟通方式很有问题。我总是习惯性地紧闭着嘴，害怕别人知道了我怎么想的就会取笑我、欺负我、惩罚我或拒绝我。我也一直都不是一个很好的聆听者。有时候，我也会被内心自己的声音分散了注意力，一旦觉得受了批评，总是容易反应过激。

为了提高沟通技巧，我开始学习练习"非暴力沟通"，我学习、教授这项技巧也有十多年了。长时间地练习这些技巧的原则让我能够在沟通时充满同情与理解——有意识地选择什么时候说话，什么时候闭上嘴，静静聆听——这样，每次都能更加亲近彼此，让生活中的爱之暖流更自由地流动。

这种怀着爱心表达与倾听的能力在两年前我的生活中起了大作用。那时，我母亲病重，父亲和我承受了极大的考验。妈妈多年来一直饱受肺气肿的困扰，在八十一岁生日几周后，妈妈染上了感冒，而感冒很快恶化成了肺炎。妈妈的病情急转直下，我们只能叫了救护车把她送进了医院。等到医院的时候，妈妈已经昏迷不醒了。她立即被送进加护病房，有几天她似乎还有好转的希望，可是直到最后妈妈也没有恢复意识。

接下来的几天，爸爸和我一直呆在病房里，等待、等待——希望得到任何一点妈妈会醒过来的征兆。接下来的一周，每一天医生和护士都向我们报告妈妈的情况以及各种选择。结论永远只有一个：她并没有好起来，并且他们对此无能为力。

这些可怕的日子一天天过去，我越来越清楚现在维持母亲生命的只有这些现代科技的仪器——管子、针头、药物。一整个星期我都处于强烈的焦虑与沮丧之中，我希望自己可以找到一种可以减轻母亲痛苦的方法，可是又觉得绝望幻灭——一切努力都没有用了。

十天后，医生告诉我和父亲妈妈可能再也醒不过来了，再也无法自主地呼吸；她的大脑已经受到了不可恢复的损伤。

我觉察到了这个痛苦的真相。我能感觉到妈妈已经走了，即使机器仍然在替她呼吸，药物维持着她的心跳。而我，也确定地知道妈妈想要什么。她生前健康的时候好几次都向我表达过自己的心愿，我知道这种状态不是她希望的。

我向爸爸表露了我的痛苦挣扎，告诉他妈妈的心愿，希望为妈妈保持人生的尊严和完整。爸爸回答说："我如果停止了她的生命维持，我永远都过不了自己这关。"

听到爸爸的第一个字眼"我……"愤怒便涌上心头。我想："爸爸，这不仅仅是你怎么样的问题。你替妈妈想过吗？还有其余的家人呢？这是大家的事情。"可是，幸好我的"非暴力沟通"训练及时制止了我，我能够保持安静、专注于内心奔涌的强烈情感。我意识到内心深处的感觉：我觉得爸爸这么说太自私了。

可是"自私"从来不是我们家族的传统。从小到大，父母都很注重教育我们把别人的需求放在自己的需求之前。如果为了满足自己的需要，牺牲他人的利益，那就会被认为是自私自利的表现。我不知不觉地将这些价值观内化，并且一旦察觉他人或自己朝着这个方向迈出了一步，就立即做出否定的判断。

同时，我也知道说爸爸自私是件多么疯狂的事——而且讽刺。爸爸是属于世界上少有的、博爱无私的人。出生于上世纪二十年代，爸爸参加过二战，在我成长过程中，爸爸为了养家糊口每天都辛勤工作。可即使这样，回家以后他还会花时间和我沟通交流。我们一起玩球，后来又一起骑摩托车，我非常珍爱我们在一起的时光。

现在，身处于这种非常情绪化的情况下，我被触发到了"反应模式"。幸运的是，在练习了"非暴力沟通"这么多年来，我可以克制自己，没有愤怒地指责父亲，而是选择停下来做深呼吸，暂时闭上嘴，然后运用"非暴力沟通"的同情聆听练习。

首先，我就注意到当愤怒涌上心头时身体的反应：我牙关紧咬、心跳加速、眼泪模糊了双眼。

接下来，我没有压抑这些生理上的反应，而是允许自己体验这些感受。一会儿之后，这些症状减退了，然后我将注意力转到爸爸的身上，我意识到他的感受和我完全一样——难过！没有办法帮助自己六十二年的结发妻子好起来让他伤心欲绝，面对这可怕的事实，爸爸已经尽力了。而我可以看到他的处境有多么艰难，他只希望自己的选择能帮助到妈妈，也满足自己的需要。想到这儿，我的心里涌起一阵对于父亲的同情与理解。

我默默地想着："你害怕了，爸爸，你希望保护妈妈和自己逃离眼下的痛苦，避免今后受更多的苦。你需要肯定，需要清楚的思考……"

最后，我说出了同情的心声，我说道："爸爸，听起来要是你做了这个决定，你不能想象如何面对自己。你是不是觉得害怕了，需要理清楚思路，怎样做才对妈妈是最好的？"

他无声地点点头，泪水充满了双眼。紧张的气氛消失不见。

我感觉到只有靠他自己才能理清楚思路，所以在说完以后，我不再说什么，并且感觉到内心很平静。不一会儿，我和妻子琼里一起去吃午饭，让爸爸单独和妈妈呆在一起。

当我们一个小时以后再走进病房，昏暗的房间里，爸爸坐在妈妈床边。各种机器还在一刻不停地发出嗡嗡的鸣叫声。看起来一切如旧，可是我能感受到微妙的改变。爸爸抬起头看着我们，眼里流露出温柔坦诚的光芒，他散发出一种崭新的、宁静的感觉。

爸爸把我拉到一边，平静地说："杰姆，把大家都叫来。"这是父亲用自己的方法在告诉我："这种情况再拖下去也没有意义，我准备好放手让你母亲走了。"

我们彼此都留下了释然、同情而伤感的泪水，我们紧紧拥抱对方，久久不愿松手。

从那一天起，我和父亲之间的关系有了奇妙的变化，我们之间的联系更加紧密了。

如今，爸爸和我的关系前所未有的亲密。虽然我们相隔千里，但我坚持每天都给他打电话，并且知道他也期盼着和我讲话。我们甚至看同样的书然后一起讨论——建立只属于我们的私人读书会。而我也珍惜每次去看望他的机会。

当然，爸爸还是会经历很多痛苦、悲伤和沮丧，也面对着他自身健康的挑战。而每天我打去电话，我知道可能会听到他的不快与挣扎。可即使如此，世界上也没有什么能够阻止我打这个电话。我希望陪伴在他身边，只要他愿意倾诉，我就愿意听，不管是分担他的悲伤还是一起聊聊天气。我完全愿意陪在爸爸身边，不论他在哪儿，现在怎么样。倾听是我能给父亲，也是给自己最好的礼物。

*　　*　　*　　*　　*

以同情之心聆听

正如杰姆发现的那样，当我们用一颗同情之心去聆听，美好的事情就会随之发生。当你用心聆听，身体的"恐惧系统"就会关闭，你不再将他人当做假想敌，而是看到人性的闪光点，看到你们本质上是多么相似。剑拔弩张的气氛就会得到改变。你们不再是对立的——小心翼翼地坐在一张桌子的两侧，隔空争吵——而是你和说话的人坐在同一张桌子上，向着积极的目标一起共同努力。

卡罗说她经常运用这个意象，提醒自己怀着一颗同情之心去聆听。在和丈夫起了争执的时候，她会想着："好吧，现在我们就好像坐在桌子的两侧。我该怎么坐到他那一边呢？"她说这么想着，就能让自己深入内心，然后能够卸下防备，用一种坦诚的态度倾听。

而我的市场主管——雪莉·罗比则有另一种方法做到这一点。她说："当我用心聆听——特别是当我觉得那样做很困难的时候——我就想象着有一道光将我的心和他人的心联系在一起。我专注地想象这样的情景，这种方法总能帮助到我。"

以一颗同情之心聆听能够在你所有的关系中发挥作用。不妨将它用在对待同事、子女、家人、朋友甚至不怎么喜欢的人身上。

倾听并不仅仅是用耳朵。"爱之名人"凯蒂·亨德里克斯告诉我，聆听需要整个身体的参与。如果你的肢体语言是收缩的，用心聆听就倍加困难。当你背过身去、双手交叉，或是没有一直注视着说话的人，你是躲在自己防御体系背后。为了让你能够最大程度地与说话的人建立心灵沟通，放松你的身体：

- 舒展你的胳膊和腿。
- 做三次深呼吸。
- 不要和说话的人面对面坐，如果你喜欢的话，可以坐在一边，身体微微倾向他人。

用心聆听是我们能给予他人的礼物，让他们感觉到更放松，更被理解、被爱。

* * * * *

另一项用心聆听的技巧被称之为"同情倾听法"，是由"爱之名人"莉雅·格林共同开发的。莉雅创立了"同情聆听项目"，在全世界各地专门帮助指导人们如何用心表达与聆听——即使身处于激烈的矛盾之中。这一项目来源于莉雅二十多年来在巴勒斯坦和以色列的实地维和行动。

开 始 之 盒

【练习】

同情聆听法

1. 平静一下思绪，将全部精神集中到对方身上，真心寻求心灵的沟通——与他们"核心本质"取得联系。

2. 通过向心灵呼吸，默默将自我进驻内在核心。找到容纳他人情感与体验的同情空间——接纳他们的痛苦、恐惧以及偏见——以关怀、尊重的心态。

3. 保持眼神交流以及接纳、放松的姿态。尽量避免想要主导谈话的欲望。通过保留自身的想法、意见、理解或建议，你给了说话者更大的空间。

4. 保持接纳、专注的状态。想象一下，你正为他人自由探索内心创造一个神圣的空间。他们正在这片领域里寻找自己的出口。

5. 允许沉默的存在。沉默能帮助说话者听到内心更深处的声音，并接触到藏在表面背后的情感。

6. 让自己的面部表情与表达的情绪相称。这样，说话者就能通过你眼中的共鸣感受到自己得到了很好的倾听。

7. 如果你发现正被自己的想法或意见分了神，只需正视它们并释放它们，就像做冥想练习一般，再把全部注意力放在说话者身上。随着你技巧的提高，以及注意力更加集中，说话者会更加放心地深入内心。

8. 忠实再现即可。当人们听到对他们很重要的各种事物或情感，在他人身上反射回来，就会体验到崭新的觉醒和理解；通常，解决之道或"下一步该怎么走"自然而然就会浮现。注意聆听时只要纯粹地反映他人思想即可。加入你自己的理解、建议或分析并不会有所帮助。

该练习的使用经莉雅·格林允许 www.CompassionateListening.org

结 尾 之 盒

该练习将使你受益良多。

开 始 之 盒

本章小结及"无需理由之爱"步骤

使用爱之语言以及学会用心聆听是开启沟通之门的两把爱之密匙，让你成为爱之代言人，而不是恐惧的代言人。你可以通过以下步骤来增加这一能量中心的爱之暖流。

1. 利用欣赏练习，让自己更流利地使用爱之语言。每一天，与家人、好友以及同事分享至少一件让你欣赏或喜爱他们的地方。

2. 如果某人触动了你内心强烈激动的情绪反应，不要一气之下做出过激的反应，冷静下来，花点时间处理自己的情绪，然后再选择内心充满爱意的沟通方式。

3. 记住你的潜意识会把你说的每一句话当真，所以尽量注意在"我是"这两个字右面的用词，选择充满爱意的言词，相信它的力量。

4. 利用音乐、歌唱、吟诵等方式开启心灵、愉悦身心。要是想要立刻让爱意汹涌起来，发出一声深沉而饱满的"啊——"吧。

5. 在一天里记得要微笑——启动内心爱之引擎，它将会提升体内的"快乐"元素含量。

6. 选择让你留在"爱之境"的表达方式，利用"非暴力沟通"的四个步骤：观察、感受、辨认需要以及提出要求。

7. 如果身处矛盾之中，想象一下你正和对方坐在桌子的同一侧，通力合作想要获得一个积极的结果。

8. 使用"同情聆听"练习来为他人创造一个与你沟通的安全之地。对于他人话语背后没有明说的情感与需求保持敏感的态度。

结 尾 之 盒

该练习将使你受益良多。

第九章　视野之门：透过爱的双眼看世界

如果观察之门清晰无碍，那么万事万物都会在人类眼前呈现出本真的面貌，一望无垠。

——威廉·布莱克　十八世纪英国诗人、画家

如果能够透过一双爱的眼眸看世界，那么万事万物都会是光辉万丈，你也会放心敞开心扉吧？你可以看透事物的表面，不是像超人的X光透视眼一样，却能抓住生活更深层的真实。我睿智而出色的合作者——卡罗就这样描述她童年时代的这份体验。

我成长的家园是一栋三层楼高，有些破败的维多利亚风格的大房子。底楼有间小小的盥洗室。我说的"小"是名副其实的。房间大概三英尺宽，五英尺高，只容得下一个抽水马桶、转角上一个小小的洗手盆，还有马桶上方墙面上一个装着镜子的储物柜。

还是个小女孩的时候，我就常常放下马桶盖子，爬上去看着镜子里的自己。我盯着那个影像发呆，看着自己脏兮兮的金黄色头发，琥珀色的眼眸和小小的鼻子，心想："真奇怪啊，大家觉得这就是我。"

我知道镜子中的这张脸，这个身体，就是我。可那不是真正的我。真正的我住在这个被大家叫做"卡罗"的女孩子身体里。即使那时候还很小，我已知道比起眼睛看到的，生活本身要复杂得多。

这个观念，在我八岁的时候得到了进一步加深。当时，我哥哥的妻子——戴安娜给我讲了个故事，是关于她在工作中遇到的一位

妇女。戴安娜在她和我哥哥一起上学的大学图书馆工作。她的一名女同事，虽然和蔼善良，衣着打扮的品味却不敢恭维。她的发型老土过时，衣服虽然整洁却单调乏味，而且从未懂得给自己化化妆。虽然比起时尚潮流，戴安娜对书本与理念更感兴趣，可是她还是觉得这位妇女一点都不注重外表的态度有点奇怪，并且还纳闷，怎么她就不多花点心思，让自己变得时尚好看一点呢？

有一天，她知晓了答案。她看见这位同事的丈夫下班后来接妻子回家。而她的丈夫，是位盲人！戴安娜说，很明显，她同事的丈夫深深地爱慕着自己的妻子，而她的同事也一样。看到这样的情景，戴安娜说她觉得自己惭愧极了。她告诉我说："我学到了不要以肤浅的表象，去肆意评判别人。"

这个故事深深打动了我。即使已经过了四十五年，我依然清楚地记得。它让我努力地，长时间地思考，什么是真正的美。

＊　＊　＊　＊　＊

当视野之门被打开，你将看到的不只是宏大的生命风景，而且是生命的全景图：万事万物都由相同的本质构成，这种本质就是爱。我知道，我知道，这个概念你已经听过很多次，都抓不住大脑的注意力了，可是当这扇门开启的时候，"概念"将变成你眼前世界的真实描述。

你会看到，人们是如此相似，并无本质不同，而我们拥有的共同点就是内心深处，爱的本质。爱主导了你的视野。

你将拥有一些古老精神传统中所说的"天堂之眼"：能够看到万事万物的美——即使在旁人眼里是丑陋的事物。我将其称之为"母亲的眼睛"。因为在母亲眼里，再丑的孩子都是美好的。特蕾莎修女能够看到躺在街上的麻风病人身上的美；而当你拥有了"母亲的眼睛"，你能看到每个人心底的光辉。

你的注意力会被那些正确的、快乐的、振奋的事物所吸引，而非错误、压抑、沮丧的事物。不是说你看不到那些负面的东西，你看得到——所有的缺陷与不完美。可是你的眼睛与思维不会被这种种的缺点瑕疵所"绑架"，你是在用一双"善意"的眼睛看世界。

"爱之名人"阿里尔·福特曾就这一主题发表过很多作品及演说，她告诉我，在日语中这一状态被称为"(wabi)寂(sabi)"：指看到残缺中的完美。朋友邪邪的一笑、老祖母布满皱纹的面孔、亲爱的孩子为你制作的"意大利面条项链"等等，都是很好的例子，向你展示了不完美其实也有开启心灵的力量，也是一种完美。

一旦这扇门户开启，你的大脑将在一个更高的层面运作。你将会超越"聪明"的境界——变得睿智，同时获得心灵与大脑之智慧。

可当这扇门户被阻塞，你就只能依靠大脑的力量。我们都知道这种人的模样——嘿，你自己也可能是其中之一哦（或是你的另一半也是这类人）——脑袋特别好使，精于分析、辨别、说理，如同外科医师挥舞着手术刀抽丝拨茧层层深入直达"事实"。这种如激光一般精准的方法在很多情况下的确很好用，可是如果你一直手持解剖刀，又如何缝补划下的伤口呢？如果在分析说理之外，能够找到周围世界与自身之间和谐美好的关系，生活岂不是会变得更好？

如果"智力"失衡，你将变得责苛、尖锐，被狭隘的观念所束缚。你无视内心的指示，怀疑自己的直觉。而底线就是：过多的思考分析，不够用心体会将使生活平淡干涩。

可当大脑与心灵一起运作，爱将融入你的感官与思维。不管在内心，还是身边的环境中，你都能体会到"无需理由之爱"。目之所及，皆是爱。

让你的（第三只）眼睛紧盯目标不放

第六个能量中心，又称视野中心，在传统印度医学中又被称为"第三只眼气卦"或"眉之气卦"。这一气卦位于两眉之间，其能量场包括了头部中心及其各个侧面，并与松果腺有关——这一大脑中的神秘部分对光非常敏感，并会影响身体的生理节律。哲学家戴斯卡特斯称松果腺为"所有思想成形的地方"，而神秘主义者则称之为通往精神自我的门户，或拥有"清晰视野的能力"。

第三只眼气卦对于眼睛有着重要影响——包括生理上的视力，以及让你能够"看清"生活精神本质的内在能力。同时，它也掌管着大脑与智力：你的思维、观念以及分析推论能力。

这一气卦还和"第六感"密切相关。第六感是一种内在的智慧，通过闪念或直觉耳语等方式呈现出来。纵观历史，人们给予了这一内在智慧与习得智慧同样的重视。不过，自从理性时代开始以来，客观理性与逻辑思维占了绝对主导的地位，让我们常常摒弃了内在的洞察力与直觉。

现在，我也不是鼓励大家完全放弃识别分析能力。推理或逻辑思考本没有错；只不过它们需要用心灵的爱与智慧来平衡。而智力已经在人类舞台上蹦跶太久了；该是邀请心灵演奏二重唱的时候了。

当视野中心是强健的，心灵与大脑通力合作，内在与外在的视野都能得到拓展。

开启视野之门：两把爱之密匙

在采访"爱之名人"的时候，我总会被他们有别于常人的看待世界的方法所打动。他们用一种充满同情的视野看待生命，这种看法也决定了他们看待人、事以及环境的态度。

法国小说家马塞尔·普鲁斯特说："真正的发现之旅不在于找寻新的疆土，而在于拥有新的视野。"为了能够拥有你自己的"新的视野"，应学会在他人身上找寻爱之本质，并看到你内在的智慧，并养成习惯。这里有两把唤醒你视野中心的爱之密匙，能够帮助你用心去看世界。

开 始 之 盒

开启视野之门的爱之密匙

1．寻找美

2．相信你内心的智慧

结 束 之 盒

　　寻找美的密匙帮助你放开偏见与陈旧的观念，摆脱批评与挑剔的习惯。让你能够透过事物的表面看到他人与环境中更深处的真理与美。这一点能开启你的心扉。

　　信任之密匙让你接触到自己内心的智慧。当你跟随着内心的直觉与指导，你就能增强大脑与心灵的联系。

　　两把密匙同时启动，将能擦亮你的能量精神之眼。当这样的视力达到2.0，你就会发现"无需理由之爱"无处不在——这种光芒让一切都美丽动人，并为你照亮前方最有利于你前行的路途。

视野之门的爱之密匙1：寻找美

> 我们最常看到什么，我们就会变成什么。
>
> ——休·普来赛　作家

　　我说的美，不是指美学意义上的可爱美丽，而是指这个字眼最深层的含义。诗人济慈在他的名作中这样描述："美即真理，真理即美。"当你体验的美可以与真理相转换——并包容了最高境界的爱——你已达到人类生命的顶峰。找到并享受这份美/真理/爱如同中彩票、找到心灵伴侣以及获得诺贝尔奖三位一体。这也是为什么它值得我们孜孜不倦地追寻。

　　那么，如何找到它？第一步就是要知道去哪儿找。（提示：不是浮于表面哦。）必须超越陈旧的印象、喜恶，拆除你与世界之间的防御壁垒。然后你才能以孩童般的纯真开怀体验生活的每一分钟。

在有些文化传统中，新剃度的和尚会接受一种"凝视过程"作为进入寺院的第一课。他们会面对一个老僧而坐，直直地正视着对方，让自己的视线逐渐深入老和尚的面部，逐渐细化。首先，他们看到的是老和尚的外在长相，随着凝视的继续，一些更深层的东西，如个人特质或个性就会浮现；再过了一段时间，当他们进入更细致的层面，就能看到对方心底神性的光辉或精神。就这样，他们透过表象与外观，一层一层，抽丝剥茧追寻真理，直到接触到最伟大的真理所在：在一切五光十色的差异背后，"我们都是相同的"。

我在一次讲座中曾经遇见过一个智者，他说："当我们身处这种状态中，我们能够感受到对自身、对他人的爱，不是因为我们做了什么，而是单纯地因为我们即是爱本身。

听着智者的言语，我情不自禁地微笑起来："他描述的正是无需理由之爱的境界。"我想，当我们的爱不以任何理由为基础，我们将会全然地、无条件地接受自己、接受他人、接受身边的环境。我们在其他人身上也能感受到存在于自身内心那份纯粹的爱——即使他们自己也没有意识到这一点。

不过，要想透过外在，看到我们共同的无需理由之爱，还需要有意识的观察与练习。

训练我们的双眼

我们生理上的"看"的能力归于大脑——眼睛收集信息并传输给大脑中的视觉处理中心。为了能够辨识每时每刻都汹涌而来的大量信息，大脑部分结构会对涌入的信息进行整理筛选，寻找危险的信号、愉悦的可能以及对自身有用的信息。

"过滤器"之一名为"网状激活系统"（RAS）。大脑通过该机能让你能够识别环境中对你来说至关重要的信息。当你买了一辆新车，你是否突然就注意到路上行驶的和你的爱车同样型号的车辆？或是身处于一个嘈杂的参观中，你能听到自己的名字穿越周围的叽叽喳喳声，达到你的耳膜？这就是你的RAS系统锁定了这些重要信息，不让它们沦为"背景噪音"而被忽视。

这就是神奇的地方了——你可以通过编制RAS来让你对于想要获得的信息更加敏感。所以，不妨设定目标，寻找爱与美。这会让你的RAS处于警醒状态——你的注意力一旦被眼前的爱与美所吸引，下一步就是通过欣赏将其融入心扉。为了能够最大程度地体验"无需理由之爱"：筛洗、漂洗、重复。反复练习以上步骤能够在你的神经通路中创立"无私之爱"的"沟槽"，成为一种习惯。

每天，提醒自己需找爱之光辉，以及从家人、朋友、同事身上寻找"不完美之完美"。也在你自身环境以及每一个境遇中寻找这种美。可能一开始你会感觉怪怪的——觉得自己盲目乐观，觉得不适应——不过随着时间的推移，你会越来越习惯这种感觉，变得更自然。

我的好朋友雷诺拉·博伊尔教授"选择之法"这一种技巧，帮助人们摆脱偏见与狭隘的观念，她就是个不折不扣的"爱之名人"。她与我分享了一个怎样关注美的小技巧。"在过去二十年里，我已经形成了习惯，每天早晨洗澡的时候就对自己说：'我在每个人身上都看见了爱与美。我对每个人都散发着爱与美。'有时候我大声说出来，有时候只在我脑海中，如同咒语一般。如今这已经成了我生活中自然的一部分，我无法想象我的一天不是以它开始的。"

我的神性向你的神性致敬

你一直等待着对的人，而你面前凝视着你的人就是活生生的菩萨、活生生的耶稣。当你勇敢地敞开心扉去爱，你就是自由的。这就是永生。

——库特·布莱克森　演说家、人生导师

我最喜欢的，让自己关注环境以及自身真理与美的方法就是梵语问候：

namaste。通常被翻译为"我的神性向你的神性致敬"。

"爱之名人"约翰·道格拉斯从孩童时期开始就拥有一双清澈的眼睛，能够看到爱之能量微妙的效果。在采访中，他告诉我："namaste这个词的频率能让你身体的每个微粒都重新与爱之频率平衡。这也是宇宙的一个机械特征，有些词语是拥有'强大的力量'的，namaste就是其中之一。"

在说这个词的同时通常还伴随着一个动作：双手合十，放在你的胸口，微微低头。在印度，人们通常以这种方式默默向对方致敬，但它也有敞开心扉的效果。

也有人认为namaste是一种精神修炼。将手掌合在一起是一种特定的情感表达方式，这种手势通常用来对身心能量产生积极影响。不管是说还是默想"namaste"这个词，它都能如颂祷一般，对你的意识产生强大的有益效果。根据古籍记载，这种打招呼的方式能够增加你能量系统中爱之暖流的流动。

不是你把namaste大声说出来或一定要做双手合十的手势才会有效果。当我想增强视野中心，我就环顾四周，把我的视线落在美好的事物上：一个朋友、一棵树、海洋或一幅优美的油画等。有时候，我只用心灵的眼睛想象某个人或某个物体。然后默念："我的神性向你的神性致敬。"然后用心感受。我让这句话所产生的沉静喜悦的感觉慢慢沁入心灵，这种方法能帮助我立即用一种更深入更充满爱意的眼光看待事物，并且温柔地开启我的内心。

相信我，通过爱的双眼看待世界将改变一切。它能够滋养爱之体，并且是一件最神奇的转换工具，可以将黑与白的单调世界转换成一片五彩斑斓的美丽天地。

"爱之名人"伊冯娜·波因特就明白心灵与视野之间的奇妙联系。伊冯娜是一名作家和社会活动家，获得过很多奖励，包括奎恩·拉提法项目贡献奖——表彰她在为青少年儿童创建安全社区方面所做的贡献。伊冯娜对于奉献的热忱因爱而生，故而坚韧坚定。下面是她的故事，展现了能够看到每个人身上的爱与美，有多么强大的力量。

* * * * *

伊冯娜的故事

爱之伪装

当我十四岁的女儿——格洛利亚被施暴后残忍地杀害，我觉得自己的人生都结束了。我的心就像被踩蹦过的西红柿一般，所有的种子都被挤了出来，只剩一片破碎的残渣。

女儿遭遇不幸的那天，她跟我道了别，拿着书本高高兴兴地上学去；她兴致勃勃，因为没有一天缺课，她将得到一件奖品，可一切都来不及实现了。

再见到女儿是三天之后。她浑身是伤，惨不忍睹。大家用了很久才把她的遗体整理得不那么吓人。

他们告诉我弄好了以后，我才走进房间，在女儿的棺材面前站了很久。我心如刀绞，几乎无法呼吸。我记得我对自己说："这一切不会就这样算了。不可能就让它发生，而什么都不做。"

起初，我极力想把一切想明白：我能够阻止它吗？我漏了什么？我没有注意什么？可是，最后我的注意力都会回到一个念头上来："在这个城市里还有个侩子手逍遥法外。"凶手还没有被找到——事实上，直到今天他仍然不知所踪。我开始担心其他所有在这个城市穿行、居住的孩子，他们生活在危险的阴影中，因为有个杀人犯在他们周围，防不胜防。

我必须想办法保护这些孩子，确保女儿的厄运不会降临到他们身上。我首先想到的是找一个有名望的人，告诉我们怎么做才能确保孩子的安全。我觉得仅仅身为一个来自克利夫兰州内陆城市的"母亲"，我的声音是不会有人听见的。一定要借助某个名人的力量，某个重要人物。

我开始发起一项"写信行动"，寻找愿意前来克利夫兰帮助孩子们的人士。那一年是1985年，我首先找了T先生——有名的电视演员，留着印第安人发型和大胡子的电视明星。后来，我也曾写信给总统，给迈克尔·乔丹……给所有我能想到的名人，可是没有一封信得到回音。没有人站出来，为孩子们说话。

于是我决定自己干。我想："在某个重量级人物到来以前，我就自己来做我希望他们做的事情：深入各个学校、俱乐部，告诉孩子们不要随便进陌生人的车子等安全常识。"

一做便是四年，可是虽然我觉得自己是在做正确的事，做好事，仍然无法减轻心中的痛苦。我的心仍是残破的——我甚至不确定自己是否还有心。一切都是灰色的，一切。树、草、天空，我行走在一片灰蒙蒙的世界里。我麻木地活着，无法看清身边还有爱的存在。

而我也清晰地记得生命再次充满色彩的时刻。

那天我开着车行驶在大街上，因为心情低落，我连抬头的力气都没有了。我在红灯的路口停了下来，靠在靠垫上。朝左看去，我看见一座破旧的公寓楼，应该是城市低收入保障房项目的产物。楼前的院子里堆满了垃圾，看不到一株绿草。可是有一棵树周围却围满了献花。我想："嗯，这可奇怪了。谁会在这片没有草坪只有垃圾的院子里种花呢？而且这么鲜艳，黄的、红的……哦，上帝呀！"我惊讶地倒抽一口气，"我又能看见色彩了！"

然后我哭了起来。我意识到，有人住在破旧的保障房里，看着一院子垃圾，却仍有勇气在这一片贫困中怀着爱心，种出美丽的鲜花……我被打动了。就这样，我的生命中又充满了色彩。我又感到了生命的活力。

然后我怀着更开阔的视野重新投入了工作。这时，已不仅仅是帮助孩子们了，我还想帮助那些和我一样绝望不知所措的人们，并且告诉他们："嘿，你可以挺过去！你可以重新找回自己的生活。"

这就是我为什么会创立"积极的加号——妇女支持小组"的原因。我们的使命就是"重建"——让残破的生命有疗伤的地方，给予他们生活的希望。这个组织中，有很多妇女和我一样因暴力事件失去了孩子。我们帮助彼此治愈伤口——在这个过程中重新找回那些被我们遗忘的目标与梦想。

此外，我坚持自己原来的工作，深入社区宣传教育，为孩子们提供更好的保护。不过随着时间的推移，我发现需要从根源上寻找解决之道——那些伤害儿童的人。

所以，在格洛利亚去世后的第六个年头，我开始走进监狱，向囚犯发表演说。我没有带着偏见责备去看待他们。因为知道那样做与事无补。相反，我用更深入的眼光看到了他们身上最真实的本质，并希望帮助他们看到自己身上崇高的人性。让他们在自身的阴影中重新找到爱——在他们的灰色世界里看到色彩。

直到今天，二十多年过去了，我仍然进出监狱。而我的演讲，常常会这样开始，我对他们说："今天我来，是想告诉你们每一个人：你是个英雄。"通常，听到这句话，屋子会变得一片死寂。

在吸引了他们的注意力后，我接着说："你心里有一个英雄，你只需要把一切不必要的阴影驱散。"

我告诉他们："你们不是强奸犯，不是刽子手。这些是你的伪装，你的阴影。你必须把这些后天的伪装全部解除，才能变成你真正的模样。"我提醒他们，克拉克·肯特变成超人以前，也必须先把身上的西装脱掉。

囚犯们告诉我，我给了他们希望。而我祈祷这种希望能够让他们重新学会爱。因为如果让我总结一下从绝望走到今天的心路历程，那就是：爱让我得到升华。自从女儿去世以来，我一直都是一步一步摸索着前行，知道一条爱之路铺展在我眼前。看到身边爱的存在——即使在那些没有想象到的地方——并且帮助别人也看到它。

*　　*　　*　　*　　*

伊冯娜的故事最打动我的地方就是，当她站在满屋子的囚犯中间，有些是杀人犯，有些是强奸犯——可能杀害她女儿的凶手就在他们之中——可是她仍然能对他们说：你们都是英雄。她的爱呼唤着这些囚犯身上的爱。只有最广阔的心灵与思想能拥有如此无私的爱。不过，我们每个人都能从伊冯娜身上学到这样一点：能够放开对他人的偏见是透过伪装、看到真爱的重要组成部分。

放 开 偏 见

桃子不全是绒毛，蛤蟆也不全是癞皮，一个人也不全是缺点。你的想法是通往世界的窗口，常常记得擦拭，才能不阻挡阳光。

——阿伦·阿尔达　演员、作家

体验"无私之爱"的最大阻碍之一就是心存偏见。这和努力做到公平公正或是表达自己的观点不同。心存偏见是对于他人或某种情境的谴责，会给我们的人际关系制造紧张态势，与人疏离，并迅速切断爱之暖流。

我们的痛之体需要为我们的偏见及其亲爱的表亲——批评——负责。这些都让我们的视野和心灵收缩，引起更多的偏见与批评，从而更加收缩心灵与视野，如此往复。这种恶性循环正是痛之体所期望的，能够制造更多痛苦；而痛苦是它的食粮。打破偏见与收缩的恶性循环需要有意识地努力——这一点和第六章中了解自己的"触发点"很像。

大脑的神经系统应该对我们"妄下判断"的倾向负一部分责任。我们的每一次观察、思考，每一种记忆与想法都是神经细胞按一定顺序激活而来。如果他们经常以一定的顺序工作，则能建立特定的神经通路。看起来不错哦——除了，一旦神经通路建立起来，就会影响你对现实的判断。

在《爱的总论》这本优秀的著作中，神经学专家露易丝、阿米尼和拉农几位女博士写道："……神经记忆会影响对现实的判断。经验会一步步有条不紊地对大脑进行改编，所以曾经见过的事物将主导你对眼前事物的看法。"换言之，一旦大脑观察到某件事物，它立即在记忆库中搜索相似的经验。而一旦搜索到，则大脑通常按照记忆中的经验做出反应——不管现实情况是否如此！就是说，记忆可以扭曲你对于世界的看法。明白了这点，你就能以一种宽容的态度对待自身的偏见与批评。

不要自动全盘接受自己的想法，把它们当成不变的真理，而是理智地看待它们，这有助于无私之爱的成长——也能提升幸福感。在《快乐无需理由》一书中，我也曾写到："不要相信你的所有想法。"并将其列为21项基本快乐法则之一。这是我采访了100多位"快乐达人"后得出的结论。当你没有任由你陈旧的思维方式主导思想，你就能看到更深层面的真理。

有很多很不错的技巧能够帮助你摆脱偏见与狭隘观念的限制。我最喜欢的技巧包括：拜伦·凯迪之法、海尔·多维斯金的"西多纳之法"、莫提与雪莉·莱夫科的"莱夫科之法"、塔帕斯·弗莱明的"塔帕斯针压法"以及我从雷诺拉·波义耳那儿学来的"选择之法"。（在这把爱之密匙最后，你会找到相应练习。）我建议可以学习一种或多种技巧来应对这些不可避免的"误读"。（相关技巧在推荐资源部分均可找到。）

当你清除一切过去狭隘观念的阴翳，用一双明澈的眼睛看世界，生活会变得简明许多。人们的一言一行，发生在自己身上的事情，在你眼里都只是事实而已——不多也不少。省略了许多附会的"意义"，你就能够用越来越宽容、幽默的心态做出回应——并更多地体验到"无需理由之爱"的境界。

视　错　觉

我想你至少见过一幅视错觉图像吧，这些图片已经流传了好几年了：年轻女子和老太婆、两张脸孔和圣餐杯、世界著名视错觉画家M.C.埃舍尔的画作等等。通常第一眼看到这些令人费解的图片，你会只能看到一种景象，而看不到另一种。然后突然之间，你视角一转，看到了一种截然不同的图像。一旦看到两种图像，你就能够在两者之间自由转换，你就拥有了选择的权利。

重构技巧——或者说对于生活中所发生的事件赋予不同意义的态度——就如同以新的视角看待视错觉图画。根据著名心理学家弗吉尼亚·赛特的研究，重构技巧是你把发生在你身上的事件换一种定义。比如，要是你在暑假前摔伤了腿，你可以将其定义为一次灾难：所有的计划都泡汤了，不能去沙滩，不能在花园里劳作等等。另外一种方法就是将其定义为一次机会：现在你能够做一些安静的、有益身心健康，而平时又没有时间去做的事情了，比如读一读《战争与和平》啦，制作一本相册啦，写写网络日志啦等等。同样的事件：摔坏了腿。两种不同的定义：灾难或机会。

有一个年轻的大学生就曾面对过相同的情景，于是他利用暑假的时间来学吉他。他一直都很想学，却苦于没有时间。随着暑假一天天过去，年轻人发现自己不仅热爱弹吉他，更有这方面的天分。回到学校后，他改变了自己的专业和人生目标，决定要做一名职业音乐人。这位年轻人的名字？胡里奥·伊格莱西亚斯——著名西班牙歌手。他把"摔坏腿"这一事件定义为一次机会，并且拥有了一份自己喜欢的成功事业。胡里奥曾说："摔坏腿，是我一生中发生过的最幸运的事件！"

就像胡里奥一样，你可以选择封闭心灵或是在转瞬之间，让同情、宽容与理解汹涌于心中。我们在第四章中也谈到过类似的概念：如果你能够将生命中的际遇当成一种享受，或是一次成长的机会，或是两者兼有，那么你就能感受到自己是被支持的。这就是重构法的另一个极好的例子。

重构法要求你换一副"新眼镜"看世界：让你能看到人们身上潜藏着的精神之美，以及你生活中各种事件所蕴含的更高层面的真理。最近，我开始了一项练习，想和大家分享：不要再将发生在你身上的事情定义成"坏事"。不要再说"这一天过得真糟""真是个坏消息""我丢了工作，太倒霉了"等等。面对生活中的各种困难困境——堵车、被老板骂、关系触礁——从中寻找真与美，让自己回到无私之爱的境界中来。

开 始 之 盒

【练习】

以"选择之法"化解狭隘观念

消除狭隘的观念能够让你转换视角，敞开心扉迎接更广博的爱。对于任何妨碍你自由去爱，或对自身产生伤害的狭隘观念，你都可以遵循以下步骤消除：

1. 写下一个妨碍你体验无私之爱的负面言论或狭隘观念。观念是一种对于现实的观察，或是你基于过去经验得出的结论。比如"我不够好"，或"我做不了"等。

2. 在纸上写下以下问题。问自己这些问题并注意你的第一反应：脑海里闪过的念头、感官感觉、影像等，不加任何修饰写下你的回答。

· "你相信吗？"即使你只是"有时候"相信，也会影响到你所做的每个决定。

· "你为什么相信？"肯定有某些理由造成你这种观念，让你相信这是真的。深入探寻根源。

· "你知道这是真的吗？"问自己为什么相信你质疑的东西？

· "如果消除了这一观念，有什么让你担心的顾虑吗？"这是一个很关键的问题。换言之，"如果这一观念消除了，你在害怕什么？"这个观念对你而言肯定有某种意义，否则一开始它就不会存在。让这个问题沉浸入你的内心，让它唤醒自己。

3. 如果在这个过程中又发现了新的狭隘观念，则从步骤一开始，解决新发现的问题。

对你自身所持的狭隘观念进行质疑——考虑它存在的原因——让这些观念开始自动消解。而一旦意识到这个观念并非真理，你会拥有更多的自由及幸福，更敞开心扉去爱。

该练习使用经黛博拉·曼德尔以及雷诺拉·波伊尔许可 www.ChangeLimitingBeliefs.com

结 尾 之 盒
这个练习让我受益良多。

视野之门的爱之密匙2：相信你内心的智慧

你有没有这种体验，你很肯定地知道某件事是对的——却不知道这个结论是如何得出的。这种"没有明确理由"的清晰与肯定就是我所说的内心的智慧、知识、指引或直觉。这是内心的光明，照亮前路——如果你愿意倾听内心的声音。

直觉并不是说有的人有，有的人没有——我们每时每刻都可以拥有。问题是我们已长久不再寻求它的帮助，不再关注它。

直觉，有时候又称之为"第六感"，将你与自己的内在世界联系起来。如果你是通过直觉知道某件事——由内而外——可能不一定符合逻辑思维或者在理智上讲得通，你就是"知道"。这也是为什么很多人都会觉得直觉这回事就是故弄玄虚，绝不可靠。

很久以来，逻辑与理智就一直在我们的文化理念中牢牢占据着主导地位，我们接受的熏陶就是如果不能证明，就不去相信，包括来自内心的引导。我们不再相信自身内心的智慧。

别误会，智力创造的确很伟大，在很多领域拥有骄人的成果——吹风机啦、自来水管道啦之类的首先映入脑海。不过这也有不好的一面：不再聆听内心的声音，让我们与心灵渐行渐远。

是的，直觉的声音能够直接到达你的心灵。心脏数理研究院的研究表明了，心脏拥有直觉的智慧。在一项研究中，研究者让参与人员看一组图片。大部分是宁静优美的景象，如风景、植物以及动物等，不过也有几幅令人心烦的图片随机穿插在其中。

参与人员在看之前、看到，以及看后都会接受呼吸、皮肤、脑电波、心电图等方面的监测，对比各种变化。研究人员发现，在不怎么优美的图片出现之前的五到七秒，心脏活动会出现显著变化。不知怎么回事，事件发生以前，心脏就知道要发生什么事，并且做出了与优美图片相比不同的反应。

要是以前的智者看到如今我们用科技手段想要证明"第三只眼"体验的存在，很可能会微笑吧。因为在本质上，它就是神秘难言的，直到现在也无法测量、无法证明。不过心脏数理研究院用大量数据表明，虽然大脑一直以来被奉为信息处理的唯一器官，但实际上，心脏先于大脑接受直觉信息，并作出回应。

这些研究成果证明了直觉是由心灵激发的。主导该项研究的罗林·麦克科拉提博士告诉我说："直觉是你更高自我的声音，从你的心灵传向大脑。"这就是为什么直觉常常是不连贯的、让人不安甚至焦虑的。因为你的心灵想要推翻理智的通知，让你能够勇敢地承担风险，大胆行动（或谨慎行动），而不是跟随理性的指导。

虽然乍一看，直觉是在让你"失控"，别人该往右转的时候让你偏偏往左转，但实际上它在帮助你看到真实的自我，看到更高的真理：你比自己想象的知道的更多。你可以跟随自己的感觉。

跟随直觉的指引让你和整个世界的无形运作和谐一致。当你按照直觉的光亮行事，奇妙的同步性与牵连感产生了。对你而言最好的选择如同夜空中绽放的烟花一般闪现于你的意识当中。可能只有短短一秒的时间。问题是：你有没有胆量跟着直觉行事？

很多"爱之名人"都说直觉是大爱推动者——听到心灵的智慧之声。他们信任这种内心的智慧，跟随着这个声音做出决断，而不是单单让理智告诉自己该如何生活。

种种"以心灵为中心"的做法常常会做出令人惊讶的决定。"爱之名人"艾丽森·斯蒂尔曼是位出色的香薰理疗家和作家。她与我分享了下面的故事，告诉我当你选择倾听心灵的声音，生活会出现怎样的面貌：

> 自孩童时期，我就很注意倾听心灵的指导，不是追求一时的刺激，而是我确定在我灵魂深处，一直知道什么对自己最好。虽然我的很多决定都会让我家人朋友费解地挠头，觉得我肯定疯了，可是每一个心灵的决定都让我到达生命中更深刻、更充满爱的境界。

在选择职业的时候，我一直向心灵寻找指引。因为一直都对植物、草药、花朵怀着深切热爱，我在大学的时候主修植物与园艺学。接着我接触到了精油与香薰治疗的世界，心底某处被触动。在深入研究之后，我成了"香薰术士"，利用纯净的精油帮助人们清楚障碍，找到快乐与健康。

1998年，我的一位朋友创办了一家软件诉讼公司，他找到了我，问我愿不愿和他一起干。我说我既不懂软件技术，又不懂法律，可是他说服了我。我相信自己的人际交往能力对公司来说是一笔宝贵的财富，所以我把香薰理疗研究放在一边，加入了公司。

在经历了一段时间的集中学习后，成了公司的营销主管。接下来六年，我在公司会议室以及全国一些最大法律机构之间穿梭，和法律界最有名望的人物打交道。即使身处紧张的生意场上，我仍然让我的心灵指引自己前进。我把每一次际遇都当成机会，探索每个人身上更深层的人性，并在谈论生意之前，与之建立心灵层面的联系。

在我当上营销主管的第六个年头，公司的CEO接受了一家投资银行的融资，想让企业更上一个台阶。为了确保他们的投资收益，投行派了一名高级管理人员到我们公司。这位最爱用"刻薄扭曲"形容自己的女经理花了几个月时间跟着我工作，熟悉业务。

接着，在一个周五下午，5点的时候，她把我叫进办公室。"艾丽森，"她说道，"我已经观察你四个月了，从来没遇到过这样的情况。你的销售团队、高级主管、客户、支持人员——每个人都很喜欢你！很明显，你的主要精力都放在了播撒爱上面了，而且效果很不错。"

"不过，一切到此为止。我需要你把花在培养人际关系上的精力投入到财务上来。你能答应我吗？"

我的心想都没想就告诉我："结束了。"可我只说："让我这周末想一想，周一再给你答复。"

周末两天，我心里天人交战。我的理智试图说服我留下，可心灵却坚持说：办不到。我的理智列出了所有我需要这份工作的理由：我新买了房子，要还车贷，所有的生活开销都需要一份稳定的薪水，我还有股票投资、健康保险等等。可是所有一切都不重要了……我知道我的心是正确的，我的灵魂真正想要的是什么。

周一一早，我走进主管办公室，提交了辞呈。我告诉她："我从来做不了财务，我不是这块料。"我把继任者培养好，跟着我的心走了出去。

在那以后，和我的大脑预测的"经济危机"不同，我的生活展现出了我从未计划或想象到的美好面貌。我找了一份兼职顾问工作——这也让我遇到了现在的丈夫——我重拾了香薰理疗的研究，创作并出版了一本著作。如今，我非常富足，不管是精神层面还是物质层面。

而公司呢，并没有发展得很顺利。那位"刻薄又扭曲"女士的利益优先法将公司的中心凝聚力毁灭殆尽。我们都知道把心灵从任何组织机构中移除，会发生什么。两年后，公司经过了一个漫长而痛苦的死亡过程。

真正的底线在哪儿？在生意场上和做决策的时候，人们总是试图将大脑和心灵对立起来——可它们通力合作才有最好的效果。而生活中也是如此。而我很感激，自己的心灵总能给我最明智的指引。

倾　听

在你生活中有没有忽略直觉的时候？听从自己的直觉就需要让它现身、和你打招呼，而不是装作视而不见。你可以权当实验，试着注意心灵的讯号，你会发现一个更高的"逻辑"，带领着你走向无私之爱。（为了能够帮你实现这一点，在爱之密匙最后会有一个直觉的练习。）

而我最常问的、关于直觉的问题就是："我怎么知道这个声音是我内在的智慧使然，还是我的恐惧、情绪使然呢？"这是一个很关键的问题——正确区别这两者是非常重要的。直觉是内心深处的智慧，往往能带给你更大的受益。你能够认出它，因为通常它都伴随着宁静、轻盈以及肯定的感觉。你就是"知道"，没有激动的情绪与过激的反应。

当你受情绪驱使，你会"做自己想做的"；可能你处于恐惧、愤怒、悲伤或痛苦会想去做某些事情，可是这些冲动并不是直觉使然。它们是一种反应，一种基于过去思维模式与感觉的反应。如果任由其驱使，从长远角度看是否对你有利还是个未知数（通常答案是：不会）。而且，这也不是通向大爱的可靠途径。

因此，你必须信任自己的内在智慧。虽然它可能是不连贯的——可能会敦促你做一些不怎么"省心"的事，让你走入不怎么熟悉的领域，或者甚至要求你超越原有的信仰——不过，它总能带你进入更宽广的"无需理由之爱"的境地。

相信你的直觉

"爱之名人"，精神导师索尼娅·乔凯特也是位气卦专家，写过很多畅销书。她就一直注意倾听内心的智慧，而她给这个世界的建议即是"相信你的直觉"。在同名著作中，她写道："如果你相信你的直觉，你一定能'知道'自己拥有精神第六感，会指引着你，即使现在它还处在休眠状态。你的第六感是你内心的'天才'……所以别再怀疑直觉的声音，别再明明感觉到了它的存在，却视而不见，一旦被激发，试着用一种接纳并且感激的态度对待它。"

在我们的采访中，索尼娅解释道，直觉源于你的心灵或精神，是人身上最睿智的部分，因为这是宇宙"精神"的一部分，指引着万事万物，赋予它们活力。她说："鲸鱼横跨海洋，鱼群回溯产卵，黑脉金斑蝶漂洋过海又再回到原来的栖息地，靠的都是这种精神的指引。它有着理智所不能企及的智慧。"

当你听到这些直觉的声音——以下是关键了——给予它们足够的信任，

让它们指引你的道路，让你的心灵与精神和理智一起，将生命引向最美好的路径。而信任直觉的益处可以从避开交通堵塞（你的心灵会发出信号，让你选择不同的道路）到避免心痛心碎（你马上就能辨别某人是个麻烦，要离得远一点）——如此种种。不过索尼娅认为，最重要的是，一旦相信了直觉，生命就变成了一场优雅的舞蹈；压力自然溶解，你的心灵在爱中无限拓展。

　　见到索尼娅的时候，我就被深深地迷住了，她浑身上下散发着活力、热情与欢乐。相信直觉，真的让她焕发出勃勃生机。在下面的故事中，索尼娅讲述了直觉的种子，是怎样很早以前就种在她心中；她的父母又是如何悉心关爱，让其生根发芽。当她还是孩子的时候，就看到了内心的视野是如何影响自己和他人之间的交往的。而她也一直没有和这种深层的"真理"切断联系，让内心的声音指引着自己克服重重险阻，达到真爱之境。

＊　　＊　　＊　　＊　　＊

索尼娅的故事
以爱为指引

　　在我的家庭里，直觉并不是"第六"感觉——它排第一！要不是它，我父母也不可能相遇相恋，结为连理。爸爸十七岁的时候离开家乡农场参了军，参加了二战。等他回来的时候，带回了我母亲——一个十五岁的战场上的小新娘。

　　妈妈是德国监狱集中营里的战俘。战火夺去了她的双亲，让她被迫辍学。她和爸爸一样，都没受过很多正规的教育；所以大部分时候，他们只能依靠直觉行事。

　　做决定的时候，他们也从来不问我们兄弟姐妹："你们认为怎么样？"或是"书上怎么说？"他们总是问："你的心怎么说？"这绝对是真理的体现，并且从来不曾有所怀疑。

　　这种做法也和教育并无冲突，一点都没有。他们告诉我们："去，去学校学习一切可能的知识。不过归根结底——不管你们听到了什么，内容是什么，看起来怎么样——都要相信自己的直觉。"

对直觉的信任让妈妈多次在战争中逃过一劫。当她十四岁被关到战俘集中营的时候，身边的人都哭喊着："我们就要死了。"他们已经放弃了希望。可是她心中有个声音在说："不！我不会死。只要专注、聆听。"周围的所有声音都是如此绝望，妈妈只有像救命稻草一般紧紧抓住内心的声音，努力倾听。

当纳粹分子把战俘分组，一个十四岁的孤女似乎分到哪个组都不合适。不知道该怎么处理这个小女孩，集中营让她和另一组成员一起被送往俄罗斯的敖德萨。每个人都知道去了敖德萨就是死路一条。我母亲也没有心存任何幻想。

他们将她赶上火车，妈妈站在敞开的车门旁边，看到持枪的士兵站在铁轨附近。

火车开动了，速度越来越快，母亲环顾四周，发现这时候没有人看着她，就在那短短一瞬间，她听到心灵的声音：跳！没有任何犹豫考虑的时间，她照做了，把身体甩出门的一霎那，她告诉自己："如果我死了，至少是以自己选择的方式。"她身体着地，滚到泥地里，等着火车过去。

母亲活了下来。

直到遇到美国大兵，跟着他到美国之前，母亲都靠着聆听内心的"GPS"——每一步都跟随着内心的振动以求生存。我父亲也是一样，他非常勇敢，并且自信自己一定能走上正确的道路。

我的六个兄弟姐妹和我很早就获得了这种讯息。从小到大，父母就鼓励我们寻找机会、相信直觉。每天当我们走出家门去上学，妈妈就会对我们喊道："聆听你的心！吃晚饭的时候我要听到你们的经历！"

每天晚上的晚餐桌上，我父母都会专心地听我们七个讲述一天的"直觉经验"。我们不看电视或杂志，也不是很想干这些事。光是聊天，分享一天的经历就很快乐。我的父母创造了一种氛围，让我们拥抱直觉，就如拥抱最光辉的智慧。

直到我进了学校才意识到不是每个人都会聆听直觉的声音。我看到很多人越是远离心灵与精神，越是变得胆小孤立。我环顾四周，疑惑极了，心想："就好像每个人都套着大纸袋在脑袋上，然后大声喊道：'我很孤独。'"我很想告诉他们："把脑袋上的纸袋拿下来，看看周围。如果你这么做了，你就会看到爱与善良无处不在。"当你聆听直觉，你会自然而然找到爱。你看得到，并且感觉得到。

在我还是孩子的时候，我的直觉就会以意想不到的方式让我找到爱。我上学的天主教小学校就在一家公立学校的对面。公立学校的孩子很恨天主教学校的孩子，我们则很怕公立学校的学生。每个人都很高兴我们学校提前30分钟放学，这样我们就可以不用碰见那些"坏孩子"，飞快地跑回家。

二年级的时候，我觉得这种封闭心灵的做法不能让我完全接受，我应该做点什么。于是有一天放学后，我故意在回家的路上磨蹭，好见一见这些公立学校的孩子。我想看看他们到底是什么样子的，真的有那么"坏"吗？果然，当我穿着天主教学校的制服走过公立学校大门，有一群女孩子穿过操场向我跑来，喊着："我们抓住她！""好好教训她！"

我呆住了。恐惧对我说："跑！"可是另一个强大、镇定的声音，我的直觉对我说："坐下。"我有片刻的挣扎，不知该怎么做：逃跑还是坐下？我坐了下来。

那群女孩子跑到离我几码远的地方，突然停了下来，不知道该把我怎么办，因为她们还以为我肯定会逃跑。一个女孩问道："你在干什么？"

我笑着说："没干什么呀，我坐在这儿就是想见你们啊。"

他们望着我，面面相觑。然后有一个女孩又问："你说想见我们是什么意思？"

我说："我就想见见你们，打声招呼，因为我觉得你们很酷。"

此言一出，她们都被打动了。人家本来气势汹汹地想收拾我，却坐到了我身边和我一起玩起来。我们聊着天，虽然一开始有点尴尬，可是后来我们玩起了抓子游戏，气氛越来越友好。

我真的觉得她们很酷。她们不像我们一定要穿校服。我的校服是蓝色的上装，盖过膝盖的裙子，起码有四万个褶子。而且我必须穿白色短袜和黑鞋子。我真是恨死这身行头了。我记得有个女孩穿着马鞍鞋、长筒袜、百慕大短裤以及可爱的圆领短袖上装，上面印着鲜艳的各色小花。我羡慕地望着她，说："我好喜欢你的衣服啊，真美。"她叫薇吉·苏，后来成了我很好的朋友。

那天以后，公立学校的女孩子和我约定放学后我等她们一起走，这样就能一起回家了。

那一次，相信自己的直觉让我大有收获，我不仅交到了新朋友，还成了我学校里最酷的孩子之一——我遇到了"坏孩子"，还成功活了下来，能够讲起这一段奇遇。

从那以后很多年里，我拥有了很多直觉经验——大事小事都有。它们都让我更加肯定父母的教导是明智的：倾听你的直觉，你会发现爱。

* * * * *

七岁的时候，索尼娅已经遵从内心的智慧指引跳了好几级。如今，她说是明智的"第六感"帮助她注意到无处不在的爱，不管以何种形式，怎样表达出来。

敞开心扉听从内心的指引就像锻炼肌肉一样。通过锻炼，这种能力会越来越强。在她的班上，索尼娅教导学生们如何让第六感不再躲藏，大大方方露面。她让学生们玩一种猜谜游戏，叫做"我想知道"。玩法就是把这句话带到日常生活中，享受这个过程。问问自己："我想知道今天老板会穿什么颜色的衬衫上班呢？""我想知道今天会有什么意外的事情发生呢？"关注你的答案。

好奇是通往直觉之路。当你想知道某件事时，你的直觉之触角就更有可能被激发，这就为相信自己的直觉铺平了道路。

索尼娅这一剂有趣的良药能够开启心扉，因为好奇心和爱是一国的，而不是恐惧。她告诉我："如果你邀请直觉进驻心灵，你会很快爱上生活的。"

生活变得充满趣味，而不是令人害怕。当你怀着好奇之心，你会将偏见与理性放在一边，以好奇的、积极友好的态度对待生活中的人和事；以好奇的目光看时间让你内心的智慧保持活跃状态。

心灵的礼物

一直以来，我都拥有很强的直觉，不过在写这章内容的时候，我拥有了最戏剧性、最动人的体验。它对我产生了深远的影响，并且向我展示了直觉在我们生命中扮演的另一个角色。

那时候我和卡罗呆在圣地亚哥的写作"静修地"，好几周都没见过我妈妈了。有一晚，我迷迷糊糊地睡着了，结果突然嘴里蹦出一句话："我妈妈明天就要死了。"这一惊，非同小可。我完全摸不着头脑这句话是怎么出来的。我觉得又疑惑又担心，试图安慰自己说："这不可能，她两天前才做过体检，医生说一切都很正常。"最后，我心神不宁地睡着了。

第二天早上醒过来的时候，一个念头又在脑海里闪现："妈妈今天要走了。"我觉得心烦意乱，决定打电话看看她情况怎么样。可是，奇怪的是，下一秒这个念头完全溜出了脑海，接下来一整天我都想不起来这两次经历。

那天下午傍晚的时候，差不多6点左右，我和卡罗正在写书，接到了妹妹的电话。一听到她的声音我就知道发生了什么事，妈妈刚刚去世了。汹涌而来的悲伤如此浓烈，可我记起了早些时候的预感，我感到得到了某种程度的安慰。我相信这些直觉的提醒，让我不被突如其来的坏消息完全打垮，肝肠寸断。他们给了我"全景"的视角，帮助我看到上天的安排。我的心灵给了我提醒——两个小小的软垫——让我摔得没有那么重。有时候，你的直觉的引导并不是让你采取什么行动，只是心灵给予你的充满爱意的礼物。

* * * * *

"爱之名人"，也是心脏数理研究院的创始人多克·奇德尔曾说："心灵的直觉能够为我们带来自由与力量，大脑，即使结合了全世界的知识，如果与心灵不同步，也无法达到这一境界。"

人们如果处于无私之爱的境地，则不仅拥有直觉，他们还相信直觉，并以此行事。他们内心的智慧如明灯，指引着道路，让他们的生命享受到真正的自由。

*　　*　　*　　*　　*

"爱之名人"大卫、克里斯汀·莫瑞里主持着一档让人耳目一新的广播节目《一切都是能量》，他们也如同明灯，帮助人们清除心灵上的障碍，体验充满爱、成就感、轻松感的幸福生活。他们推荐了下面的练习，让你能够将心灵的智慧应用到日常生活中来。

开 始 之 盒

【练习】

内心的密室——心灵的直觉

1．闭上眼睛，做几次深呼吸。想象着把自己所有的注意力、关注点或能量都集中到你头部中间"第三只眼"（位于眉心）后面。

2．把放在过去的精力全部集中到现在——此时、此刻。把放在未来的精力全部集中到现在。将其他分散的精力都集中到你头部的光点中心——"标点"之上。呼吸。

3．想象一下，从你头部中心伸出一根管子，通向你的心灵。四处寻找，找到一扇门。这是通往你心灵密室的门户（这个空间只为你及你的精髓而存在——有些将其称之为精神、上帝或更崇高的自我）。

4．打开这扇门，走进去，牢牢地关上门。看看内心的空间，注意它是和面貌。走到空间的中央，让从上而至的金色光芒进入内心。

5．感觉你内在的壁垒消融了，唯一停留的只有内心的真理与洞察力。花一点时间体验"真正"的你。

6．有什么重要的问题？问出来。让更深层的答案浮出水面。觉得惊讶也没有关系。这些答案可以是某种情绪、思想、影响或顿悟的感觉。当你专心地倾听（敞开心扉接纳这个空间），答案自然会浮出水面。你看到了什么？停留在这个空间里，想呆多久就呆多久，也可以问其他的问题。

7．当你觉得完成了这一过程，说"谢谢"，走出来，把门关上。记得带着你的答案顺着管子回到你的大脑中心。

8．花点时间让你心灵的智慧进入你的大脑，然后慢慢睁开眼睛。你也可以把答案写下来。

该练习的使用经大卫、克里斯汀·莫瑞里允许。了解关于该练习的音频资料可以访问 www.EverythingIsEnergy.com/love

结尾之盒

该练习将使你受益良多。

开始之盒

本章小结及"无需理由之爱"步骤

想打开视野之门，就要善于发现他人身上以及周围环境中的美好之处，并相信内心的智慧。你可利用以下步骤增加爱之暖流在这一中心的涌动：

1．拥有"母亲的双眼"看到万事万物背后相同的本质，于不完美中看到完美。

2．重新"编制"你的神经激活系统，让你更善于发现各种形式的美。这种练习能在大脑中建立爱的神经通路，让这种美好的视角变成你的第二天性。

3．不要全盘相信自己的思维。学习一种技巧帮助你摆脱偏见，比如西多纳之法、莱夫科之法等。

4．重新定义你生活中的际遇，选择开启心扉的视野，体验同情、广博与机遇。

5．运用"选择练习"，来消除狭隘的观念，转换视角，让自己体验更宽广的爱。

6."相信你的直觉"。记住，有时，最奇妙的旅程是由直觉开启的。

7.利用"我想知道"的游戏，锻炼你的第六感。在每天的生活中，问问自己"想知道什么"，并且关注自己的答案。

8.将心灵之智慧运用到日常生活中来，利用"内心密室"的练习拥抱你的直觉。

结 尾 之 盒

该练习将使你受益良多。

第十章　结合之门：融为一体

我们在以连续、部分，以及微粒的形式存在。同时，人的内心住着完整的灵魂，是静默的智慧、是宇宙之美；每一个部分、每一个微粒都是平等相连的，连成永恒的整体。

——拉尔夫·沃尔多·爱默生　十九世纪作家、哲学家

十几岁的时候我开始学习冥想。而我得到的指示是："放开手，任它来去自如。"然后利用简单的技巧让我的大脑定格在思维的起源上：纯粹的存在。

我记得第一次踏进这片宁静的领地，感觉就像回家一样。我忘记了自己的身体与思想。只觉得旷阔、宁静、完整——就好像自己成了巨大帘幕的一部分，包容万事万物。

在离开那种状态，重新开始思考之前，我注意到这种旷阔的感觉并不空洞：它是充实的——充满了爱。我不是玛西，也不是十六岁。我就是爱。

我继续每天都练习冥想。几年后，我成了冥想老师，并且我也教我九十二岁高龄的祖父这种方法，好让他也体会到这种充满爱的体验。我的祖父矮壮敦实，面容和蔼慈祥。他觉得这个过程非常简单。他第一次坐下来练习冥想的时候，看起来那么宁静，带着微笑，闭着双眼。等他冥想完了，我问他感觉怎么样。他笑着说："就像和上帝谈话一样。我已经每天都这么做啦。"

与上帝交谈、冥想、祈祷——所有的灵魂行为都是为了找到爱默生所说的"静默的智慧""永恒的整体"，我将其称之为"神性"。当你找到一种方法连接到这种存在——你可以叫它上帝、本质、更高的力量、宇宙精神，或任何名称——你正在开启结合之门，并为体验"无需理由之爱"打下了坚实的基础。

　　纵观各国历史与文化，有很多关于精神体验让人们获得无私之爱的描述。圣人弗朗西斯、苏菲派伟大诗人卢米，特蕾莎修女……这些只是其中的部分代表，精神觉醒让他们沉醉于上帝之爱中，情不自禁地想要对万事万物散播爱之光芒。

　　当今世界也有这样的"圣人"，这些人与宇宙精神的深切联系让他们无时无刻都体验着无私之爱，就像达赖喇嘛以及被称为"拥抱圣者"的阿玛——你在第一章"坦巴的故事"中读到过她的事迹。这些同样经历了精神觉醒的人们如同管道，将纯洁的无私之爱输送给世界，这也是为什么只要靠近他们，你就愿意敞开心扉。

　　当结合之门开启的时候，你进入了你内在核心的宁静之所：潜藏在所有思想与情感背后的无处不在的宁静。生命因此变得更丰沛、更充满意义。

　　获取了内心的宁静，你会放开自己，随着生命的走向而动，相信有一种灵犀，已为你安排好所有的经历与体验。有些人无时无刻都能感到一种充满爱意的存在——天父、好友、守护天使合为一体，时刻守护着他们，给予他们明智的建议。可是不论这些体验是宏伟还是微妙，如果能拥有这种"更崇高的"力量，你就能体验到更多安详、轻松与广阔——你能感到自己存在于一种更伟大的存在之中。

　　当这一中心关闭的时候，你觉得自己和灵魂、和生活更深层的意义与目的脱离了。生活就像是吃饭、喝水、睡觉、工作的机械重复。你知道什么东西缺失了，却不知道是什么。这种空虚、挫败感被哲学家们称为"生存焦虑"，通常这种焦虑藏匿在每天忙忙碌碌的各种活动背后，可它是存在的。当你凌晨两三点钟仍无法入眠，被一种什么都是虚无的感觉所困扰，那就是生存焦虑在作祟。

　　为了对抗这一感觉，你可能会变得有掌控欲，变得刻板，试图在一个杂乱无章的世界建立秩序。不幸的是，你越是想要驯服这种不可驯服的感觉，你就越会变得绝望专横。如果觉得自己一定要"掌控"这个世界并不能让你拥有一颗坦诚之心，为了清除通往无私之爱路上的障碍，你必须要学会让自己重新回到爱之起源。

当结合之中心得到加强，精神与一体感的意义在你的生命中绽放。神性之爱将丰富你个人的爱之体验。

属于你的光辉皇冠

融合之门在印度传统中又被称之为"皇冠气卦"，位于七个能量中心的最上方，在头部顶端。它的作用是让你与更高的精神与神性领域相连接，让你体验到生命中超越思维与肉体的方面。通过它，你对于自己是谁、为什么而存在有了更深层的了解。

"皇冠气卦"又被称为"千瓣莲花"，如同触角，或是"爱之名人"珍妮特·苏丝曼所说的"宇宙精神的卫星"。它能够接收意识或"神性能量"的"信号"。很多精神宗教都将其称之为通向上帝的热线。你有没有注意到菩萨的头顶有一个突起？这可不是头顶扎辫子的发型，而是代表了菩萨的"皇冠气卦"高度发达，与神祇一体。

缠着头巾，将头顶的头发编结起来是印度"圣者"的打扮——这也是对皇冠气卦的力量的一种肯定。这两种打扮都被认为有助于增强精神集中力。

而伊斯兰教向安拉鞠躬的习俗，也被认为能够激活这一气卦。

在犹太教传统中，"Keter"一词的意思就是皇冠，是生命树最顶端的中心，象征了人体内是个相互连接的中心。在犹太教徒看来，"Keter"是我们与纯粹之光或神性能量连接的途径。

在基督教教义中，耶稣、圣人以及天使头顶的光圈是一种常用的、表现神圣的方法——这就是他们与更高存在一体的联系所在！

在更世俗的层面，一代代的皇室都通过加冕珠宝镶嵌的金黄皇冠来向这份光辉致敬。

在很多传统中，皇冠气卦与天父或天宇密切相连，恰好和根之气卦与圣母或大地母亲的关系如出一辙。

当这一气卦畅通无阻，它能够接收到上帝之光。可是仅仅如此是不够的，你仍然无法持久地处于爱之境。我认识很多人已经开启了皇冠气卦，却仍无法保持心灵气卦的畅通，所以他们无法散播欢乐与爱。其他一些人虽然也开启了皇冠气卦，但根之气卦却处于封闭状态，导致他们虽然体验到了上帝之光，却也无法表现出来。你可以把他们看做是"精神空间的空想家"，他们的"神性"没有与现实生活相结合。

所以，如果皇冠气卦是闭塞的，爱就失去了神性的光辉与力量。当这一气卦开启的时候，充满活力的生命洪流就会在各个能量中心涌动，照亮整个内心，丰富我们的爱之体验。

我们是一体

有一天，我静静地坐在那里，突然有个念头浮现：我是万物的一部分，不可分割。我知道如果我砍下一棵树，我的胳膊也会流血。

——艾丽丝·沃克　美国作家、诗人

（提醒：下一句话你很可能觉得已经听了很多遍，而且特别理想化、特别抽象，就听过算过。请不要这么做。先谢谢你的大脑能分享它的看法，然后继续看下去。）

当结合之门畅通无阻的时候，你能感觉到自己和万物一体。这并不是一种煽情的说法，而是一个具体的事实。万事万物对于你来说就和自我一样重要，因为你觉得万物都有自己的影像。

增强这一能量中心能够让你对自我的定位产生变化。你觉得自己不再仅仅是个性的体现，比如习惯、恐惧、喜恶等，而是潜藏在个性背后的纯粹的意识——与潜藏在万事万物背后的意识相同——很多人将其称之为上帝或神圣之爱。

这种潜藏的事实——上帝、神圣之爱，或是我说的"无需理由之爱"——是万事万物的根源与本质。我们又回到了爱之主题一：我们就是爱！爱是一种物质，是我们生命中万事万物的基石。我们身上每一个细胞都由爱组成。我们拥有体验万物的能力，因为万事万物也正是由爱构成的。

"爱之名人"，作家、记者林恩·麦克塔加特曾写过一本创新的著作，名叫《领域》，讲述利用科学事实证明万物拥有相同的本质，特别是绝对零度的发现——这一发现如同一张巨网，将所有物质联系在一起。在采访中，林恩是这样描述的："这一状态是大量次原子微粒介于波和粒子之间，一下子变成物质，下一刻又变成纯粹的能量。"

"多年来，科学家已经明确我们生存在无边无际的'能量海洋'之中。次原子微粒则一直来来回回传递着信息，就像一场微型的篮球比赛。所以当你深入研究物质的基础，会发现万物是不可分割的。我们都是这一能量场的一部分；我们只是这根长绳上的一个节罢了。"

"问题是，直到最近我们仍然将宇宙定义成独立物体按照固定的时间、空间定律运作的集合。所以我们将万事万物和自身对立起来。而我的作品则是想教育人们，我们并不是割裂开的，我们是一体的。而体验到这种融合为一的感觉正是爱的本质。"

大脑与一体化

> 智慧就是意识到我们是一体的。爱就是体验到这份感觉，而共鸣则是它的表现形式。
>
> ——艾森·沃克 作家

借助先进的科学技术，我们能够知道大脑中的各种反应，如今，科学家们了解到主观上的"一体感"体验是实在而明确的。安德鲁·纽博格博士是宾夕法尼亚大学医学院的助教，并且是《上帝如何改变你的大脑》一书的合作者。他也被认为是神经神学领域的开拓者，这一新兴科学研究在拥有宗教及精神体验时，大脑发生的反应。

脑电波扫描可以"抓拍"大脑的活动情况：红色区域表示大脑活跃以及血液循环良好部分，蓝色部分则表示压抑及血液循环不足部分。在体验到"一体感"时进行的脑电波扫描显示了大脑运作的独特现象：与注意力密切相关的脑前叶极度活跃，而在大脑后部的脑后叶部分则呈现深蓝色——这个区域让我们得以用时空定位以及辨别出界限。而这部分脑功能的抑制最直接的结果是我们能够感受到"一体感"。

后脑叶负责"我"或者"非我"的辨识，并帮助你在现实的世界里得以运作。他们帮助你行走、穿衣、打字，因为他们让你觉察到哪里是自己的身体，哪里是地板、T恤或键盘。

而当你进入冥想状态，后脑叶沉寂了下来，你对于自我的各种界限溶解了，最终你觉得什么都是不可分割的——只有宁静、广博与整体的感觉。

这种一体的感觉有很多种表现形式——与上帝融合的神秘感觉、广博的同情心、神圣的喜悦感以及心底深处的寂静——每一种表现在神经学上都有着微妙的差别。我采访过"爱之名人"左拉·乔斯波维克，他是一名研究科学家，也是纽约州立大学心理学系神经科学中心的教授。他告诉我说在他进行的一项研究中，当冥想者表示进入了"非二元"境界（一体化的另一种说法）时，他发现他们大脑两格主要的神经网开始了更加和谐紧密的运作。

这两张神经网——一个对内，比如进行反省以及其他思考；一个对外，比如进行完成任务的思考等——通常是对立运行的。一强一弱。"不过当我们进入非二元状态，"乔斯波维克博士说道，"两者拥有了更多的平衡，显示出功能的结合以及一种和谐的状态。"这是大脑运作独特而优越的体现，赋予我们内心的平静与满足。

此外，大脑还有很多其他部分也与这种一体化的巅峰体验相关，这里就不一一列举了。有一些部分同时也与无私之爱的体验密切相关。而能够拥有一体感很重要的一点，就像无私之爱一样，我们不能再把它当做是一种想当然的状态或一种幻想——它们也是实实在在的大脑状态，可以被辨别、被测量。

事实上，当科学家们向卡密莱特修女展示脑波影像——这些影像是在她们感到与耶稣无限融为一体的时候扫描成形的——修女们微笑了，觉得很高兴。因为这些影像表明她们神经方面正发生着显著的变化。如此一来，科学的手段恰好证明了自己超越尘世的体验并不是主观的想象或愿望而已，而是事实。而研究也证明了这种"一体感"的体验对于身心都大有裨益。纽博格博士发现，通过祈祷、冥想以及其他方法获得一体感能够减轻压力、焦虑，增加同情与共鸣，并能让大脑更清晰地思考。所以，让大脑体验到一体感实际上是个非常棒的主意。

开启结合之门：两把爱之密匙

我们的生活比任何时候都琐碎忙碌，这种一体感的体验对其来说简直无异于天方夜谭。可能这对于远离尘嚣的修女、神父、和尚或圣人来说尚且可能，但对于我们普通人来说却难上加难。每天都要应付各种账单、应付老板、应付数不过来的邮件，这可不像是精神福音的组成部分啊。

不过，你也不需要远离尘世来增强结合中心。基于科学研究以及对"爱之名人"的采访，我发现以下两把爱之密匙能够很好地帮助你找到通往结合之门的途径。

开 始 之 盒
开启结合之门的爱之密匙

1. 感受存在

2. 向恩泽低头

结 尾 之 盒
第一把爱之密匙能够帮助你通过每天练习静默、冥想或祈祷感受到内在的宁静。让你与广袤宇宙相连，与无所不在的"整体"相连。

第二把爱之密匙请你放开掌控一切的欲望，让一种更高的力量指引你的生活。当你这么做了，恩泽——或者说神性、无私之爱——就会涌入体内，赋予你答案、祝福以及出人意料的快乐。用十四世纪基督教神秘主义者朱利安·诺维奇的话来说，你相信"一切都会好的，一切的一切都会好的"。

双管齐下，两把爱之密匙能激活结合之门的能量循环：让你根植于广博的爱之源，然后打开接受开关，让"无需理由之爱"的电流点亮你的生活。

结合之门的爱之密匙1：感受存在

> 你不需要离开自己的屋子。只要静静坐在桌旁聆听即可。甚至都不需要聆听，只要静静等待，学习让自己安静下来，沉寂，空灵。即使不作要求，世界约会无私地为你提供答案。
>
> ——弗朗茨·卡夫卡 十九世纪奥地利作家

在《开启心灵之门》一书中，阿加布拉姆这位英国籍的和尚——目前在澳大利亚一所寺庙当住持——写道：

> 1969年夏天，我刚过完十八岁生日，第一次来到了热带雨林。我在危地马拉的尤坦卡半岛，去看刚刚发现的已经灭绝的玛雅文明遗留下来的金字塔。
>
> 当我终于到达了那被遗弃的神庙和被称为"蒂卡尔"的古代金字塔所在的大片遗址，既没有说明书也没有向导为我解释这些直指天空的宏伟石像有什么意义。四周也没有其他人。于是我开始沿着一座高大的金字塔往上爬。到达顶部的时候，我突然明白了这些金字塔建筑的目的及精神意义。
>
> 连着几天，我都独自穿梭在丛林之中。道路、小径以及河流如同隧道穿过浓郁的绿色。我很多天都没见过地平线了，说真的，我根本就看不到很远的东西。

而处于金字塔的顶端，我脱离了丛林的纠缠。我不仅能够看到地图一般的全景铺展在我面前，还能看见所有方向上的事物——没有什么横亘在我与无限之间了。

站在那儿，如同站在世界顶端，我想象着也许有个年轻的玛雅小伙子，出生在丛林、生长在丛林，祖祖辈辈都生活在丛林。我想象着在某次宗教仪式上，在一双大手温柔的指引下——被一位睿智的长者指引着，他们生平第一次登上金字塔的顶峰。当他们脱离树林的纠缠，看到生活的丛林在他们眼前徐徐展开，当他们凝视着远处的地平线，他们感受到了无处不在的空旷感。

站在金字塔尖，在天地门户入口，没有人、没有事、没有言语再以任何形式阻挡在自身与无限之间。心脏与此情此景的象征意义发生了振动共鸣。真理绽放出花朵，将知识与意识的片段来回传输。他们明白了自己在自身世界的位置，同时也感受到了无限——那无所不包，自由无忌的空旷。在这里，他们找到了生命的意义。

我们都需要给予自己时间以及内心的宁静爬上心中精神的金字塔，脱离日常生活的琐碎繁复，哪怕只是短短片刻。然后我们也许能够看清自己在万物中的位置，看到我们的人生旅程，并在每一处都感受到不可阻挡的无限所在。

立足当下是暂时摆脱琐事纠缠，找到宁静、欢乐、中心以及无私之爱的途径。有很多方法都能够做到这一点，不过静默冥想与祈祷特别能够开启结合之门。

当你保持静默，日常生活的嘈杂渐渐远去，你进入内心神圣中心的静默空间。你打开结合中心的"卫星天线"，开始接受上帝传来的讯息。

为什么我们不能经常调到这个调频呢？对于大部分人而言，问题出在时间上。我们似乎感到没有足够的"带宽"，在我们已经超负荷的生活中再增加负担了。

　　我理解！"超负荷"也是我最大的挑战之一。有一次我看到一个冰箱磁力贴上写着一句特别贴切的话："我也很想一天一天分开过，可是有时候，连着好几天一起来袭。"

　　不过虽然看起来只是时间的问题，可是症结却是我们不知道如何分配自己的时间。

　　我的第一位冥想老师以前常说："如果你太忙了，没时间冥想，你就是太忙了！"他知道我们生活中有很多事都会消耗自身能量，而有些事则会补充能量。这样想一想：如果我们忙于从一个地方开车到另一个地方，都没有时间停下来加汽油，最终会被迫停在路边，寸步难行。

　　当我们分配时间来给自己"加油"——比如做做精神练习——我们能够以更高的效率处理生活中的其他琐事，并时时拥有内心的爱之源泉。

冥想：潜入爱之海

　　　　有一种生命存在在你的灵魂中，寻找它。

　　　　有一种宝藏埋藏在你体内的深山中，寻找它。

　　　　哦，旅行者，如果你在寻找它，

　　　　不要在外面寻找，深入你的内心，寻找它。

　　　　　　　　　　　　　　——卢米　十三世纪苏菲派诗人

　　过去几十年中，大量研究证明了冥想的益处。免疫系统功能、血压、工作效率、人际关系等等，冥想几乎对身心各个方面都有好处。定期进行冥想已经成为减轻压力与焦虑，改善心理、情绪以及生理健康的有效方法，得到了广泛使用。

　　"爱之名人"丁恩·舍洛克博士认为，冥想之所以有如此多的好处是因为它能将你带入纯粹的无私之爱的境地。舍洛克是位心理学家，也是《为何爱有治愈力》一书的作者。他说："冥想让你能够进入巨大的能量场，而这一能量场的本质就是无处不在的爱。你可以把压力定义成任何让你脱离这一宇宙中万能力量的事物。所以，当你与爱和谐共鸣的时候，正是压力与防备最小的时候，所以健康自然随之而来。这就是为什么我说爱是有治愈力的。冥想的作用正是在于将你带入爱之境。"

"爱之名人"珍妮特·戈特伍德是《激情测试》一书的合作者，她也是我三十多年的好朋友，是我认识的心胸最宽广的人之一。珍妮特致力于帮助人们过一种充满爱的生活，找到生活的激情与意义。2003年，珍妮特坐下来想清楚了自己的激情所在，并意识到她最想接触到这个世界上的智者与圣人。

于是接下来两年，她环游全球，采访了70多位世界各国的睿智长者，他们大部分都常年坚持冥想练习。我问珍妮特他们都有什么共同点时，她是这么回答的："他们都是爱的体现。这份爱，让人无法抗拒，只想亲近。难怪有成千上百，甚至百万人涌向他们，希望体验到爱的滋味。"

"虽然可能表达方式不同，但他们都告诉我，爱让这个宇宙连结在一起。爱能带你找回自我，让自己意识到界限是不存在的，你的本质就是无限的、广博的爱。"

这种无限的、广博的爱——也就是"无需理由之爱"——能够在长期的精神练习中得到绽放——这是你爱之体的"健身房"。

开启卫星天线，接受来自上帝的信号

祈祷：通往上帝的无线入口，并且无需漫游费。

　　　　　　　　——某教堂外的告示如是说

祈祷是另一种让你拥有一体感的方法，这也是为什么它是每种精神传统都不可缺少的组成部分。它最崇高的意义在于让你与"神性"得以交流。你感受到了更宏大的存在，而一旦建立了这种联系，你就能够体验到纯粹的爱之振动。

祈祷并不一定要属于特定的宗教团体。自从宇宙起始，人类诞生以来就有祈祷了——即使是紧急的求救信号，让我们能够在老虎扑上来以前逃到洞穴里，也是一种祈祷。

斯里斯里·拉维·珊卡是名精神导师和人道主义者。她认为人们在两种情况下会自发地祈祷："一是特别感恩的时候，二是特别绝望、无路可走的时候。"当你因巨大的欢乐或悲伤，双膝跪地，你自然而然地在向上帝祈祷。

比如当我们看到沐浴在夕阳中山峰的壮美景象，或是沉醉在一幅优美的油画之中，或是被一段动人的音乐所深深打动，我们都会情不自禁地感谢上帝。在这种情况下，敬畏与感恩征服了我们，而从这个开口，我们的爱奔涌而出。

而当巨大的悲伤与恐惧袭来，我们也大声向上帝求救。《圣经》就有很多将上帝当成力量与安慰源泉的记载。"上帝是我的基石，我的堡垒，我的引渡人……我苦难时候的避难所。"（《圣经旧约》：诗篇 18章第2节）

感受存在并不是一种单向的交流。打开卫星天线接收上帝信号会让能量进行双向流动。有些人认为祈祷与冥想是"与上帝交流"的方法，它也是"倾听上帝之音"的方法，用来接收宇宙或"更崇高力量"的信号。

这也是我优秀的朋友、守护天使，"爱之名人"比尔·波曼的亲生经历。他多年来一直敞开胸怀接收上帝的信号，最终拥有了长久的"大爱"。我总是说比尔是"开化的罗杰斯先生①"他平易近人、风趣幽默、并且非常善良，过去三十年他一直都致力于帮助人们体验真实的自我——无私之爱。

* * * * *

比 尔 的 故 事

大 爱 无 疆

我的人生总是伴随着对爱的追寻——不是通常的爱心啊、对花啊之类的爱，而是不知名的，比生命本身更崇高的，包容一切的爱，过去很长一段时

---

①　罗杰斯先生：美国著名儿童节目主持人。

间我甚至不确定这种爱是否存在。

不过它确实存在。我知道因为我找到了它。我的追寻在二十多年前二月的一天画上了句号。

我对于爱的渴望很早就开始了。我的整个童年时代几乎都在寻找安全感和为生存努力中度过。倒不是说我的父母虐待我或如何粗暴，只是他们给不了我被保护与受欢迎的感觉。我记得很小的时候我就一直闷闷不乐地走来走去，心里想着："要是我的爸爸妈妈再多爱我一点就好了。"

十三岁的时候，我终于有机会与这样的生活告别。有一天，如一声惊雷，我听到内心有个声音对我说："比尔，我希望你成为一名神父。"我吓坏了！不过又觉得兴奋极了。我们都是天主教徒，所以我知道这是主的召唤，而且有非常重要的意义。我从来都觉得自己连"中等"都算不上，可是要成为一名牧师却绝对要求你超越"中等"水平。

我回应了这个召唤。十四岁生日过后，我立即离开家到千里之外一家神学院学习。在那儿，我找到了长久以来渴望却没有得到的安全感。在学校里，我们受到的教育是只要遵循规则，就会得到巨大的奖励。这给了我掌控自己生活的感觉，我觉得非常满意。

可是虽然我学习如何成为一名神父，我本身在"宗教"层面却不是非常虔诚。当然，作为一名神学院的学生，我花了很多时间在祈祷上——这一行为无形中为我打开了通往大爱的门户。随着时间的推移，我开始看到，做耶稣的信徒就是意味着让自己的身心敞开，自由地接受爱。当我最终成为一名神父，我非常享受宣扬上帝之爱，并帮助人们找到这份爱。

不过这种"机构组织"的形式，虽然这种结构给了我安全感，却也成了我二十七岁那年选择放弃这份工作的原因。随着时间的流逝，每个人都看得出来我更喜欢忠实于自己的内心，而非规矩。

能做我自己感觉很自由，而在遇到多娜——我如今的妻子时，我体验到了另一种截然不同的爱。在我生命中，我第一次发现原来有人因为我本身而爱我——无条件的爱。

可是生活并不总是一帆风顺的。我比以前快乐，可是总觉得缺少什么——一种更广博的爱——它似乎总是躲着我。我一直都有这种感觉："生活就是如此吗？"

我们结婚一段时间以后的某一天，多娜对我说——她对我总是非常坦诚——她说："你知道自己有多悲观吗？"这无疑是一记晴天霹雳，因为我以为每个人早上醒过来的时候都会立即想到今天可能有哪些事会出岔子，感到焦虑不安，然后盘算着怎样保护自己不受伤害。我确实很擅长宣扬爱，却不知道怎样去实践这份爱。

多娜的当头一棒让我开始注意到自己个性中与爱脱离的地方，并寻找克服的方法。我发现这一过程非常有启示意义，希望也能帮助其他人做到这一点。于是我回到学校，成为了一名心理治疗师。让我欣喜的是，我找到了更多有用的方法来治愈自己的生命。渐渐地，我慢慢治愈了自己童年时代的伤口与问题。

随着时间的推移，我在自己的"资源库"中加入了更多的精神方法和练习。我重新每天都让自己与上帝对话，体验能量与光明的感觉，并坚持以爱意而不是偏见对待身边的人。我发现自己拥有了心理治疗师和精神导师的双重身份。我似乎有一种天生的本领，能够引导人们深入内心，发掘自己的精神力量所在。就这样多年以后，我开始结合精神探索与心理治疗过程，创办自己的研讨班。

然后就有了二十多年前二月的一天，当追寻变成了发现。

那时候我正在为80人左右的研讨班讲授增强个人掌控力，那是三天课程的最后一天。我有好几个小时都觉得身体怪怪的，后来我们按照惯例午休的时候，有种很奇异的感觉摄住了我。我告诉助手说："我想要在这儿躺一下。如果我10分钟后还没起来，你就带着小组照上午学的方法开始练习。"

我躺了下来，并且立即进入到一种瘫痪的状态，连根手指都动不了。但我不觉得身体状况出了大问题，而是感觉有一种超凡的东西正在发生。我静静地呆着，完全不知道这种感觉要把我带去哪儿。接着，就在几分钟以后，"比尔·波曼"从眼前蒸发了。这是我这辈子体验到的最奇特的感觉。

对于眼前发生的一切我一点都不惊慌——心底深处有一个念头：这一切有着非同寻常的意义。"比尔·波曼"消失了以后，我就在这一片未知的空间里呆了一段时间，我的大脑还处于清醒状态，能够注意到周围什么都没有。

我不知道自己在这种状态中呆了10秒还是10分钟，可是在某个时刻，有什么东西取代了"比尔·波曼"。这个东西不同的人有不同的叫法：更崇高的自我、上帝、纯粹的存在等等。不过对我而言，它就是"爱"。

我就在这样的状态下度过了两三个小时。当我恢复过来，我知道自己身上发生了改变一生的变化，它如此深邃，令我无法用言语捕捉形容。那个"比尔·波曼"仍然没有回来——后来也再没回来过——不过我仍然可以正常地生活，事实上比"正常"更好，因为一切都显得如此轻松自然，毫无阻滞。

就这样，我在这种完整自由的状态下过了两三天，然后才完全意识到发生了怎样的改变。以前，我总觉得自己是一个单独的个体——被自己有限的视角所辖制——单独体验着生活。如今，是爱通过我的肉体在体验生活。是爱在呼吸、在看、在吃东西……对于自身和他人的偏见统统消失了，对于未来的恐惧焦虑也无影无踪；只有爱。

从那天起，我拥有了这份幸运，帮助其他人看到我身上发生的一切。不过虽然我一生都在努力寻找爱的体验，那一天发生在我身上的，却不是我作为人所拥有的主观意愿创造的，它是上帝的恩赐，是宇宙或更高自我的恩赐——不管你叫它什么，它都是一种无限的恩泽的源泉。

然而，我也明白，能够得到这份恩赐，是多年努力的结果——多年来默默地、真诚地，怀着一颗感恩敬畏之心，追寻内心那份完整广博的爱。

＊　　＊　　＊　　＊　　＊

比尔的故事告诉我们，只要坚持努力将自己融入"宇宙整体"，你的"精神财富"就能随之增加。即使你可能无法像比尔一样在一个特定的时刻发生翻天覆地的变化，你的人生也会因为不断地练习而日渐丰沛。当你日益体验一体化的感觉，爱会是你的回报。

忘掉咖啡，来一杯早晨"冥想"

玛丽安·威廉姆森是一位非常杰出的"爱之名人"，也是《回归爱》这本优美、拥有改变人生力量的著作的作者。《回归爱》是基于奇迹课程写成的，奇迹课程是一项精神心理治疗的自学项目。而玛丽安是精神超越方面的领军人物，播撒智慧与无私之爱的信息，帮助治愈我们心灵，帮助治愈这个世界。自从她1983年开始教课以来，我就一直深受玛丽安的鼓舞启示，对于她在我生命中赋予我的友谊与引导，我一直深深感激。

最近，我和她在同一个大会上演讲。她在发言的时候，强调了精神练习的重要性，特别是在一日开始之际。"我所知道的每一种认真的精神、心理、宗教方法都强调清晨的重要性，因为那是我们的大脑最容易接受新印象、新概念的时候。"

"很多人早上一起来就拿起报纸、打开电视或收音机。听到的都是世界各地各种灾难事件的报道，然后再喝咖啡摄入咖啡因！他们就这样走出家门开始一天的生活，然后还奇怪怎么到了中午心情这么郁闷。"

"那么有什么办法呢？早上起床之后，你是不是要泡个澡或冲洗一下？当然了——因为你想把昨天的灰尘脏东西都清洗干净，焕然一新地出门嘛。不过如果你每天早晨忽略了冥想或祈祷，你就把昨天的压力带到了今天。"

"爱之名人"内科医生达玛·辛·卡尔萨博士也支持玛丽安的观点。达玛博士是大脑寿命研究领域的专家，也是《冥想是一种药》一书的作者。在采访中，他告诉我们："每天早晨坐下来冥想或祈祷是我所说的'以积极的面貌开始新的一天'。你在做这些的时候就是在给自己的身体充电，让大脑中有益的神经递质活跃起来。这就为镇定的情绪找到了回归的底线。并且这也是一种条件反射的行为，就像巴普洛夫实验中的狗和铃铛一样。如果你感受到了压力，闭上双眼，一两分钟后，'砰'，你的整个大脑运转开始发生变化，因为日常练习已经帮助它习惯了拥有这种反应。"

这一点很重要，因为你不仅仅是在体验冥想或祈祷的感觉——虽然这也可能成为你一天里最放松的时刻。不管你在一天中的哪个时刻开始精神练习，它都能为你每天的其他工作带来一种内心的整体感，让你在这一天剩下的时间里多一份更高的精神体会。

所以，每天早晨花一点时间给自己充充电，邀请"无需理由的爱"参与到你的一天中。我知道——这又给你的行程单增加了一项任务，可是它能够让你在做其他事情的时候更加享受、更得心应手——并且觉得更有意义。

有些人则喜欢为这份整体体验来一个"双保险"。"爱之名人"保罗·席尔，同时也是《自然智慧》一书的作者，告诉我他喜欢每天早晨做一次冥想让他好精力充沛地应对一天的挑战，而他也会每天晚上做一次冥想，让他能够拥有安稳深沉的睡眠。晚上的时候，他会做一种叫做"瑜伽尼德拉"练习。这项练习让大脑在身体沉睡的时候保持清醒的意识。在他睡去以前，他会有意识地默念以下这句话：我现在回到唯一的意识之本质，回到我所在的，无垢之爱当中。

纳提纳提，不是这，也不是那

如果你觉得冥想或祈祷都不是很适合你，还有其他获得结合体验的方法。你可以从现在开始练习——相不相信其实都不重要——并且把自我中遮挡住本性的部分抽丝剥茧。我杰出的精神导师——杰克·坎菲尔德就告诉了我一种有效的方法。

杰克是《心灵鸡汤》系列丛书的合作者，并且写过《成功原则》一书，是世界知名的"指路明灯"。他无时无刻不在散发着关注、幽默以及爱，这也让他当之无愧地拥有了"爱之名人"的称谓！卡罗和我在和杰克讨论"无需理由之爱"的时候，他就告诉我们除了冥想和祈祷，还有很多种方法可以到达这个无私之爱的境地，比如意念中心法、光明召唤法以及被他称之为"定位解构练习"的过程。

这一练习是由意大利知名心理学家罗伯托·阿萨基奥里发明的，杰克认为这项心理综合练习"能够帮助你摒除对于自我成就、角色、身体、个性、情感以及想法的定位，并且意识到你真正存在于纯粹的意识与选择中心。而在这个中心，你可以选择重新定位更高的自我，拥有更美好的品质，如无私之爱、快乐、同情以及勇气，这些都从这里而生。就像其他很多练习一样，这项练习帮助你与无限、与上帝、与宇宙意识融为一体"。

而"定位解构练习"也非常简单，只要缓慢地、认真地默念或大声说出这些话："我拥有躯体，但我不是躯体；我拥有情绪，但我不是情绪；我拥有大脑，但我不是大脑；我有很多身份，但我不是身份；我是纯粹的自我意识意念之中心。"如果每天练习，效果最为显著，最好是在每天醒来就练——将它想象成是具有象征意义的第二次觉醒。白天你也可以反复进行这项练习，回到"认同解构"的真我状态。

在《吠陀经》——印度教最早的圣咏中，利用"排除法"找到真我的过程被称为"纳提纳提（NetiNeti）"，梵语的意思就是"不是这，也不是那"。它能够让你温柔地放开小我，发现更宏大的自我，这一过程都是关于爱。

"爱之名人"阿朱那·阿达，也是《半透明的变革》一书作者，也采用相似的过程指导人们探索内心，认识真正的自我，体验内在的爱之境。他说，用这种方法"培养真正的活跃好奇心"帮助他数以千计的客户重新找到了精神力量。"你首先会发现一片空白，一种沉寂，一种似乎没有任何内容的存在，就像在仰望无边无际的天空一样。这个没有边际的地方就是你的意识、你真正的自我。乍一看可能是空洞的、没有内容的，让你失望。可当你放松地进入这片领域，你会发现它是充实的——无所不包。"当你体验到这种纯粹的存在，你就会开始意识到这是你其他状态的起始点。"你意识到这种存在才是你的本质：爱。"

＊　　＊　　＊　　＊　　＊

"爱之名人"约翰·道格拉斯是位精神疗法的专家，他引导人们找到自我与神圣之爱的关联。他将这一疗法称之为"精神的健身"，我和卡罗在做完下面这项练习之后，都发觉我们的爱之体更加强健了。

开 始 之 盒

【练习】

体验一体感的冥想

这一冥想能够指引着你走遍爱之体所有的能量中心，体验到更广博的爱与自我意识。怀着感恩的心情以及你的关注力，你能够激活、净化、强健每一个能量中心，让你获得一体感的体验。

1. 找个舒服的地方坐下，闭上双眼，做几次缓慢的深呼吸。

2. 将舌尖抵住上腭。

3. 说出让你觉得能够和万物融合的祈求或祷告——不论什么，只要对你有意义都可以。

4. 注意自己的"皇冠气卦"（结合中心）。默念"我想成为神圣能量的渠道。谢谢你成为我神性沟通与光明的中心——Namaste"。花点时间，感受自己对这个中心的感恩。

5. 注意自己的"第三只眼气卦"（视野中心）。默念"我谢谢你成为我内在世界的中心，赋予我更崇高的智慧——Namaste"。花点时间，感受自己对这个中心的感恩。

6. 注意自己的"喉之气卦"（沟通中心）。默念"我谢谢你成为我的沟通中心——Namaste"。花点时间，感受自己对这个中心的感恩。

7. 注意自己的"心灵气卦"（坦诚中心）。默念"我谢谢你成为我爱、仁慈与同情的中心，谢谢你的爱与一切——Namaste"。花点时间，感受自己对这个中心的感恩。

8. 注意自己的"腹腔神经丛气卦"（视野中心）。默念"我谢谢你成为我力量的中心，让我与灵魂以及神圣意志相融合——Namaste"。花点时间，感受自己对这个中心的感恩。

9. 注意自己的"甜蜜气卦"（活力中心）。默念"我谢谢你成为我活力和创造力的中心——Namaste"。花点时间，感受自己对这个中心的感恩。

10. 注意自己的"根之气卦"（安全中心）。默念"我谢谢你成为我充实、满足、拥有大地力量的中心——Namaste"。花点时间，感受自己对这个中心的感恩。

11. 静静地坐几分钟，然后睁开双眼。

该练习的使用经过约翰·道格拉斯允许。关于该冥想练习的音频资料（改编自《冥想——力量培养》），可以访问www.spirit-repair.com

结 尾 之 盒

结合之门的爱之密匙2：向恩泽低头

感恩不是你吃饭前的祝祷词。是一种生活的方式。

——杰奎琳·温斯皮尔　作家

很多人一听到"低头"一词就会联想到白旗、战败、失败等，但我所说的"低头"却是截然不同的。向恩泽低头意味着放手，放松你的身体、大脑和心灵，相信生命正有序地一一展开。当你忙碌着日常事务，虽然生活起起落落，可你却正在体验着一种深切的放松感。你开始相信整个宇宙都是友好的、关心着你的，并且会回应你的需求。

而当我能够低头，怀着简单的信念——我会得到自己需要的——而生活，我总是惊讶地发现：我恰好在对的时间，站在对的位置。我想联系到的人正好主动打电话来，我需要的信息恰好出现在我的笔记本里。这种美妙的同步性让生活如同一场毫不费劲又"充满恩赐"的旅程。我觉得自己似乎在不停地接受着上天的礼物。这种经历也与基督教传统教义中对于"恩泽"的理解不谋而合——"上帝大度的、不计回报的善意与仁慈"。

恩赐是上帝在行动。它也只有一个目标：让你体验这份大爱。所以当你低头接受恩赐，你就可以相信，自己是在向生命中更丰盛的爱进发——不论当下的情形如何。

有时候，是危机迫使我们低头，"放手让上帝决定一切"。人们常说，挑战带来的恩赐就是让他们学会放手。而这种姿态让他们进入了更宏大的能量流、智慧流，以及爱之流。我将其称之为"相信宇宙的GPS"；你仍然是驾驶员，不过你让一种更崇高的智慧来为你导航。

很多圣人都曾说，如果单单以我们自身的智慧生活就如同身陷囹圄。这会限制我们对于生命真理的体验。我采访过"爱之名人"斯图瓦特·穆尼，他是位精神导师，也是"斯图瓦特·穆尼精神疗法"的创始人。他告诉我，根据科学研究，大脑的感受器每秒要接收大约4亿条信息，但是其中我们只认可2千条，认为这是事实。我们很奇怪为什么自己会觉得郁闷，似乎什么都没有意义——因为我们根本就阻挡不了那么多的事实！当我们坦然接受恩泽，我们就迎来了一个更宏大的事实——我们获得了自由。

斯图尔特表示，我们自己就可以创造条件让恩泽流向我们。"逃出牢笼的门只有一把锁——并且是由内反锁的。我们必须要打开这把锁，所以只能求助于比自身更宏大的存在。就好像我们落在海里，却狠命地拽自己的衬衫，想拯救自己。不管我们多么用力，我们还是在海里。我们需要比自我更高的力量，在海洋之外，将我们从水中救出。上帝就可以这么做，然后将我们放到他的肩膀上，温柔地抱着我们，在耳边低语：'我很高兴你在这儿。你是这么美丽，做你自己就很好，我爱你。'"

辛西亚·布加特是一名主教神父和作家，他从基督教的视角来解释恩赐的问题。这位"爱之名人"告诉我："通往恩泽之路就是一个松手的过程，你放开手，不再紧抱着你希望生活怎样过的念头。你会看到耶稣对于爱的教导和对于放手的教导是密不可分的。他总是说：'向前走，不要留恋，不要留恋你的财富和名声。一切都放手。'"

"所有伟大的路径都需要通过这一个'针眼'——放手，放开对小我的眷恋，拥抱一个更大更丰沛的存在，我们与之共生，它才是我们的依靠。在这里，我想要强调的是这并不是只有神秘主义者或是小部分人才有的体验；这是一步一个脚印从现在做起的收获。"

那么，要是看不清路途呢？不要紧，先从迈出第一步做起。在通往上帝之爱的方向迈出正确的第一步就能让爱与你更近一步。

"爱之名人"黛赫德·海德就对通往上帝之爱的路径非常熟悉。海德是一名精神导师以及非常优秀的治疗师——她发明的"心灵四心房冥想法"绝对是我最喜欢的冥想法之一！（关于这一冥想法的信息可以在推荐资源部分"黛赫德辐射疗法"中找到。）她也是我见过的对于自己的精神疗法最推崇的人之一。而原因也是显而易见的：看她双眼流露出的神采，以及至少比实际年龄小十岁的外貌就能一目了然。（如果她能把这些秘诀装在瓶子里出售，我一定买一整箱。）她似乎每时每刻都容光焕发，神采奕奕。

我听黛赫德讲起下面的故事很多遍了，每一次都觉得深受启示，心情愉悦。说到低头，她做得优雅极了。

*   *   *   *   *

黛赫德的故事
回 家

六十年代初，当时我大概只有五六岁吧，全家从大都市芝加哥搬到了北卡罗来纳州的德汉姆，房子在一大片烟草田中间。这是一个很大的文化冲击。我的父母在芝加哥大学工作，都是学者，有点书呆子气，可是非常适应学术圈氛围。可是在北卡罗来纳，我们就显得有些格格不入。

我们的新家坐落在一条泥泞的小路上。有一天我走到了路尽头，在那儿，不知道从哪儿冒出来一座小房子，周围一圈白色栅栏上都覆盖着玫瑰花。门廊的摇椅上坐着一对九十多岁高龄却眼神清亮的姐妹：埃德娜玛和玛托尔。她们的父母以前都是奴隶。我们成了好朋友，我常常去看她们。我记得她们的房子里挂着蕾丝窗帘，在客厅中央立着一个很大的台子，上面有一本硕大的《圣经》。她们会请我喝茶，给我讲仁慈的上帝。

埃德娜玛和玛托尔都非常有爱心、非常善良，可我看得出来她们很穷。有一次我问她们："你们觉得住在路的尽头这座这么小的房子里，又没有钱，是不是很糟糕啊？"

她们对我说："哦，不，孩子，我们住在上帝用爱筑成的大屋子里呢。那才是我们真正的家。"

我想了又想，想了又想，想了很多年。当我行走在路上，有时候看到一些特别破败的景象，我都会想："不管我在哪儿，住在上帝用爱筑成的大屋子里是什么感觉呢？"

*　　　*　　　*

十几岁的时候，我亲眼见识到了什么是苦难。我的母亲在我十五岁那年被诊断患上了乳腺癌。医生不得不做大面积的切除手术。那时候没有心理支持和心理咨询，没有什么能够帮助你面对这一切，于是母亲陷入了极大的抑郁之中。这一切的压力都加重了父亲本来就很严重的心理问题，他的精神状态变得高度不稳定。爸爸在学术上是位天才，可是他非常极端，并且患有人格分裂症。而我是最大的孩子，守住家庭的重担就落到了我的肩上。

医生判定妈妈还有一年可活。在那次预测后不久的某一天，我坐在她床边问她："妈妈你想活多久？"

她说："我想活到你和你弟弟们长大。"

我告诉她："我们一定能做到的。"我不知道该怎样做才能实现这个愿望，可是我决心一试。

然后我开始和妈妈一起祈祷。我去她卧室，坐在她床边的椅子上，向上帝祈祷让妈妈的病好起来。当我这样祈祷的时候，妈妈说她能看见一道光从天而降，充满她的身体。而我开始看见天使，光之体，仿佛和任何生物一样那么触手可及——当时，我还想："好吧，神经错乱会遗传呢！哎呀，还是别声张出去了。"所以我和妈妈就和这些光芒呀、天使呀结成了秘密组织——还有一些圣人也会时不时来看望我们一下。

就这样过了六个月，妈妈不再病容满面，反而看起来越来越年轻。不久，癌症不药而愈了。

在经历过这次事件后，我又把注意力放到自己的生活上来。十六岁的时候，我开始和当地一家舞蹈公司合作，开始了我的职业舞者生涯，我非常喜爱舞蹈，可是与此同时，我患上了严重的饮食紊乱和厌食症。为了保持完美身材以及演出的压力让我跌到了人生的"谷底"，并且在那儿呆了很长一段时间。我努力想要战胜这种状态，逃离那个黑暗的地方，可是有几天我醒过来的时候觉得有什么东西沉沉地压着身体，让我不得动弹。我想着："好了，我也要疯了吧。"可是内心又总有一道光，让我知道："我不必这样生活。我不需要把自己逼得精神崩溃，永远无法恢复。"

妈妈知道我在受苦，那时候她也一样。六年来癌症都没有复发，可是它又回来了，而且癌细胞已经转移到骨头里，妈妈无法动弹，只能躺在床上。医生一遍遍对我们说："我们不知道她能撑到现在，这已经是个奇迹了。"但我知道是什么在支撑着她，有一天她对我说："我不能走，除非你获得自由。"

我对妈妈说："好的，妈妈，我会做到的，我会自由的。"然后我全心寻找上帝的帮助，让他引导我走出黑暗的谷底。我孜孜不倦地寻找着，学习了一切可以学习的东西，花几个小时冥想、祈祷，而且我找到了很多优秀的老师——每个人都是那么出色。

而且一切努力都有回报，都有帮助。妈妈过世的时候，虽然我还没有爬到山顶，却已经爬出了谷底。医生说她只能活一年，妈妈却多活了十四年！

时间一年年过去，父亲也过世了。我结了婚，生了两个孩子，又离了婚。但我坚持这些精神练习，拥有了很多宝贵的体验，可是我心上的重量一直没有彻底消除。所以我向上帝反复祈祷："主啊，只要您能把我心上最后的重担去除，您要我做什么我都愿意。我发誓，任何事都行。"

不久之后，有天晚上我正在祈祷冥想的时候，有一道强光出现了。我想着："哦，上帝啊。这是什么？外星人入侵吗？好吧，总算来了。我真的疯了。"我从来没见过这样的光芒。夜已经深了，但这束光芒却在我面前如同镁光灯一般，然后涌入了我的身体，使我进入了一个截然不同的境地。突然之间，我感到自己是万事万物不可分割的一部分。我再也不知道"分离"是何物。我感觉身体的每个微粒都在宇宙边缘，又在此时此地。

早晨的时候，我长久以来极力想要摆脱的重担消失无踪了。而心里的幽暗，那谷底——也不见了。一切都看起来不同了，一切都闻起来不同了，一切的感觉都不同了。我就处在从未体验过的意识状态中；一切都不存在了，只有爱，只有上帝。接下来四个月每天晚上这道光芒都一直出现，我越来越进入与万物融为一体的状态。

接着有一天早晨，孩子上学以后，我坐在餐桌旁，对上帝说道："好的，我与万物一体了。可是猜猜怎么样？我没钱。"很多人觉得你要是与上帝融为一体，下一刻，你就会在车道上发现一辆梅赛德斯。（抱歉！事情一般不这样。）

我结婚的时候没工作，现在我的赡养费也快用完了。我说："我连下个月的房租都付不起了。我一定要去工作。我该怎么办？"

而我内心的智慧——那个宏大的、无边无际的声音，我将其称之为上帝，说道："记得你答应不论我说什么你都愿意做？"

我说："记得，您有什么想法？"

上帝回答道："告诉人们你是个治疗师，开始你的治疗生涯。"

我说："哦，哦，不不不不。我可不想变成那种江湖医生。您不知道，我得注意形象。"

可上帝问："你想要付房租吗？

我说想。

上帝说道："你去做一些宣传单。这个周末就开始治疗课程。你会弄到钱的。"

我呻吟出声："上帝啊，你打算置我于死地吗？"但我还是向好朋友雪拉开口，问她能否把比弗利山庄的办公室借给我做治疗课程教室。

她很奇怪："真的吗？我不知道你还是个治疗师。"

我没有说："上帝让我这么干的。"雪拉是位精神专家，所以我知道这听起来太疯狂了，于是我说："哦，我年轻的时候做过。我觉得现在是时候拿出来和大家分享了。"

就这样我有了地方，也做了传单。然后我问上帝："我怎么让别人来呢？站在街角发传单吗？"

上帝说："是的。"

我又忍不住呻吟了一声："上帝呀，这也太难了。能不能简单点？我可不想站在街角，向路人发传单。"

上帝说："哦，你一定要，这就叫谦卑。"

这是我做过的最心惊胆战的事情。不过当我向路人分发传单，问他们："你们想试试治疗课程吗？"猜猜发生了什么事？好几个都说了"好的！"我简直不敢相信。课程排满了，我预估着两天内就能付清房租了。

可是人来了，我要怎么做呢？我想到了和母亲一起祈祷的情形。把光引来可不是什么能够讲授的正式课程。于是在第一位客人到来前，我问上帝："上帝，现在我该怎么做？"

"拿上水晶球、音叉以及精油。到了之后，把手放在他们身上，我会告诉你该怎么做。"

于是，在面对第一位客户的时候，我让那位年轻的少妇躺在按摩床上，我站在她面前，就像为妈妈祈祷时候那样：我把光引入她的身体。我向无边的爱敞开心扉，让爱涌入我体内。

然后上帝说："使用水晶球。现在使用音叉。现在……"

每一步，我都感受到恩泽流过我身体，而我只要敞开心扉接受。结束后，客户站起来，我问："怎么样？"

她看着我，目光明亮有神，赞叹道："哦，天哪！我觉得好极了。"

我只是微笑，但在我脑海中，我对上帝说："谢谢您让我帮得上忙。"

我的事业就从这儿起步。很快我就能够养家糊口了，并且成为了一名治疗师。成为爱的渠道是一种再美妙不过的生活方式。流过我身体的爱也点亮了我的生命。

我觉得自己能接收到这么多恩泽实在非常幸运。我向上帝敞开心扉，并且坚持这么做，恩泽便降临到了我身上。当我无所依靠，不知所措的时候，上帝的恩泽为我找到了方向。它治愈了我。只有通过恩泽，我找到了回家的路。

*　*　*　*　*

与 上 帝 对 话

很多"爱之名人"都感到他们与上帝有一种亲密的关系，对他们而言，祈祷更像是一场与最最亲爱的朋友/父母/导师的对话。像黛赫德那样"与上帝对话"是向恩泽低头的一种方法——你直接提出问题，然后等待答案在你面前揭晓，知道你肯定会被指引着获得对大家都最好的结果。

其他人可能更喜欢开放性的问题，比如"爱之名人"詹姆士·凯利。他说他接受恩泽的方法就是静静地坐下来，邀请恩泽降临。他对上帝说："如果您需要我马上知道您对我的关怀，我洗耳恭听。如果你想要我看到什么，我也很乐意。如果你希望在我心里放入某种感觉，请您尽管去做。我愿意等待，就像电视机接通了天线一般——我愿意接收您的任何讯息。"

"爱之名人"辛西娅·雷恩是位治疗者和作家。她告诉我有一次她忘记聆听"神谕"时，发生了什么事。作为一名学习北美当地文化的学生，她前往圣达菲附近的班德利尔国家公园，去参观大地穴——由古代印第安人村庄建造在悬崖峭壁上的祭祀建筑。公园里只有一座完整翻修过的大地穴，有140英尺高，需要爬层层阶梯与石阶。辛西娅爬到了最上头，坐下来开始祈祷。她开始默念着一长串让自己觉得感恩的事物。突然之间，她的意识里出现了下面这些话——与其说是一种声音，倒不如说是一种知觉。"你能不能安静一会儿？如果你一直这么说，又怎么能听见我们想说的话呢？"她知道这些是脚下的岩石，是宇宙的声音在对自己说话。现在，她每次坐下来祈祷，都会保持安静，耐心聆听。

不管哪一种接受恩泽的方法——直接发问或诚挚邀请——重要的是懂得放手，不再试图控制最终的结果。当你这么做了，你就创造了一个神圣的空间，让大爱涌入，引导你的生活。

＊　　＊　　＊　　＊　　＊

下面的练习结合了我认为非常有用的两种方法："恩泽穴位"以及"恩泽祈祷"。第一种方法是《活力显现之原则》的作者——艾莲娜·列波门在一次会议上教给我的。"恩泽穴位"的创始人是爱德华·康门尼，他基于《阿卡西记录》写成了自己的专著，而《阿卡西记录》被认为记录了每个灵魂的历程。"恩泽祈祷"则是由"爱之名人"康妮·休博纳创立的"转换祈祷"的一种。

开 始 之 盒

【练习】

邀请神圣恩泽

恩泽穴位与恩泽祈祷

恩泽穴位是位于手掌上的特定穴位，如果轻轻按压能够激发体内的能量，这部分能量直接与心灵相连。在按压穴位的时候，有意识地集中意念或进行祈祷，让你的身体放松下来，进入一个坦诚的、开放的明澈之境。

恩泽穴位位于手掌的软组织部分（左右手均可）

穴位1——恩泽主穴位(手掌中心)：

释放积压的能量，让内心视野明亮开阔，接收到积极的信息，并为心灵创造更多的宁静。

穴位2——释放穴位（手掌侧面中心）：

释放身体内阻滞的能量（意见、偏见、观念、情绪、痛苦等）。

穴位3——先人穴位/遗传穴位（拇指与食指之间）：

释放通过DNA家族遗传的意见、偏见、观念、情绪等。

过程：

1. 首先，先建立邀请恩泽进入你生命的意念。

2. 用大拇指按住另一只手的恩泽主穴位（穴位1）。在穴位处按住30秒，重复以下祈祷：

"我愿意接受神圣恩泽，并让这份恩泽涌入体内。我的生命就是浸润在神圣恩泽中，我信任这份恩泽能赐予我一切需要，神圣恩泽包围着我，我浑身洋溢着神圣恩泽。"

3. 在释放穴位（穴位2）和遗传穴位（穴位3）重复以上步骤。

恩泽穴位练习的使用经过爱德华·康门尼允许 www.PeacePath.org

节选恩泽祈祷的使用经过康妮·休博纳允许 www.TransformationalPrayer.com

结 尾 之 盒

该练习将使你受益良多。

开 始 之 盒
本章小结及"无需理由之爱"步骤

开启结合之门的两把密匙，一是感受存在，感受无所不在的爱之振动，二是向恩泽低头。你可以利用以下步骤加强爱之暖流在这一能量中心的涌动：

1. 每天花一点时间静默、冥想或祈祷，以此给自己的"精神电池"充充电。进入内心的精神源泉能够让你接触到无私之爱的能量。

2. 每天清晨做一次精神练习，为内心宁静创造回归的空间。这么做能够滋养你的爱之体，让你一整天都与"宇宙精神"取得联系。

3. 利用"定位解构法"来剥除"非自我"的事物——自己的身体、情绪、思维——这样你才能看到"无垠的意识"才是自我的本质。

4. 利用"一体感冥想法"来和你爱之体所有的能量中心取得联系。

5. 向恩赐低头，让宇宙GPS引导你。放开你对于一切的掌控，把自己交给生命的洪流。

6. 开始你"与上帝的对话"，可以直接问一个具体问题，等待答案被揭晓，或是把思绪平静下来，让上帝的启示涌入内心。

7. 利用"恩泽穴位"以及"恩泽祈祷"的方法让恩泽涌入你的生活。

结 尾 之 盒

该练习将使你受益良多。

第 三 部 分

每天体验无私之爱

将自己奉献给爱。让爱成为你的意志、你的目的和意义。之后，在做每一个决定的时候，都让爱启迪你、支持你、指引你。

——罗伯特·霍顿 作家、演说家

第十一章　各就各位……预备……去爱吧！

> 做了多少不是重点，重点是做的时候你放了多少爱。
>
> ——特瑞莎修女

现在你已经完成了"无需理由之爱"项目的学习，已经有了更清楚的认识，持续拥有这种心境会有怎样美妙的改变。它能给你带来更多的自由、坦诚、欢乐以及更深刻的满足感——这都是我们梦寐以求的感觉。很明显，接下来的问题就在于："我们如何持续这种状态？"答案就是持续练习，把无私之爱的新习惯变成第二天性，改变你身体与大脑的运作。

"爱之名人"，同时也是大脑研究学家的佐伦·约瑟博威克博士告诉我："将某种大脑状态转换成大脑特征能够让改变永存。状态是因为有意为之而使大脑发生改变。假以时日，如果持续体验这种改变，它就会变成一种大脑特征。"这也是无私之爱如何变成第二天性的秘诀所在。练习是一切改变之父。持续使用"无需理由之爱"学习中的爱之密匙，经过一段时间，你一定能强健自己的爱之体，看到可喜的改变。

当你将这份爱设置成"优先级"，"无需理由之爱"就能持续增长。只要不断问自己："此时此地，我该做什么来敞开自己的心扉？"这是一种每时每刻的选择。

"爱之名人"帕萃卡·爱斯伯格是名生活教练，也是《五角大楼文件》一书作者丹尼尔·爱斯伯格的妻子，她告诉我她每天都会进行爱的练习。每天早晨，当她醒过来之后，会在床上躺五分钟左右，一只手放在心口，另一只手放在肚子上。每一次吸气，她把爱送向心灵；每一次呼气，她把爱送向身体觉得疼痛或紧张的各个部位。她说每次做这项练习，她都觉得心里暖洋洋的，全身舒畅，并且让她能够在这一天当中都觉得自己"就是爱"。

有一些专家解释说，把手放在心口是一种很有效的方法，能够激发体内的"爱之反应"：手心的温度能够激活共鸣系统，释放出催产素，创造一种平静而愉悦的心理状态。

在采访"爱之名人"——作家巴顿·古德史密斯博士时，他告诉我们："我们花在治疗心灵上的时间太少了，我们总想不起来为它注满爱。事实上，很多人花在发型上的时间都比心灵多！"调整你的"优先级"能够彻底改变你的人生。毕竟，一整天的"好心情"比一整天的"好发型"有益多了。

如果你都看到这儿了，很明显你已经做出了决定，要向爱靠近。现在，就是如何运用你在第二部分学到的爱之密匙，保持心灵畅通了。

下面是对于七扇通往"无需理由之爱"门户的总结，同时还包括了14把打开相应门户的爱之密匙。爱的最终目的，就是让你觉得在各个方面都与生命相融合。开启每扇门户，清除各种障碍，让爱自由流动，你就能与生命中各个不同的领域亲密拥抱。

开 始 之 盒
通往"无需理由之爱"的门户及爱之密匙

安全之门——从这里开始

你与大地母亲，与现实世界，与物质生活的联系。

1．扎根土地：花时间放慢节奏，"将自己根植于当下"，常常亲近自然，与土地亲密接触。

2．感受支持：感受到更多内心的安全安定感，意识到自己是受支持的——不管是生理上、情绪上还是精神上。

活力之门——注满活力之液

你与身体、能量以及情感的联系。

1．给予身体真正的滋养：为你的爱之体提供高质量的养料——选择增加身体"生命力"的方式——吃喝、呼吸、锻炼及娱乐。

2．感受你真实的情感：直接地、彻底地感受内心的情感，而不是压抑或过度发泄。

无私自爱之门——无论怎样都去爱

你与自我意识、自我意志以及自我力量的联系。

1．学会爱你自身"不可爱"之处：学会自我同情、自我原谅以及自我肯定，让爱之振动进驻内心。

2．看到你自身的力量：为自己对于生命、对于爱的体验负责。

坦诚之门——用一颗坦诚的心面对生活

你与他人和世界的联系。

1．用一颗充实的心给予：用同情、善良、无私以及宽容让你的心胸变宽广。尽你所能付出，但不要过度。

2．让爱驻进内心：通过练习提升你接受爱的能力；让感恩、感谢、坦诚成为一种习惯，时刻怀着一颗敬畏心，时不时说一说"啊——喔——哈——"

沟通之门——一切源于同情

你与讲话、表达、聆听对方能力的联系。

1．使用爱之语言：以爱之代言人的身份表达自己，交流自己真实的情感，包括真实的感受与需求。

2．学会用心聆听：以同情之心听弦外之音——他人言语之外真正的想要表达的意思。

视野之门——透过爱的双眼看世界

你与内心智慧、直觉以及美/真理的联系。

1．寻找美：在不完美中看到完美，并且看到每个人身上拥有相同的"宇宙精神"。

2．相信你内心的智慧：注意内心的提示，它可能以一种内在的知识，或闪念的直觉形式出现。

结合之门——融为一体

你与宇宙万物、与恩泽以及上帝的联系。

1. 感受存在：花时间沉寂下来，让你的"卫星天线"接收上帝的信息。每天都做冥想或祈祷——特别是在清晨时分。

2. 向恩泽低头：放开手，相信宇宙的GPS会在正确的时间将你引向正确的地方。

结 尾 之 盒

想要通往无私之爱你可以选择坐马车或是协和式飞机。运用爱之密匙、内心洞察力以及各种技巧工具就像坐上了超音速飞机一样——都助你又快又便捷地找到一直存在于心中的那份爱。

你的"无需理由之爱"工具箱

把这本书当成是你的"无需理由之爱"工具箱，有各种各样的工具可供选择，让你不论发生什么，都能与爱相连。我推荐的技巧和练习你不妨都尝试一下，找到最适合你的部分。

在运用的过程中，有几点提醒非常重要：

1. 常常提醒自己三个爱之主题。
2. 用充满爱意的态度对待自己。
3. 让自己和支持你"爱的选择"的人在一起。

接下来我们讲讲如何最大程度地发挥这些提示的效用。

常常提醒自己的三个爱之主题

这三个爱之主题是"无需理由之爱"的颂语。把它们牢记在心里，能够帮助你改变很多重要理念，为获得无私之爱打下基础。

爱之主题1：我们就是爱！爱并不是我们对别人产生的情感，而是自我的本质。它是形成我们生命之网的线条。

当你不再从他人身上寻找爱，并且意识到你无时无刻不被爱包围着，事实上你自己就是爱，你就会放松下来，让能量拓展开来。你将摒弃这种观念："爱是有边界的，我必须找到我的那份。"相反，你会感受到内心一片爱之海洋在涌动，你享受着这片爱之海，并愿意与他人分享。

爱之主题二：生活的目的在于提升爱的能力。如果你曾觉得不知道为什么会陷入某种境地，相信一条黄金定律：为了将你引向更广博的爱。爱是你的人生目标——不管你的职业是什么。如果你将收获和付出爱作为你的首要目标，则你一定能体验到更多的成就感，提升你的生活质量。

爱之主题三：心灵是通往爱的门户。你的心灵是通往"无需理由之爱"体验的门户。如果门户敞开，爱之暖流就能自由流进和流出。如果门户是闭合的，即使心怀着最好的意愿，也很难得到爱，付出爱。就好像一个密封的罐子，你想要把水灌进去或流出来都是不可能的。就这么简单。

把这一爱之主题记在心中，你能够集中精力敞开心扉。当你觉得心灵是敞开的、博大的、轻盈的，你就找对了通往大爱之路。当它是紧闭的、沉重的，你就是与爱背道而驰了。不论何时，当你意识到这一点，你都能随时改变自己的想法、情绪以及行为，让它们支持你敞开心扉。

用充满爱意的态度对待自己

为了改变旧习，首先就必须意识到它们。不过，注意不要在这个过程中一直不停地责备自己。当你意识到自己又跌回了"陋习"里，不要自责，要想着你又朝着积极的改变近了一步。

当你试着改变某种习惯，一开始你可能在事情发生之后才意识到老毛病又犯了。若是这样，只要注意到自己的错误，如果可能，做出补偿，再向你的目标进发。不久，你可能在"半途"就发现了，马上半途折返。假以时日，你就能够在行动之前就选择自己想要的方式。最终，新的、更积极的行为习惯就变得像呼吸一样自然。

不管什么时候发现自己犯毛病了，用爱意善待自己。很多人都觉得只有通过自责自省才能改变，可是苛责与自我厌恶是无法让改变持久，也无法通向大爱的。从来不会。它们只会削弱你的力量，闭塞你的心灵，阻碍你的前进。温柔地对待自己能够让事情更顺利，也能够不断提升你的生活质量。

当你将自己奉献给爱，记住我在第一部分提到的"永恒真理"：爱可以治愈其他一切事物。当你开始展现出更多的无私之爱，你可能会发现有很多陈旧的，与爱对立的陋习浮出水面。这可能会让你痛苦、难受，或自我怀疑。不要担心，这是必经的过程。这时，就可以用到第二部分所教你的东西：自我同情、自我肯定、自我原谅，当然，还有感受你真实的情感。当我们将爱之光照亮这些痛苦的情绪，它们就会自动消解，留下的只有爱。

让自己和支持你"爱的选择"的人在一起

身边的人也会对你造成很大的影响。他们可以是你生命中积极向上的力量，也可以是让你消极沉沦的"锚"。能够找到无私之爱最快捷的方法就是在别人身上收获积极的力量。所以，不妨找一找"爱的伙伴"，感受他们支持的力量，形成"无需理由之爱"的支持体系。

有同伴的支持是至关重要的。知道你能够向朋友报告"无需理由之爱"历程，让人特别有干劲，也让整个过程多了很多乐趣。当你觉得遇到阻碍，同伴会鼓励你；当你迷路的时候，他/她会充当你的眼睛看清方向；当你获得了突破，向着"无需理由之爱"迈出一大步，与同伴分享这份喜悦也会让你更有激情与动力。

如果你能加入我所说的"爱之智囊团"或是"心灵团队"，则获得的支持能够呈现指数增长。这个团队可以是你的家人、同事、朋友或是志同道合愿意寻爱的伙伴。你们可以见面，也可以通过电话、网络交流。我建议你们一起学习"无需理由之爱"项目，每周都学习一把爱之密匙，并汇报你们的成果。与他人分享追寻无私之爱途中的"挑战与收获"，并且听到他们的体验也很能受启发。加入一个心灵团队能让你时时着眼于大爱。

额外奖励："无需理由之爱"的即时强心剂

另一种提升你每天无私之爱体验的方法就是利用熏香疗法。我一直很享受熏香疗法中的各种精油，却不知道在这种疗法背后有什么科学依据。直到采访了"爱之名人"熏香疗法专家艾丽森·斯蒂尔曼——你们在第九章读到过她的故事。艾丽森告诉我，我们的大脑对于气味最为敏感，这也是为什么香味对于我们的健康幸福有巨大的影响。

当我们闻到某种气味，相关信息会立即传到大脑扁桃体结构（大脑中部与情绪、记忆相关的部分），而这一结构会影响我们大脑的化学水平。在下面的练习中，艾丽森推荐每个能量中心可以用两种不同额的精油，帮助打开相应通向"无需理由之爱"的门户。你可以将精油涂抹在身体局部，或吸入它的香气。

我每天都在使用这些精油，它们的效果微妙而强大，帮助我更加敞开心扉，更充满爱心。

开 始 之 盒

【练习】

开启能量中心的熏香疗法

不管是早上洗完澡后，还是晚上睡觉前，每天都用一点精油，并且每天关注一个你希望开启的能量中心。为了取得最大的效果，可以将精油涂抹在身上，同时吸入它的香气。

很重要的一点就是要使用高纯度的精油。（更多信息参见推荐资源部分。）还有，纯精油是非常浓的，所以需要稀释，在一盎司的媒介油——如可可芭油或杏仁油——之中加入30滴精油。你也可以每次用的时候再把精油与媒介油混合——放一枚硬币大小的媒介油在掌心，倒入几滴精油，用手指调匀。（提醒：虽然对纯精油过敏现象很少见，但还是有这种可能性的。）

1.决定你希望开启的能量中心。使用推荐的两种精油，涂抹在能量中心及其下方，擦拭该部位让精油吸收。

2.在一个掌心滴几滴调配好的精油，吸入其香气，并摩擦双手。将双手罩住你的鼻子，做两到三次深呼吸。

3.静静地站着或坐着30秒钟，让气味进入你的身体。

　　·　安全中心：将广藿香精油或杉木精油涂抹在脚底以及尾骨处。

　　·　活力中心：将云杉精油或甜橙精油涂抹在你的肚脐及对应的脊柱区域。

　　·　无私自爱中心：将姜汁精油或西柚精油（对消化系统也有好处）涂抹在肚脐上方以及对应的脊柱区域。

　　·　坦诚中心：将玫瑰精油或香水树精油涂抹在心口以及背部中心，两个肩胛骨中心。

　　·　沟通中心：将薰衣草精油或蓝甘菊精油涂抹在喉咙、下巴及其附近区域。

　　·　视野中心：将檀香木精油或乳香精油涂抹在眉心或后脑部位。

　　·　结合中心：将当归精油或橙花精油涂抹在头顶。

结 尾 之 盒
将"无需理由之爱"运用到人际关系及工作中

在采访"爱之名人"的时候，我不仅问他们如何到达"无需理由之爱"的境界，也问这种爱对他们的人际关系和工作会产生怎样的影响——毕竟这是我们日常中最为重要的两个方面。关于他们的回答也足以写成一本书了，

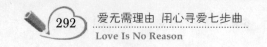

这里简要地归纳一下。

"无需理由之爱"对人际关系的影响

当你怀着一颗无私之心面对各种关系，而不是试图从他人身上获取爱，你就获得了自由。你不需要操纵、控制别人——或是取悦别人，隐藏你自己真正的需求；也不需要他们的爱或肯定。你所有的人际关系都会发生改变，因为你不一样了。

世界知名的人际关系专家，《男人来自火星，女人来自金星》的作者，同时也是"爱之名人"的约翰·格雷博士是婚恋关系的"知识宝库"——从他身上你可以源源不断地获取各种有用的理念。在采访中，约翰告诉我无私之爱对于婚恋关系的显著效果："很多情侣在恋爱的第一阶段能够体验到这么多快乐与激情是因为他们没有计较这么多——他们无私地付出，不计较得失。可是在心底深处，他们无意识地开始期盼自己的爱得到某种特定的回应。当他们把视线集中到自己没有得到的东西时，就会自动产生抵触情绪，不再愿意无私付出。随着时间推移，原先那种无私付出的行为开始消退，然后情侣们开始疑惑，他们怎么会不再相爱。"

"而付出无私之爱的基础就是认识到，在恋爱关系开始阶段，是你自己不记得失为对方着想，而学着保持这种无私的状态，你可以让这些美好的感觉持续下去。你有能力一次一次，激发出你的伴侣身上最好的一面，只要你立足于无私之爱。"

"如果你想从你的伴侣身上得到一切，他们给的再多也没有用。不过当你在生活中拥有丰沛的爱，你就能自在地付出。这就是永恒真爱的秘诀，能够让你永葆激情与幸福。"

"爱之名人"罗勃·赛思是莎莉的丈夫。你在第四章读到过莎莉的故事，通过爱自己"不可爱"的部分，莎莉治好了自己的肝脏。在采访中，罗勃告诉我，将无私之爱运用到婚姻中能够增加对彼此的爱。"在莎莉身上，就好像镜子一般，我看到了自己内心最深层的爱。当我们将爱彼此传递，这份爱就能得到升华（或加深，取决于你的理解），我们对彼此的爱就更浓烈。就像能量涡流一般，是一种良性循环。而因为这种良好的婚姻关系，我们面对他人也能更加充满爱心，它让我们的爱在各个层面都得到了拓展。"

＊　　＊　　＊　　＊　　＊

除了我们的另一半，其他家人与我们的关系也极其重要——特别是和孩子的关系。无私之爱的体验怎样改善亲子关系呢？

我采访过"爱之名人"康妮·休博纳——受命教长以及"转换祈祷法"的创始人。她告诉我心中对于神圣的无私之爱的联系让她和两个孩子的关系得到了怎样的改变——即使是在叛逆的青春期：

> 我的女儿现在二十三岁，儿子十九岁。不过这么多年来，有很多次当他们告诉我自己做了什么事情，会让我觉得生气或焦虑。一旦出现这样的情况，我就深入自己的内心，问问自己该怎么办。通常，有个声音会告诉我："安静下来，不要说话。"然后我就知道这是个再好不过的建议，因为一旦开口，我们很可能就会很快陷入争吵。
>
> 所以我只是静静地听，让他们把话讲完。我既不表示赞同也不表示反对，我只是保持对他们的爱。然后过些时候——可能是几分钟，也可能几天以后——在向内心寻求更多的指导帮助后，我会告诉孩子们我对他们所说的话、所做的事有什么感觉。
>
> 依靠这种处理方法，我们总是能让谈话变得深入而有意义。他们会告诉我事情怎样演变成现在这个局面，而我会告诉他们自己的意见，这样，双方都能更了解对方，也更了解自己。有时，我必须坦白地说出来："好吧，虽然我不是很赞同你现在的做法，但这是你的人生，你有选择的权利。"也有很多次，他们能从我的角度出发，同意我的观点。这份神圣的爱能够让每个人忠于自己——我的孩子能够忠

于自己，我也一样。

以爱为出发点让我和孩子拥有一种强韧的关系，孩子们愿意和我分享他们生活的点点滴滴。他们知道我爱他们，也知道我对他们某些事情的做法有不同意见。这份爱让我没有居高临下、指指点点，而是让我变得愿意接受、变得宽容。这无疑强化了我们之间的爱。

我自己也是精神导师，和青少年的"知心姐姐"（我参加了"知心哥哥/知心姐姐"项目），所以我特别喜欢康妮的故事。找到一种抚养孩子的方式，增加你和孩子之间的感情是一项了不起的成就。

每个家长都希望孩子能在身体、心灵以及精神上茁壮成长。不过如何将"无需理由之爱"注入一颗稚嫩的心灵呢？前职业垒球选手、作家，以及"爱之名人"麦克·罗宾分享了如何教育孩子无私之爱的经历：

我妻子米雪儿怀上我们的大女儿时，我听了一堆的建议。不过我的精神导师克里斯说得最好。他说："瞧，要教会女儿很多重要的东西。你要让她学会在这个世界上生存：怎么系鞋带、怎么擤鼻涕、怎么穿马路、怎么说'请''谢谢'。等她长大一点，她还需要学习怎么开车，怎么做到收支平衡，等等等等。不过虽然这些技能都很重要，却不是最重要的。最重要的是你必须教会她如何爱自己。"

我问："嗯，那我该怎么做呢？"

他回答道："你要爱自己，然后让她看到，这是教任何人自爱的方法。"

把人"召唤"进无私之爱团队最好的方法就是以身作则。我见过很多人参加研讨会、读书会，或是学到了什么新东西，觉得特别有用而兴奋不已，他们总想强迫别人也和他们一样。你也遇到过特别热心的家人或朋友，一逮到机会就来向你说教，告诉你该这样或那样做。而我从"爱之名人"身上学到的就是"成为爱本身"比任何说教都有用。在"爱之名人"杰克·坎菲尔德的培训中，他经常会讲一个故事，优美地描述了这一过程：

> 拉姆·达斯是名精神导师，有一次收到了他学生的一封信。这名学生是一位佛教徒。当这名学生回家看望父母——两人都是虔诚的基督徒，他们对于女儿有了新的信仰很不乐意。不过很快，她就找到了与他们和谐相处的秘诀。她写道："当我宣扬佛教的时候，他们恨得牙痒痒；可当我像菩萨那样行事的时候，他们却欢喜得不得了。"

当你获得了心中那份"无需理由之爱"，你自然而然地就会散发出那份爱。虽然听起来很简单，这却是能够让你周围的人以及周围的世界受益的最有效的方法——并且这也是你能最大程度地影响他人的方法。

将"无需理由之爱"应用于工作当中

工作就是可以看见的爱。

——凯利·吉卜兰

对我们很多人而言，工作与生活之间好像有堵隐形的墙——当我们走进"金钱和工作"之门，我们就把心放在了门的另一边。可是"爱之名人"却一遍遍告诉我，只有当你把心和无私之爱放进你的工作中，才能获得真正的成功，不管是会议室、写字楼、小卖部还是餐厅。

"爱之名人"斯图尔特·埃默里是"人类潜能运动"的创始人之一，也是位畅销书作家，他就说："为写《持久的成功》一书，我们做了很多采访，有一句话出现了很多次：'你必须热爱自己的工作——如果你不热爱，就会把这份工作拱手相让给热爱它的人。'说这句话的人有四星上将、全球500强CEO、科学家——很多人你可能想不到他/她也会这样说。"

斯图尔特说，关于成功，亚伯拉罕·林肯说得最好，"有个小男孩坐在林肯膝盖上，抬起头问道：'总统先生，您觉得我长大后做什么好呢？'林肯回答说：'我不知道，小伙计，不过不论你做什么，都要做好。'"

斯图尔特又说："当你生活在爱之中，它会自动让你所做的事'变好'。这就是爱的力量。如果你不热爱你的工作，肯定是做不好的。"

"有趣的是如果你问那些对工作乐在其中的人为什么，他们就会给出一大堆理由，因为我们已经习惯了给所有的事找理由，可事实就是，爱才是一切的理由——它无需理由。正是爱，创造了最伟大的艺术、科学以及商业成就。"

而当今商界，最缺少的恐怕就是职员的投入感。一项权威调查表明80%的被调查者对于工作缺乏激情。当你热爱这份工作，你就会投入全部的心力。我的好朋友克里斯·艾特伍德以及珍妮特·艾特伍德就是洋溢着爱之光芒的"爱之名人"，以及《激情测试》一书的作者。他们非常支持通过跟随你的激情，将爱带入工作这一理念。在采访中，克里斯也揭示了什么叫"跟随激情"："激情是指你最爱、最在乎、对你具有最深远意义的事物。激情是爱的体现，是爱的流动。它触及了你心底最深处的部分。"

珍妮特告诉我每个人都可以在工作中找到自己的激情，只需简单的一个步骤。"不管你做什么，你每天都面临着决定、机遇以及选择。不管面对什么，做出对你来说最具意义的选择。每一刻，如果你不是朝爱迈进，就是与之背道而驰——你做的选择和决定至关重要。"

"还有，学会以更全面的眼光看待你的日常工作。即使你手头上的工作并不是你最喜爱的，但如果它们能对你在乎的人、事有帮助，那么也可以让你感到心满意足。"

克里斯在采访结束的时候这样说："不论我们是否真心喜爱自己的工作，我们都可以向自己的内心寻找指引，将更多的爱带到自己的工作与生活中。"

如果我们认为工作是件苦差事，我们就会关闭了心门。可是根据"爱之名人"马特·温斯顿的说法，这也有药可医：我们可以通过"玩"来让心灵畅通愉悦。马特是"玩市场"公司的创始人——这是一家跨国企业，为各机构设计团队建设项目。在采访中，他告诉我："工作和乐趣不是对立的。事实上，成功正来自于在工作中发掘乐趣、发掘爱！当然，谈生意的时候客户会思考衡量；他们会比较价格、价值、服务等等；但他们也会依据情感行事。和这家企业或这个个人做生意感觉怎么样？在工作中投入、愉快是一项很大的竞争优势。"

马特建议雇员和老板一起，通过有趣的活动、游戏等在工作中保持心灵和头脑的开放畅通。（他的主页上有很多例子——见推荐资源部分。）"玩是有再生性的，为什么人们在玩耍休息了一会儿以后，回到工作来会有意想不到的创意突破？因为他们其实没有让自己休息。在玩了一会儿以后，人们感到精神振奋，神清气爽，能够更好地发挥聪明才智。"根据马特三十多年的经验，他发现爱、游戏、创意、愉快以及健康是齐头并进的。

而我通过和"学习策略公司"的合作发现了游戏的力量。这是一家非常棒的企业，我们曾经在很多项目中都有过愉快的合作。这家出版及培训公司是自我提升、教育以及健康领域的领头羊，在他们的很多产品中都结合了科学的学习技巧。每年三月，公司就会举办盛大的"爱因斯坦日"作为公司周年庆典并纪念这位伟人的生日。职员们打扮成这位著名物理学家的样子：白色假发、大胡子等，并和大家分享最喜欢的"爱因斯坦名言"（不管是真的还是捏造的），赢取"笨蛋"或"聪明人"奖品，以及收到年终奖金。

有一年，我全副武装地扮成爱因斯坦的样子，把大家都吓了一跳。（唯一的小问题是没人认出道具服下面的人是我——这有点让这份惊喜打了折扣。）"爱因斯坦日"只是"学习策略公司"设计的一种为工作场所带来轻松愉快的方法。只要你一进公司大门，那种放松愉快的感觉就会让你感受到他们对于爱的不懈追求。

而我一开始写这本书，我就知道写"无需理由之爱"绝对不能不提我最喜爱的餐厅之一——感恩咖啡店。这家餐厅就是一个融合了心灵、服务以及生意的绝好例子。"爱之名人"，成功企业家马修·安格哈特与特西斯·安格哈特是感恩咖啡店以及爱之农场的创始人和所有者，也是《神圣商业》一书的作者。他们创造了一个洋溢着无私之爱的商业典范——为他们的客户、雇员以及世界本身。

在采访中，特西斯说道："我们相信自己的成功是因为我们不仅仅在做生意，我们是在支持人们获得改变升华，并带动他们的家人和社区获得这种升华。"

"我们能做到这一点，有一条就是：为人们创造了一个安全的工作环境，让他们能够自由地表达爱，以及不爱的情绪。他们表现出来的任何情绪，我们都把它当成天气。所以，在我们的商业环境里，我们的任务就是为他人的情绪天气变换提供空间。我们不想做任何修正或改变。这样才能让人们自发地看到自己与无私之爱之间的距离。这也是我们的'净化'过程，每天，我们都在让雇员得到'净化'。"

"我们将其称之为用双脚走出一条精神之路。有时候我们每天的工作都会成为呼唤人们觉醒的机会。"

安格哈特夫妇同时承诺自己做的生意一定要体现对于地球的爱。感恩咖啡店如今有7家分店，超过200名员工，它致力于支持当地农民、支持可持续农业生产以及绿色产品。

而每个员工关心的，也是如何提高客户对于爱的体验。光是在感恩咖啡厅点菜就是一次奇妙的体验。"我很感激"是一碗椰肉咖喱汤；"我很受鼓舞"则是我最喜欢的墨西哥卷肉玉米饼。有的时候我会在主菜前来一道名为"我很可爱"的鲜果沙拉（没有加糖也非常甜蜜）。在那儿，就算是我最严肃、最不苟言笑的朋友也会禁不住微笑起来。而且食物也非常美味哦！

*　　*　　*　　*　　*

很显然，与人分享这份"无需理由之爱"——不管是在工作中还是在人际关系上——都能对你自己的生活，对你所关心的人产生深远的影响。不过，爱的影响力可能会大大超过你想象哦：如今全球正在发起一场"集体爱之运动"——你也是其中至关重要的一部分。

在我们的下一章，也是最后一章中，我会与大家分享爱是如何改变世界的——你对于"大爱"的追求如何以想象不到的方式和影响力让世界为之转变。

第十二章　升华你的心灵：爱人类，爱世界

如今地球上情势很紧急。我们所处的时代已经威胁到了我们的子孙，以及子孙的子孙的生存，我们必须加紧行动了。我们越是脆弱的地方，在上帝脑海里就有一张蓝图，让我们变得更强壮；我们生病的地方，上帝脑海里就有一张蓝图，让我们重获健康。

　　　　　　　　　　　　　　　　　　——玛丽安·威廉姆森

现在真的还是别的事可以做吗？赶紧爱吧。

　　　　　　　　　　　　——库特·布莱克森　演说家、生命教练

如今地球上正在发生着一项巨大的变革。我们正从一个思维主导的世界——过分迷恋权力、控制以及生存竞争，转向一个爱主导的世界——心灵与大脑能够取得平衡，所有有知觉的生物都能焕发出勃勃生机。你可能看到过这种转变，从朋友那儿听到过，或是自己亲身体会到过。又或许，你只是看看四周，希望这种改变正在发生，因为就像赛米·大卫的歌中所唱："有什么必须妥协。"

如果你把目光放在全球存在的问题上，很容易灰心丧气。可是"爱之名人"葛莱格·布莱顿的一番话却让我重拾了信心。他说我们能够让世界成为一个团结的大家庭，让事情有所转变。葛莱格是一名作家，也是弥合科学及精神研究方面的先驱人物。他说："在我的著作《上帝密码》中，我提到了400多个独立的，发表在权威期刊上的科学研究。这些研究都是论证关于种族之间最优化竞争程度以及判定是否暴力是人类本性的。而它们的结果都是惊人的一致：在本质上，我们并不是一个暴力好争斗的种族。骨子里，我们拥有合作共存的愿望。"

而我们的心灵——通往无私之爱的门户——就是转变的中心所在。

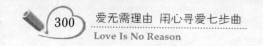
治愈世界：每次治愈一颗心

主啊，让我成为你和平的使者，

在有恨的地方播撒爱，

在有伤害的地方播撒原谅；

有怀疑的地方播撒信仰；

有绝望的地方播撒希望；

有黑暗的地方播撒光明；

有悲伤的地方播撒欢乐；

哦，神圣的主啊，请让我安慰人多于被安慰；

理解人多于被理解；

爱人多于被爱。

——圣弗朗西斯·阿西斯

在马丁·路德·金的演讲和布道中，他常常提到希腊语中三个关于爱的重要词语：eros——所有美的浪漫之爱；philia——朋友之间充满活力、价值的相互之爱，以及agape——洋溢的爱之流，不求回报。他说虽然前两种爱也至关重要，可是只有agape能改变世界——那种即使面对我们不喜欢的人也能保持一颗爱心的情感。虽然面对憎恨之人，用拒绝或毁灭的方式有时很有诱惑力，但金博士告诉我们，以怨报怨只会"强化宇宙中憎恨与邪恶的存在……使之永远无法停歇……强大的人能够切断憎恨与邪恶之链……并且注入宇宙最本质的结构——强大有力的爱之元素"。

虽然以上这些话是五十多年前说的，可是直到今天，我们仍然面对着相同的考验：怎样去爱我们并不认同，甚至价值观大相径庭的人呢？

要跨越这道爱之屏障是心灵中心的任务。它受到其他六个能量中心的支持，而你对于体验"无需理由之爱"以及成为爱之渠道的决心则是帮助你翻越障碍，改变世界的主要途径。

我自己对于无私之爱的体验——不管是对自己还是对他人——在这本书的写作过程中得到了质的飞跃。但是正如金博士预言的那样，真正的考验在于当我觉得某个人做了错事以后，是否还能够保持这种爱的状态。一眨眼的工夫，我的陋习或是自我惩罚的冲动又会浮出水面，并且它需要自我同情来治愈，还要花时间"感受自己真实情感"，好为爱的回归创造空间。这也是为什么你能够了解在听到"爱之名人"詹姆斯·布拉泽讲的故事后，我会这么受启发。詹姆斯是《觉醒的快乐》一书的作者，也是杰出的为期一年的项目——"觉醒的快乐"的授课老师。他引述了杰克·坎菲尔德《宽容、爱、仁慈与和平的艺术》一书中的一个小故事：

> 如果有成员做了什么不负责任或不公平的事，他就会被带到村子中心，独自一人，也没有任何捆绑。所有工作都会停下来，村子里的每个男人、女人和小孩都会在"被指控者"周围形成一个大圈子。每个人都对这个人说话，每个人都试着回忆起圈子中心这个人曾经做过哪些好事。所有的事件、经历，如果有细节、够准确，则会被再讲一遍。这样，他所有好的品质、言行、优点以及善良都事无巨细地仔细叙述了一遍。这样的仪式可能要持续好几天。等圈子散去的时候，一场欢庆开始了，"有罪的人"重新被部落所接纳，不管是从象征意义上来说，还是从实际情况而言。

巴班巴部落这种改造方法，强调在错误面前以爱的态度对待，而非一味惩罚——这是拥有一颗坦诚之心面对生活的自然延伸。

世界就是我的家

爱世界如自己，然后才能真正胸怀万物。

——《道德经》

《圣经》中被引用最多的可能就是"黄金定律"：用自己希望别人对待你的态度对待别人。当你能够为他人付出与自己相同的努力，爱就能毫无阻碍地涌向世界上的任何一个人。

能够关爱世界上的每一个人并不是像想象的那么遥不可及。在采访"爱之名人"阿特·阿伦博士时，他说我们其实都有过这样的经验：关心他人就像关心自己一样。他告诉我："当你恋爱的时候，你的另一半成了你的一部分，所以从某种程度上来说，你对待对方就像对待自己一样。你与对方的幸福密切相关，因为对方的幸福也是你的幸福。人们在面对孩子、家人和朋友的时候很容易找到这种体验。目前有很多研究都在关注将他人作为自己的一部分这一议题。"

这一点甚至在你的大脑中都有所体现。阿伦博士告诉我关于这些情感神经组成成分的研究表明，当你与他人十分亲近的时候，如果那个人发生了什么事，你的大脑相同的区域会被激活，会做出和对方一样的反应，就好像你也遭遇到了同样的事情。你的大脑实际上已经将对方作为你身体的一部分了。

阿伦博士的调查特别针对了不同群体是否能够被自我接受——包括其他民族或其他宗教团体的成员。阿伦博士和他的团队发现，当你和来自不同群体的人成为朋友，那个人——以及那个人所在的群体——都会变成你的一部分。你的关心关怀通过你的朋友涌向更广泛的群体。

而真正令人激动的——特别是在全球范围内传播爱方面——是爱的"间接性"作用。"你的任何朋友都是我的朋友"其实是可以成立的。阿伦博士表示："我们观察到，如果你圈子中的某个人和另外圈子里的人成了朋友，你也会受到影响——你会将那个圈子变成自己的一部分，即使你在那个群体中没有直接的朋友。"这项调查表明了最终如果你觉得你只是整个人类圈中的一个链接扣，与世界上每个人联系在一起，那么你就能拥有所有人都是自我一部分的感觉。你真正能感觉到世界就是你的家。

爱我们的母亲

当你真正怀着一颗坦诚开放之心，你觉得世界就像自己的家，而大地就像你的母亲一样。你的无私之爱不仅惠及他人，还惠及整个地球。不过，可惜的是，现在看来，我们并没有善待自己的母亲，而这么做的后果就是对我们所有人的生存都形成了威胁。如果我们想要保护这个美丽的蓝色星球，现在是时候该行动起来了。但是我们必须在所有层面上都解决问题，而不是光看表面。

可能我们很多人都已经致力于支持可持续生活方式。我们开着节能环保车，使用有机商品，回收再利用，我们愿意做一切能对环境减少负面影响的举动。这些充满爱意的举动是很重要，但我从"爱之名人"捷达·马力那里学到的帮助自然母亲最有效的方法，则是彻底感受你的内在本质——感受身体核心的无私之爱。

捷达是名国际教师，也是位精神导师，他告诉我："我并不是让你不要行动，但当你有所动作，必须以生存的真正本质为出发点——纵观历史，这种本质被称为'爱'——然后你就不需要太过于达到自己理想的结果。从你自身的体验中你就能得出结论：和谐是事物的自然状态，而你的注意力也从试图创造和谐转到允许它的发生上来。"

我是在听环保主义者朱莉娅·巴特弗莱·希尔的演讲时想到捷达的观点的。朱莉娅曾在一棵取名为"露娜"的180英尺的千年红杉树冠上搭了一个平台，在上面生活了两年。这一举动让她闻名于世。她此举旨在唤起人们对于原始森林毁灭的关注。当时，她只有二十六岁，并且虽然面对着强大，有时甚至是危及生命的困难，她也坚持不放弃。

有很多次，当她坐着听到露娜旁边的树木一棵棵被砍倒，每次听到树木应声而落的声音，她都觉得似乎是自己的家人被残忍地杀害了。她对于伐木者的愤怒与轻视随着日子一天天过去日益积累。有一刻，她知道如果自己再不处理心中翻涌的恨意，她会被彻底地淹没。在无措与绝望中，她向上帝祈祷。

她的答案以爱的形式降临在她面前———股爱之暖流涌入心田，消解了恨意。这股暖流似乎来自露娜以及大地本身，感觉像是赋予世界上万事万物生命的爱意——毫无条件。

这对于活动家朱莉娅来说是一个人生的转折点。从那时起，她是受爱之启发驱使，而非愤怒与憎恨。最后，她成功通过谈判达成协议，永久地保护露娜以及这片三英亩森林中的其他红杉树。朱莉娅的故事告诉我们，对于环保最有益的举动莫过于让你内心的环境开花结果。

"爱之名人"林恩·图斯特也是一个将内心无私之爱的光辉品质与对大地母亲之爱结合起来的好例子。1995年，她和丈夫比尔建立了"帕查马马联盟"组织，旨在保护地球上的雨林及居住于此的当地土著。（想要获得更多信息，请查阅反馈部分。）他们发起的一个项目就是"唤醒沉睡者动力"，旨在通过每个人日常生活中的点滴行为，创造一个可持续发展、精神充实、社会公平的地球环境。而这一任务的理念就是我们所体验的无私之爱与我们对于地球的关爱有着深刻的关联。

"爱之名人"麦克·林德菲尔德是一名咨询师、人生导师，以及《改变之舞：变革的灵魂共鸣法》一书的作者。他将向全世界播撒爱比喻成全球水循环。"云层从海洋中获得水汽，带到大陆上空，形成降雨；降雨落到江河湖海中，又最终汇入海洋。"

"同样地，爱也可以形成全球循环。当你无私地付出爱，你就在为全球的爱之循环添砖加瓦，直到它在爱贫瘠的地区形成'降雨'。而你付出的爱则会从四面八方向你涌来，让你更有动力付出，这样整个循环才能生生不息。"

"不过现在，我们收获的不是爱之雨露，而是各种人们向世界播撒的各种负面观念形成的'酸雨'。如果我们能改变这种状况，让爱成为流动的主体，它拥有比任何事物都强大的力量改变我们的地球。"

意念的力量

如今我们正身处于由爱驱动的全球变革之中。这一变革的特别之处在于，它不是自上而下的——各国元首们并没有制定法律法规，规定人们一定要生活在爱中。这种改变来自于和你我一样的很多普通人内心。每一天，我们都有越来越多的人向席卷全球的爱之巨浪注入自己的心灵能量。

我知道这听起来可能很不着边际，很"前卫"，但这并不只是新奇的理论而已。随着现代科技的进步，我们已经能够比之前更精确地检测到群体意念的作用。"爱之名人"，作家林恩·麦克塔格特多年致力于研究我们的思想与情感对于改变社会及现实世界有怎样的力量。在她的著作《意念实验》（以及她的网站上），林恩列举了一系列利用科技手段，以互联网为基础的实验。为了开展这些实验，她与来自全球权威学术中心的优秀物理学家以及心理学家合作，主要机构包括亚利桑那州立大学、普林斯顿大学、宾夕法尼亚州立大学、加利福尼亚大学、生物物理国际研究所以及圣彼得斯堡科技大学等。

这项尝试性实验包括了让位于伦敦的几个冥想者将他们的思想传向位于德国生物物理国际研究所实验室中的四个远程目标上：两种不同的藻类，一种植物以及一个志愿者。而冥想者的意念是降低目标可观测的新陈代谢速度——而他们都做到了这一点。位于德国实验室的研究人员发现，在冥想者发送意念的时候，目标都出现了可观的变化。

实验继续进行——更多不同数量的意念发送者，将自己的注意力转树叶、种子、水之中。有些实验结果非常明显，有些则微弱一些。但所有的实验都证实了，群体意念的作用不仅可观测，而且即使隔着遥远的距离，积极的群体意念也拥有着强大的力量。

如今最"有雄心壮志"的实验要数2008年九月开展的"和平意念实验"。林恩和一个特别的科学家小组想要看看庞大的集体意念是否能够拥有足够大的力量减少暴力，推进和平。实验者选择了一个较大的目标：斯里兰卡的瓦尼地区。在那儿，内战已经持续了二十五年，并且没有停止的迹象。

这一次的集体意念是迄今为止最大的一次——有超过15,000人从65个不同的国家同时参与其中。实验结果是显著的，简直令人瞠目结舌。在和平意念发出的第一周，瓦尼地区的暴力程度剧增；可是接下来几周内，暴力情况跌到了多年来的最低水平，而约八个月之后，内战奇迹般地结束了。更有甚者，在实验完成之后，根据一名数据统计学专家的实践分析，该地区的暴力情况比预计水平低很多。而另一位科学家利用散布于世界各地的感官设备监测集体意念的效果，发现在意念发送的前十分钟效果最为明显。

不过，要确定这些结果只是纯属巧合，还是集体意念真的加速了纷争的消解还需要更多的实验证明。

而关于这项"和平意念实验"更为有趣的发现则是，对于发送意念的人来说，这样做有什么长期的积极效果呢？大约半数的参与者表示，实验之后，他们的人际关系得到了积极的改善，特别是和家人的关系。41%的参与者觉得更能够以爱的态度对待每一个和自己有接触的人。看起来，和数以千计的陌生人一起参与到同一个实验当中让很多人更能够和不认识的人建立情感联系，更能接受彼此。

写这本书的时候，我在2010年三月二十一日，也亲身参与了林恩的一项全球"意念实验"，目的是要净化日本的碧瓦湖这一世界上最古老的淡水湖之一。当我坐下来，传送出自己的爱与意念，我感受到心里涌过一阵阵暖流。而实验结果非常令人振奋：参与这项研究的俄罗斯物理学家康斯坦丁·克罗特科夫对于污水进行了两组检测，包括水分子团的结构以及水的PH值，发现它们都出现了积极的改善。我对于实验结果感到很欣喜，同时也觉得自己能与全球其他一万多个人心连心，真是再奇妙不过的体验。

另一个开展集体意念研究的机构是心脏数理研究所，它创建了"全球和谐动力"项目。该项目有个革命性的目标：改变全球意识，让人们体验更多的和平。通过互联网，他们把全球各地的人们聚集到一起，同时对地球发出爱的意念。根据理论，同时拥有"连贯心波"的人们一起发出意念，比起单个人，力量将得到指数般的激增。

研究人员监测的参数之一就是以"连贯心波"形式发送的爱是如何影响地球磁场的。如今，心脏数理研究所正在开发一种高级传感技术，能够直接测量地球和电离层形成的磁场波动变化。可以看到，科技正在向我们展示人与人之间，人与地球之间密不可分的关系，这一点非常值得赞叹。

跳上爱之列车

每一天，我都能看到世界上涌动的爱之浪潮的证据。当然，不是说坏消息就不存在了，而是不管在哪里，我们都能看到希望之光，如同夜幕中闪烁的星星一般。这可能和本书的写作有关，但我现在真的对于任何"与大爱相关"的事物都变得敏感起来。我也注意到越来越多的人在Youtube网站上上传视频，写博客，努力地向世界播撒爱。不管我走到哪儿，我都会遇到很多热心人，以或大或小的方式帮助散播爱的种子。

在全球范围内关于通向无私之爱的转变如同一辆开动的列车。读了这本书，你已经上车了。而我们的目的地是一个充满"无需理由之爱"的世界。让我们共同享受这一旅程吧。

谢谢大家和我一起走完这段爱的旅程。能够和你们一路同行，我倍感荣幸。我希望这本书也能给你带来很美好的体验，就像我和卡罗感受到的那样——你能感受到被爱的力量所指引，你能够敞开心扉，自由自在。而我对你最深的祝愿就是愿你能够在爱中成长、生活、开花结果。在满满的爱之中，我把下面的盖尔族古老祝祷送给大家：

愿阳光长长久久地照耀着你
愿所有的爱包围着你
愿你内心的纯洁之光
指引你回家的路